国家职业资格培训辅导教材

育婴员

（第2版）

（含五级、四级、三级）

主　编　杨　静　张兴平

主　审　刘国伟

副主编　陈　静　余晓莹

编　委（以姓氏笔画为序）

朱虹颖　刘国伟　杨　静

余晓莹　张兴平　陈　静

钟　娅　康　倩　蒙　娟

科学出版社

北　京

内 容 简 介

本教材在第一版《育婴师》的基础上，根据中华人民共和国人力资源和社会保障部制定的育婴员国家职业技能标准，严格按照《国家职业技能标准编制技术规程（2018 年版）》有关要求，结合育婴员职业特点进行编写。教材以“职业活动为导向、职业技能为核心”为指导思想，内容涵盖五级、四级、三级三个等级育婴员的理论知识和操作技能相关知识，主要包括育婴员职业道德与相关法律法规，0～3 岁婴幼儿教养基础知识、生活照料、保健与护理、健康与管理、教育实施、指导与培训等内容。为方便学员学习和日后工作参考，本教材将五级、四级、三级三个等级育婴员所需掌握的基础理论知识及操作技能合为一册，教员可根据培训对象具体情况实施培训。

本教材可作为育婴员（国家职业资格五级、四级、三级）职业技能培训教材，对参加育婴员职业技能鉴定考试有较大参考作用，也可供职业院校师生及相关从业人员参加岗位培训、就业培训使用，还可对有 0～3 岁婴幼儿的家庭育儿起到指导作用。

图书在版编目（CIP）数据

育婴员 / 杨静，张兴平主编. —2 版. —北京：科学出版社，2020.11
国家职业资格培训辅导教材
ISBN 978-7-03-066458-7

Ⅰ. ①育…　Ⅱ. ①杨…　②张…　Ⅲ. ①婴幼儿-哺育-技术培训-教材
Ⅳ. ①R174

中国版本图书馆 CIP 数据核字（2020）第 203074 号

责任编辑：段婷婷 / 责任校对：杨　赛
责任印制：赵　博 / 封面设计：蓝正设计

科学出版社 出版
北京东黄城根北街 16 号
邮政编码：100717
http://www.sciencep.com
保定市中画美凯印刷有限公司印刷
科学出版社发行　各地新华书店经销
*
2014 年 3 月第　一　版　开本：787×1092　1/16
2020 年 11 月第　二　版　印张：14
2025 年 2 月第十九次印刷　字数：329 000
定价：42.00 元
（如有印装质量问题，我社负责调换）

前　言

育婴员是国家人力资源和社会保障部颁布的新兴职业。学员经过专业培训，可系统掌握育婴员所需的相关理论知识和实践技能，并经考核合格后获得由人力资源和社会保障部门颁发的育婴员职业资格证书，这也为学员们今后的就业创造了条件。持证上岗的育婴员属于专业技术人员，其职业定位是为0～3岁婴幼儿进行专业化护理与教育，并为家庭养育婴幼儿提供服务和指导。依据人力资源和社会保障部颁布的《国家职业技能标准——育婴员》(职业编码4-10-01-02)，我们采取理论知识和实际操作技能相结合的方式，编写了《育婴员》这本培训教材。本教材在编写中根据不同等级育婴员的工作特点，从强化培养操作技能，掌握一门实用技术的角度出发，较好地体现了本职业当前最新的理论知识与操作技能、对于提高从业人员基本素质，掌握育婴员的核心知识与技能有直接的帮助和指导作用。全书内容分为四部分，主要包括基础知识、育婴员（五级）知识、育婴师（四级）知识、高级育婴师（三级）知识，内容涉及育婴员职业道德与相关法规、基础知识、生活照料、保健与护理、健康与管理、教育实施、指导与培训等。

本教材由于编写时间紧，不足之处在所难免。欢迎读者对教材提出宝贵意见及建议，以使教材修订时补充更正。

杨静　毕节医学高等专科学校

2020年8月

目　录

第一部分　基础理论知识（五级、四级、三级共用）

第二部分　育婴员（五级）

第三部分　育婴师（四级）

第四部分　高级育婴师（三级）

第一部分

基础理论知识

（五级、四级、三级共用）

第一章
绪　论

一、育婴员的定义

育婴员是国家人力资源和社会保障部最新颁布的新兴职业，主要从事 0～3 岁婴幼儿日常生活照料、护理和辅助早期成长的工作，是直接为婴幼儿、家长、社会提供服务的一种“窗口行业”。本职业共设三个等级，分别为五级/初级工、四级/中级工、三级/高级工。

育婴员应掌握 0～3 岁婴幼儿生理发育特点、心理发育的特点、婴幼儿营养、婴幼儿教育等基础知识，还应掌握生活照料、日常生活保健与护理、教育等专业技能。

二、育婴员的社会需求

0～3 岁是人一生中身体和大脑发育最迅速的时期，每个家庭都希望自己的孩子聪明、健康。随着二孩政策放开，越来越多的家庭增添了新的成员，如何更科学地陪伴婴幼儿成长成了很多家长关心的事情，所以育婴员这个职业是社会需求职业。在婴幼儿刚出生到 3 岁之间，育婴员能指导其父母及家属掌握正确的育婴方法和保健方法，传播正确的育婴观念。有育婴员的指导，婴幼儿的成长环境会更健康。

育婴员的职业发展前景广阔，就业范围较广，既可以进入家庭提供服务，也可以进入早教机构和社区工作，目前育婴员的市场需求量很大。随着我国社区职能的多元化，育婴员的工作也逐渐进入大型社区，为 0～3 岁婴幼儿的早期教育和综合发展提供科学的、适宜的指导。

育婴员所学知识与人们的生活、工作密切相关。在幼儿园、亲子园等机构从事早教的教学和管理人员，拟开办幼儿园、亲子园等早教机构的创业人员，正在从事或准备从事母婴护理、家庭入户或社区指导的育婴职业工作人员，准备从事婴幼儿照料、护理、教育或相关专业的大中专院校毕业学生，希望获得婴幼儿科学照料、护理、教育知识和技能的（准）父母、（准）祖父母等，都需要学习育婴员的相关知识。学习结束后须参加国家职业技能鉴定考试，成绩合格者，可取得国家人力资源和社会保障部颁发的育婴员职业资格证书。

三、申报条件

1. 具备以下条件之一者，可申报五级/初级工。

（1）累计从事本职业或相关职业（婴幼儿发展引导员、幼儿教育教师、儿科医师、儿科护士、孤残儿童护理员、母婴保健技术服务人员、保健调理师、健康管理师、保育员、家政服务员）工作 1 年（含）以上。

（2）本职业或相关职业学徒期满。

2. 具备以下条件之一者，可申报四级/中级工育婴师。

（1）取得本职业或相关职业五级/初级工职业资格证书（技能等级证书）后，累计从事本职业或相关职业工作 4 年（含）以上。

（2）累计从事本职业或相关职业工作 6 年（含）以上。

（3）取得技工学校本专业（学前教育、早期教育）或相关专业（中职：护理、中医护理、家政服务与管理、营养与保健；高职高专：护理、预防医学、公共卫生管理、人口与家庭发展服务、临床医学、中医学、食品营养与卫生、健康管理、医学营养、心理咨询、营养配餐、特殊教育、心理健康教育、幼儿发展与健康管理、中医康复技术；普通高校：护理学、基础医学、预防医学、中医学、妇幼保健医学、针灸推拿、教育学、小学教育）毕业证书（含尚未取得毕业证书的在校应届毕业生）；或取得经评估论证、以中级技能为培养目标的中等及以上职业学校本专业或相关专业毕业证书（含尚未取得毕业证书的在校应届毕业生）。

3. 具备以下条件之一者，可申报三级/高级工高级育婴师。

（1）取得本职业或相关职业四级/中级工职业资格证书（技能等级证书）后，累计从事本职业或相关职业工作 5 年（含）以上。

（2）取得本职业或相关职业四级/中级工职业资格证书（技能等级证书），并具有高级技工学校、技师学院本专业或相关专业毕业证书（含尚未取得毕业证书的在校应届毕业生）；或取得本职业或相关职业四级/中级工职业资格证书（技能等级证书），并具有经评估论证、以高级技能为培养目标的高等职业学校本专业或相关专业毕业证书（含尚未取得毕业证书的在校应届毕业生）。

（3）具有大专及以上本专业或相关专业毕业证书，并取得本职业或相关职业四级/中级工职业资格证书（技能等级证书）后，累计从事本职业或相关职业工作 2 年（含）以上。

四、育婴员应具备的素质

育婴员的职业要求从业人员人格健全，身心健康，视觉、听觉正常，动作灵活，观察敏锐，热爱本职工作，对婴幼儿具有高度的爱心、耐心和责任感，口齿清楚，有良好的表达能力和沟通能力，可以以良好的心理素质、广博的知识、端庄的仪表、亲切的态度服务婴幼儿及其家庭。

五、育婴员进入用户家庭上岗须知

1. 带齐个人日常用品，包括入户工作服、拖鞋、毛巾、住宿所需衣物及洗漱用品等。

2. 养成良好的个人卫生习惯，勤洗澡、洗头，勤剪指甲，进门要认真洗手，换好工作服再抱婴幼儿。

3. 不得浓妆艳抹，不要戴戒指，防止划伤婴幼儿。

4. 婴幼儿的专用物品不得混用，以保证婴幼儿的身体健康。

5. 在育儿工作中遇到疑难问题时，要及时与公司取得联系，遇到异常症状要首先向家长汇报。遇到急诊症状要及时通知家长尽快解决，不得延误。

6. 不得玩手机或抱着婴幼儿长时间看电视。

7. 不得带婴幼儿到超出规定的范围去游逛。

8. 在没有人看护婴幼儿的情况下不得从事其他家务，以确保婴幼儿的安全。

9. 不经同意不得使用用户物品。

10. 不得带自己的亲朋好友进入用户家中，更不得让陌生人进门，以确保用户财产安全。

11. 入户时不要多带个人财物，照料环境卫生时，不要乱翻乱动用户用品，不得向用户索要东西。

12. 不得向用户提出与《协议》相违背的要求或附加条件，有任何问题都应向公司反映，以求问题得到妥善解决。

13. 做好日常的工作日记，每个月要请用户做一次小结，并向公司汇报，以进一步提高服务质量。

14. 如遇生病等特殊情况，不能继续工作时，应提前向公司和用户说明情况，待公司安排后方可离岗，否则应承担由此带来的损失。

15. 绝不允许把婴幼儿交给其家人之外的任何人代管或将其带走外出，要确保婴幼儿的人身安全，对用户负责。

（杨　静）

第二章

育婴员职业道德与相关法规

第一节 职业道德基本知识

基本要求

1. 掌握职业道德基本知识、育婴员的职业守则。
2. 熟悉社会主义职业道德的核心规范、基本原则、基本规范。

一、职业道德的含义

职业道德是指从事一定职业的人，在家庭或公共场所中应该遵循的与其职业活动紧密联系的道德规范的总和。它既是对从业人员在职业活动中的行为要求，同时又是职业对社会所承担的道德责任与义务。职业道德规范是从业人员必须遵循的守则，不得违反，如有违反，必须受到纪律处分和经济制裁。

二、职业道德的作用

职业道德是社会道德体系的重要组成部分，重点是解决劳动态度问题。其作用主要表现在以下方面。

1. 调节职能　职业道德的基本职能是调节职能。它能调节职业交往中从业人员内部及从业人员与服务对象间的关系，运用职业道德规范约束职业内部人员的行为，促进职业内部人员的团结与合作。例如要求从业人员团结、互助、爱岗、敬业，对客户负责等。

2. 提高行业的信誉度　职业道德可以提高行业的信誉度。信誉是指企业及其产品与服务在社会公众中的信任程度，提高企业的信誉主要靠产品的质量和服务质量，从业人员职业道德水平高是产品质量和服务质量的有效保证。

3. 促进本行业的发展　员工职业道德水平高、素质高，能促进本行业的发展。

4. 提高全社会的道德水平　职业道德涉及每个从业者如何对待职业、对待工作，同时也是一个从业人员的生活态度、价值观的表现，如果每个行业、每种职业的从业者集体都具备优良的道德品质，对整个社会道德水平的提高也将发挥重要作用。

三、社会主义职业道德的核心规范、基本原则

社会主义职业道德的基本原则是集体主义。集体主义是正确处理国家、集体、个人关系的最根本的准则，也是衡量个人职业行为和职业品质的基本准则，是社会主义社会的客观要求，是社会主义职业活动获得成功的保证。

四、社会主义职业道德的基本规范

我国各行各业都应共同遵守的职业道德的五项基本规范，即“爱岗敬业、诚实守信、办事公道、服务群众、奉献社会”。

1. 爱岗敬业　爱岗敬业作为最基本的职业道德规范，是对人们工作态度的一种普遍要求。爱岗就是热爱自己的工作岗位，热爱本职工作，敬业就是要用一种恭敬、严肃的态度对待自己的工作。

2. 诚实守信　诚实守信是做人的基本准则，也是社会道德和职业道德的一个基本规范。诚实就是表里如一，说老实话，办老实事，做老实人。守信就是信守诺言，讲信誉，重信用，忠实履行自己承担的义务。

3. 办事公道　办事公道是指对于人和事的一种态度，它要求人们待人处世要公正、公平。

4. 服务群众　服务群众就是为人民群众服务，是社会全体从业者通过互相服务，促进社会发展，实现共同幸福。

5. 奉献社会　奉献社会就是积极自觉地为社会做贡献，这是社会主义职业道德的本质特征。奉献社会自始至终体现在爱岗敬业、诚实守信、办事公道和服务群众的各种要求之中。

五、育婴员的职业守则

育婴员的职业守则是育婴员在职业活动中应该遵守的行为规范，包括以下五个方面。

1. 遵纪守法，恪尽职守　遵纪守法是每一个从业人员必须具备的最起码的道德要求，也是衡量一个从业人员道德水平高低的标准。要做到遵纪守法，必须学习法律知识，做到懂法、用法、依法办事、依法律己、依法指导本职工作，不断增强遵纪守法的自觉性。恪尽职守就是尽自己的努力，严守自己的职业或岗位，负责做好本职工作。谨慎、认真、细心、耐心地守住职位或岗位。

2. 关爱幼儿，科学养育　热爱婴幼儿必须要有爱心、耐心、诚心和责任心，学会站在婴幼儿的角度上考虑问题。要用科学的方法喂养、看护、训练婴幼儿，要求育婴员学会相关专业知识，熟练掌握相关操作技能。

3. 平等对待，尊重差异　育婴员要用平等的工作态度对待每个服务对象，用同样的责任心和热情对待每个家庭和孩子。针对不同的家庭和婴幼儿的具体情况，采用不同的方法，

保证婴幼儿发育良好和健康成长。

4. 认真观察，规范操作　育婴员在喂养和看护婴幼儿中要仔细观察，如出现哭闹、精神萎靡不振、大小便的异常变化、饮食变化、体温变化等，要及时给家长反馈，必要时送医院就诊。在看护婴幼儿过程中，各项操作都要严格按照操作规程进行，保护好婴幼儿，注意安全。

5. 勤奋好学，友好合作　育婴员在工作过程中要根据每个个体不同的特点和具体情况，合理运用相关知识，积极解决所遇到的问题，这就需要育婴员能够刻苦学习、善于学习，不断钻研，努力提高自己的业务能力。另外，育婴员不仅要善于与婴幼儿接触，还要将科学育儿的理念和方法用通俗易懂的语言传递给家长，让家长理解和掌握养育婴幼儿的方法和技能，达成与育儿家庭的和谐、友好合作。

第二节　相关法律法规

基本要求

1. 熟悉《中华人民共和国劳动法》的相关知识。
2. 熟悉《中华人民共和国母婴保健法》的相关知识。
3. 熟悉《中华人民共和国未成年人保护法》的相关知识。
4. 熟悉《中华人民共和国食品卫生法》的相关知识。
5. 熟悉《中华人民共和国劳动合同法》的相关知识。
6. 熟悉《中华人民共和国妇女权益保障法》的相关知识。
7. 熟悉《三岁前小儿教养大纲》的相关知识。
8. 熟悉《托儿所幼儿园卫生保健工作规范》的相关知识。
9. 熟悉《0～6 岁儿童健康管理服务规范》的相关知识。
10. 熟悉《中医药健康管理服务规范》的相关知识。

育婴工作中，育婴员需要学习职业相关的法律法规知识，不仅可避免在工作中违反相关法律法规，给自己的服务对象造成不必要的损失或伤害，也能够运用相关法律法规知识保护自己的合法权益，并提升自身法律素养。

一、《中华人民共和国劳动法》的相关知识

《中华人民共和国劳动法》以下简称《劳动法》。

（一）劳动者的权利和义务

《劳动法》第三条规定，劳动者享有平等就业和选择职业的权利、取得劳动报酬的权利、休息休假的权利、获得劳动安全卫生保护的权利、接受职业技能培训的权利、享受社会保险和福利的权利、提请劳动争议处理的权利以及法律规定的其他劳动权利。劳动者应当完

成劳动任务，提高职业技能，执行劳动安全卫生规程，遵守劳动纪律和职业道德。

（二）劳动报酬

《劳动法》第四十六条规定，工资分配应当遵循按劳分配原则，实行同工同酬。

《劳动法》第四十八条规定，国家实行最低工资保障制度，用人单位支付劳动者的工资不得低于当地最低工资标准。

《劳动法》第五十条规定，工资应当以货币形式按月支付给劳动者本人。不得克扣或者无故拖欠劳动者的工资。

《劳动法》第五十一条规定，劳动者在法定休假日和婚丧假期间以及依法参加社会活动期间，用人单位应当依法支付工资。

（三）劳动时间

《劳动法》第三十六条规定，国家实行劳动者每日工作时间不超过八小时、平均每周工作时间不超过四十四小时的工时制度。

《劳动法》第四十一条规定，用人单位由于生产经营需要，经与工会和劳动者协商后可以延长工作时间，一般每日不得超过一小时；因特殊原因需要延长工作时间的，在保障劳动者身体健康的条件下延长工作时间每日不得超过三小时，但是每月不得超过三十六小时。

《劳动法》第四十四条规定，有下列情形之一的，延长工作时间不受上述规定的限制：①发生自然灾害、事故或者因其他原因，威胁劳动者生命健康和财产安全，需要紧急处理的；②生产设备、交通运输线路、公共设施发生故障，影响生产和公众利益，必须及时抢修的；③法律、行政法规规定的其他情形。

（四）劳动争议处理

《劳动法》第七十八条规定，解决劳动争议，应当根据合法、公正、及时处理的原则，依法维护劳动争议当事人的合法权益。

《劳动法》第七十九条规定，劳动争议发生后，当事人可以向本单位劳动争议调解委员会申请调解；调解不成，当事人一方要求仲裁的，可以向劳动争议仲裁委员会申请仲裁。当事人一方也可以直接向劳动争议仲裁委员会申请仲裁。对仲裁裁决不服的，可以向人民法院提起诉讼。

《劳动法》第八十条、第八十二条、第八十三条规定，劳动争议经调解达成协议的，当事人应当履行。对仲裁裁决无异议的，当事人必须履行。一方当事人在法定期限内不起诉又不履行仲裁裁决的，另一方当事人可以申请人民法院强制执行。

二、《中华人民共和国母婴保健法》相关知识

《中华人民共和国母婴保健法》以下简称《母婴保健法》。

《母婴保健法》第七条规定：医疗保健机构应当为公民提供婚前保健服务。婚前保健服

务包括下列内容。

1. 婚前卫生指导　关于性卫生知识、生育知识和遗传病知识的教育。

2. 婚前卫生咨询　对有关婚配、生育保健等问题提供医学意见。

3. 婚前医学检查　对准备结婚的男女双方可能患影响结婚和生育的疾病进行医学检查。

《母婴保健法》第十四条规定，医疗保健机构应当为育龄妇女和孕产妇提供孕产期保健服务。孕产期保健服务包括下列内容。

1. 母婴保健指导　对孕育健康后代以及严重遗传性疾病和碘缺乏病等地方病的发病原因、治疗和预防方法提供医学意见。

2. 孕妇、产妇保健　为孕妇、产妇提供卫生、营养、心理等方面的咨询和指导以及产前定期检查等医疗保健服务。

3. 胎儿保健　为胎儿生长发育进行监护，提供咨询和医学指导。

4. 新生儿保健　为新生儿生长发育、哺乳和护理提供医疗保健服务。

《母婴保健法》第三十四条规定，从事母婴保健工作的人员应当严格遵守职业道德，为当事人保守秘密。

三、《中华人民共和国未成年人保护法》的相关知识

《中华人民共和国未成年人保护法》以下简称《未成年人保护法》。

《未成年人保护法》第二条规定，未成年人是指未满十八周岁的公民。

《未成年人保护法》第三条规定，未成年人享有生存权、发展权、受保护权、参与权等权利，国家根据未成年人身心发展特点给予特殊、优先保护，保障未成年人的合法权益不受侵犯；未成年人享有受教育权，国家、社会、学校和家庭尊重和保障未成年人的受教育权；未成年人不分性别、民族、种族、家庭财产状况、宗教信仰等，依法平等地享有权利。

《未成年人保护法》第五条规定，保护未成年人的工作，应当遵循下列原则：尊重未成年人的人格尊严；适应未成年人身心发展的规律和特点；教育与保护相结合。

《未成年人保护法》第十条规定，父母或者其他监护人应当创造良好、和睦的家庭环境，依法履行对未成年人的监护职责和抚养义务。禁止对未成年人实施家庭暴力，禁止虐待、遗弃未成年人，禁止溺婴和其他残害婴儿的行为，不得歧视女性未成年人或者有残疾的未成年人。

《未成年人保护法》第十二条规定，父母或者其他监护人应当学习家庭教育知识，正确履行监护职责，抚养教育未成年人。有关国家机关和社会组织应当为未成年人的父母或者其他监护人提供家庭教育指导。

《未成年人保护法》第二十七条规定，全社会应当树立尊重、保护、教育未成年人的良好风尚，关心、爱护未成年人。国家鼓励社会团体、企业事业组织以及其他组织和个人，开展多种形式的有利于未成年人健康成长的社会活动。

《未成年人保护法》第三十七条规定，任何人不得在中小学校、幼儿园、托儿所的教室、寝室、活动室和其他未成年人集中活动的场所吸烟、饮酒。

《未成年人保护法》第四十条规定，学校、幼儿园、托儿所和公共场所发生突发事件时，

应当优先救护未成年人。

《未成年人保护法》第四十一条规定，禁止拐卖、绑架、虐待未成年人，禁止对未成年人实施性侵害。

四、《中华人民共和国食品安全法》相关知识

《中华人民共和国食品安全法》以下简称《食品安全法》。

《食品安全法》第二十六条规定，食品安全标准应当包括下列内容：①食品、食品添加剂、食品相关产品中的致病性微生物，农药残留、兽药残留、生物毒素、重金属等污染物质以及其他危害人体健康物质的限量规定；②食品添加剂的品种、使用范围、用量；③专供婴幼儿和其他特定人群的主辅食品的营养成分要求；④对与卫生、营养等食品安全要求有关的标签、标志、说明书的要求；⑤食品生产经营过程的卫生要求；⑥与食品安全有关的质量要求；⑦与食品安全有关的食品检验方法与规程；⑧其他需要制定为食品安全标准的内容。

《食品安全法》第三十三条中对食品安全常识的要求如下。

1. 餐具、饮具和盛放直接入口食品的容器，使用前应当洗净、消毒，炊具、用具用后应当洗净，保持清洁。

2. 直接入口的食品应当使用无毒、清洁的包装材料、餐具、饮具和容器。

3. 食品生产经营人员应当保持个人卫生，生产经营食品时，应当将手洗净，穿戴清洁的工作衣、帽等；销售无包装的直接入口食品时，应当使用无毒、清洁的容器、售货工具和设备。

4. 用水应当符合国家规定的生活饮用水卫生标准。

5. 使用的洗涤剂、消毒剂应当对人体安全、无害。

五、《中华人民共和国劳动合同法》的相关知识

《中华人民共和国劳动合同法》以下简称《劳动合同法》。

《劳动合同法》第三条规定，订立劳动合同，应当遵循合法、公平、平等自愿、协商一致、诚实信用的原则。依法订立的劳动合同具有约束力，用人单位与劳动者应当履行劳动合同约定的义务。

《劳动合同法》第十七条规定，劳动合同应当具备以下条款：①用人单位的名称、住所和法定代表人或者主要负责人；②劳动者的姓名、住址和居民身份证或者其他有效身份证件号码；③劳动合同期限；④工作内容和工作地点；⑤工作时间和休息休假；⑥劳动报酬；⑦社会保险；⑧劳动保护、劳动条件和职业危害防护；⑨法律、法规规定应当纳入劳动合同的其他事项。劳动合同除前述规定的必备条款外，用人单位与劳动者可以约定试用期、培训、保守秘密、补充保险和福利待遇等其他事项。

《劳动合同法》第二十六条规定，下列劳动合同无效或者部分无效：①以欺诈、胁迫的

手段或者乘人之危，使对方在违背真实意思的情况下订立或者变更劳动合同；②用人单位免除自己的法定责任、排除劳动者权利；③违反法律、行政法规强制性规定。对劳动合同的无效或者部分无效有争议的，由劳动争议仲裁机构或者人民法院确认。

《劳动合同法》第二十七条规定，劳动合同部分无效，不影响其他部分效力的，其他部分仍然有效。

《劳动合同法》第二十八条规定，劳动合同被确认无效，劳动者已付出劳动的，用人单位应当向劳动者支付劳动报酬。劳动报酬的数额，参照本单位相同或者相近岗位劳动者的劳动报酬确定。

《劳动合同法》第三十一条规定，用人单位应当严格执行劳动定额标准，不得强迫或者变相强迫劳动者加班。用人单位安排加班的，应当按照国家有关规定向劳动者支付加班费。

《劳动合同法》第三十二条规定，劳动者拒绝用人单位管理人员违章指挥、强令冒险作业的，不视为违反劳动合同。劳动者对危害生命安全和身体健康的劳动条件，有权对用人单位提出批评、检举和控告。

《劳动合同法》第三十五条规定，用人单位与劳动者协商一致，可以变更劳动合同约定的内容。变更劳动合同，应当采用书面形式。变更后的劳动合同文本由用人单位和劳动者各执一份。

《劳动合同法》第三十六条规定，用人单位与劳动者协商一致，可以解除劳动合同。

《劳动合同法》第三十七条规定，劳动者提前三十日以书面形式通知用人单位，可以解除劳动合同。劳动者在试用期内提前三日通知用人单位，可以解除劳动合同。

《劳动合同法》第三十八条规定，用人单位有下列情形之一的，劳动者可以解除劳动合同：①未按照劳动合同约定提供劳动保护或者劳动条件的；②未及时足额支付劳动报酬的；③未依法为劳动者缴纳社会保险费的；④用人单位的规章制度违反法律、法规的规定，损害劳动者权益的；⑤因本法第二十六条第一款规定的情形致使劳动合同无效的；⑥法律、行政法规规定劳动者可以解除劳动合同的其他情形。用人单位以暴力、威胁或者非法限制人身自由的手段强迫劳动者劳动的，或者用人单位违章指挥、强令冒险作业危及劳动者人身安全的，劳动者可以立即解除劳动合同，不需事先告知用人单位。

《劳动合同法》第三十九条规定，劳动者有下列情形之一的，用人单位可以解除劳动合同：①在试用期间被证明不符合录用条件的；②严重违反用人单位的规章制度的；③严重失职，营私舞弊，给用人单位造成重大损害的；④劳动者同时与其他用人单位建立劳动关系，对完成本单位的工作任务造成严重影响，或者经用人单位提出，拒不改正的；⑤因本法第二十六条第一款第一项规定的情形致使劳动合同无效的；⑥被依法追究刑事责任的。

六、《中华人民共和国妇女权益保障法》的相关知识

《中华人民共和国妇女权益保障法》以下简称《妇女权益保障法》。

《妇女权益保障法》第二条规定，妇女在政治的、经济的、文化的、社会的和家庭的生活等各方面享有同男子平等的权利。禁止歧视、虐待、遗弃、残害妇女。

《妇女权益保障法》第五条规定，国家鼓励妇女自尊、自信、自立、自强，运用法律维护自身合法权益。妇女应当遵守国家法律，尊重社会公德，履行法律所规定的义务。

《妇女权益保障法》第十八条规定，父母或者其他监护人必须履行保障适龄女性儿童少年接受义务教育的义务。

《妇女权益保障法》第二十四条规定，实行男女同工同酬。妇女在享受福利待遇方面享有与男子平等的权利。

《妇女权益保障法》第二十六条规定，任何单位均应根据妇女的特点，依法保护妇女在工作和劳动时的安全和健康，不得安排不适合妇女从事的工作和劳动。妇女在经期、孕期、产期、哺乳期受特殊保护。

《妇女权益保障法》第四十条规定，禁止对妇女实施性骚扰。受害妇女有权向单位和有关机关投诉。

《妇女权益保障法》第四十一条规定，禁止卖淫、嫖娼。禁止组织、强迫、引诱、容留、介绍妇女卖淫或者对妇女进行猥亵活动。

《妇女权益保障法》第四十二条规定，妇女的名誉权、荣誉权、隐私权、肖像权等人格权受法律保护。禁止用侮辱、诽谤等方式损害妇女的人格尊严。禁止通过大众传播媒介或者其他方式贬低损害妇女人格。未经本人同意，不得以营利为目的，通过广告、商标、展览橱窗、报纸、期刊、图书、音像制品、电子出版物、网络等形式使用妇女肖像。

七、《三岁前小儿教养大纲（草案）》的相关知识

三岁前是小儿体格和神经心理生长发育的重要时期。从初生到两岁是小儿脑发育最快时期，其大脑的基本生理特点已与成人近似，具备了接受教育的条件。从出生起就不断接受外界刺激，小儿的感知觉、动作、认识能力、语言和思维、想象就不断产生和发展，因此早期教育对小儿的智力发展极为重要。

1. 托儿所教育工作的任务有以下几方面。

（1）培养小儿在德、智、体、美方面得到发展，为造就体魄健壮、智力发达、品德良好的社会主义新一代打下基础。

（2）发展小儿的基本动作，进行适当的体格锻炼，增强儿童的抵抗力，提高婴幼儿的健康水平，促进身心正常发展。要发展小儿模仿、理解和运用语言的能力，通过语言及认识周围环境事物，使小儿智力得到发展，并获得简单知识。

（3）进行友爱、礼貌、诚实、勇敢等良好的品德教育。

（4）培养小儿的饮食、睡眠、衣着、盥洗、与人交往等各个方面的文明卫生习惯及美的观念。

2. 三岁前小儿集体教养原则有以下几点。

（1）教养工作必须从小儿生理心理特点出发，集体教育和个别教育相结合。对 1 岁以内的小儿，进行个别教育。1～2 岁幼儿仍应以个别教育为主，但可以分小组短时间地进行一些活动。2～3 岁小儿可逐渐进行一定时间的有组织的集体活动。

（2）教养任务应与保健措施相结合进行。在婴儿的每一项生活内容中都有保健与教育

两重任务，通过一日生活制度中的每一个环节，结合照顾睡、吃、玩，教养良好的生活与卫生习惯，发展成人和小朋友之间良好的相互关系，发展有关的动作、语言和认识能力。

（3）以小儿为中心做到有组织的活动和个别活动相结合、动静结合、室内外活动相结合。所有的活动都要在有专人负责和互相配合下进行。

（4）教育内容与方式应符合小儿神经、心理与体格发育的规律，并充分注意小儿的直观性和模仿性等特点，采取相应正确的教育方法，组织各种活动，坚持启发、诱导和正面教育。

（5）成人要做儿童的榜样，爱护和尊重小儿，态度亲切，动作轻柔，方法一致。

（6）准备应有的玩具、教具、运动设备，使小儿情绪愉快。

*【源自卫生部妇幼卫生局 1981 年 6 月颁发《三岁前小儿教养大纲（草案）》】

八、《托儿所幼儿园卫生保健工作规范》的相关知识

（一）一日生活安排

1. 托幼机构应当根据各年龄段儿童的生理、心理特点，结合本地区的季节变化和本托幼机构的实际情况，制订合理的生活制度。

2. 合理安排儿童作息时间和睡眠、进餐、大小便、活动、游戏等各个生活环节的时间、顺序和次数，注意动静结合、集体活动与自由活动结合、室内活动与室外活动结合，不同形式的活动交替进行。

3. 保证儿童每日充足的户外活动时间，一般 2～3 小时。

4. 根据儿童年龄特点和托幼机构服务形式合理安排每日进餐和睡眠时间。制订餐、点数，儿童正餐间隔时间 3.5～4 小时，进餐时间 20～30 分钟/餐，餐后安静活动或散步时间 10～15 分钟。3～6 岁儿童午睡时间根据季节以 2～2.5 小时/日为宜，3 岁以下儿童日间睡眠时间可适当延长。

（二）儿童膳食管理

1. 托幼机构应当为儿童提供符合国家《生活饮用水卫生标准》的生活饮用水。保证儿童按需饮水。每日上、下午各 1～2 次集中饮水，1～3 岁儿童饮水量 50～100ml/次，3～6 岁儿童饮水量 100～150ml/次，并根据季节变化酌情调整饮水量。

2. 儿童食品应当在具有《食品生产许可证》或《食品流通许可证》的单位采购。

3. 食品加工用具必须生熟标识明确、分开使用、定位存放。餐饮具、熟食盛器应在食堂或清洗消毒间集中清洗消毒，消毒后保洁存放。库存食品应当分类、注有标识、注明保质日期、定位储藏。

4. 禁止加工变质、有毒、不洁、超过保质期的食物，不得制作和提供冷荤凉菜。

5. 进餐环境应当卫生、整洁、舒适。餐前做好充分准备，按时进餐，保证儿童情绪愉快，培养儿童良好的饮食行为和卫生习惯。

6. 专供婴幼儿的主、辅食品必须符合国务院卫生行政部门制定的营养、卫生标准和管

理办法的规定。

7. 直接入口食品应当有小包装或者使用无毒、清洁的包装材料。

（三）膳食营养

1. 托幼机构应当根据儿童生理需求，以《中国居民膳示指南》为指导，参考“中国居民膳食营养素参考摄入量（DRIs）”和各类食物每日参考摄入量（表 2-1），制订儿童膳食计划。

2. 在主副食的选料、洗涤、切配、烹调的过程中，方法应当科学合理，减少营养素的损失，符合儿童清淡口味，达到营养膳食的要求。烹调食物注意色、香、味、形，提高儿童的进食兴趣。

3. 托幼机构至少每季度进行 1 次膳食调查和营养评估。儿童热量和蛋白质平均摄入量全日制托幼机构应当达到“DRIs”的 80%以上，寄宿制托幼机构应当达到“DRIs”的 90%以上。维生素 A、B_1、B_2、C 及矿物质钙、铁、锌等应当达到“DRIs”的 80%以上。三大营养素热量占总热量的百分比是蛋白质 12%～15%，脂肪 30%～35%，糖类（碳水化合物）50%～60%。每日早餐、午餐、晚餐热量分配比例为 30%、40%和 30%。优质蛋白质占蛋白质总量的 50%以上。

表 2-1　儿童各类食物每日参考摄入量表

食物种类	1～3 岁	3～6 岁
谷类	100～150g	180～260g
蔬菜类	150～200g	200～250g
水果类	150～200g	150～300g
鱼虾类		40～50g
禽畜肉类	100g	30～40g
蛋类		60g
液态奶	350～500ml	300～400ml
大豆及豆制品	—	25g
烹调油	20～25g	25～30g

注：《中国孕期、哺乳期妇女和 0～6 岁儿童膳示指南》（中国营养学会妇幼分会，2010 年）

（四）体格锻炼

1. 托幼机构应当根据儿童的年龄及生理特点，每日有组织地开展各种形式的体格锻炼，掌握适宜的运动强度，保证运动量，提高儿童身体素质。

2. 保证儿童室内外运动场地和运动器械的清洁、卫生、安全，做好场地布置和运动器械的准备。定期进行室内外安全隐患排查。

3. 利用日光、空气、水和器械，有计划地进行儿童体格锻炼。做好运动前的准备工作。运动中注意观察儿童面色、精神状态、呼吸、出汗量和儿童对锻炼的反应，若有不良反应要及时采取措施或停止锻炼；加强运动中的保护，避免运动伤害。运动后注意观察儿童的精神、食欲、睡眠等状况。

4. 全面了解儿童健康状况，患病儿童停止锻炼；病愈恢复期的儿童运动量要根据身体状况予以调整；体弱儿童的体格锻炼进程应当较健康儿童缓慢，时间缩短，并要对儿童运动反应进行仔细的观察。

*【源自卫生部 2012 年 5 月 9 日颁发《托儿所幼儿园卫生保健工作规范》】

九、《0～6 岁儿童健康管理服务规范》相关知识

（一）新生儿家庭访视

新生儿出院后 1 周内，医务人员到新生儿家中进行，同时进行产后访视。了解出生时情况、预防接种情况，在开展新生儿疾病筛查的地区了解新生儿疾病筛查情况等。观察家居环境，重点询问和观察喂养、睡眠、大小便、黄疸、脐部、口腔发育等情况。为新生儿测量体温、记录出生时体重、身长，进行体格检查，同时建立《母子健康手册》。根据新生儿的具体情况，对家长进行喂养、发育、防病、预防伤害和口腔保健指导。如果发现新生儿未接种卡介苗和第 1 剂乙肝疫苗，提醒家长尽快补种。如果发现新生儿未接受新生儿疾病筛查，告知家长到具备筛查条件的医疗保健机构补筛。对于低出生体重、早产、双多胎或有出生缺陷等具有高危因素的新生儿根据实际情况增加家庭访视次数。

（二）新生儿满月健康管理

新生儿出生后 28～30 天，结合接种乙肝疫苗第二针，在乡镇卫生院、社区卫生服务中心进行随访。重点询问和观察新生儿的喂养、睡眠、大小便、黄疸等情况，对其进行体重、身长、头围测量、体格检查，对家长进行喂养、发育、防病指导。

（三）婴幼儿健康管理

满月后的随访服务均应在乡镇卫生院、社区卫生服务中心进行，偏远地区可在村卫生室、社区卫生服务站进行，时间分别在 3、6、8、12、18、24、30、36 月龄时，共 8 次。有条件的地区，建议结合儿童预防接种时间增加随访次数。服务内容包括询问上次随访到本次随访之间的婴幼儿喂养、患病等情况，进行体格检查，做生长发育和心理行为发育评估，进行科学喂养（合理膳食）、生长发育、疾病预防、预防伤害、口腔保健等健康指导。在婴幼儿 6～8、18、30 月龄时分别进行 1 次血常规（或血红蛋白）检测。在 6、12、24、36 月龄时使用行为测听法分别进行 1 次听力筛查。在每次进行预防接种前均要检查有无禁忌证，若无，体检结束后接受预防接种。

十、《中医药健康管理服务规范》的相关知识

（一）服务内容

在儿童 6、12、18、24、30、36 月龄时，对儿童家长进行儿童中医药健康指导，具体

内容如下。

1. 向家长提供儿童中医饮食调养、起居活动指导。

2. 在儿童 6、12 月龄给家长传授摩腹和捏脊方法；在 18、24 月龄传授按揉迎香穴、足三里穴的方法；在 30、36 月龄传授按揉四神聪穴的方法。

（二）服务流程

根据儿童不同月龄对家长进行儿童中医药健康指导。

1. 6、12 月龄：中医饮食起居指导；传授摩腹和捏脊方法。

2. 18、24 月龄：中医饮食起居指导；传授按揉迎香穴、足三里穴方法。

3. 30、36 月龄：中医饮食起居指导；传授按揉四神聪穴方法。

（三）服务要求

1. 开展儿童中医药健康管理服务应当结合儿童健康体检和预防接种的时间。

2. 开展儿童中医药健康管理服务的乡镇卫生院、村卫生室和社区卫生服务中心（站）应当具备相应的设备和条件。

3. 开展儿童中医药健康管理服务的人员应当为中医类别执业（助理）医师，或接受过儿童中医药保健知识和技能培训能够提供上述服务的其他类别医师（含乡村医生）。

4. 服务机构要加强宣传，告知服务内容，提高服务质量，使更多的儿童家长愿意接受服务。

5. 每次服务后要及时记录相关信息，纳入儿童健康档案。

*【源自《国家基本公共卫生服务规范》（第三版）国家卫生计生委 2017 年 2 月 28 日】

（刘国伟）

第三章

基础知识

第一节　0～3岁婴幼儿教养基本理念

基本要求

1. 掌握0～3岁婴幼儿教养原则。
2. 熟悉0～3岁婴幼儿教养行为规范。

一、0～3岁婴幼儿教养原则

1. 尊重权利，满足需求　尊重婴幼儿作为一个独立个体所应有的权利。重视婴幼儿的情感需求，以亲为先，以情为重，创设宽松、温馨、充满爱的环境，满足婴幼儿的成长需求。尊重婴幼儿的意愿，促使他们积极主动、健康愉快地发展。

2. 科学养育，教养融合　强调对早期生命的呵护，把保障婴幼儿的安全、健康放在教养工作的首位。养中有教、教中重养、教养合一、自然渗透，促进婴幼儿身心和谐发展。

3. 遵循规律，顺应发展　尊重婴幼儿身心发展规律，顺应婴幼儿的天性。遵循各年龄段婴幼儿教养规律，通过适宜的环境和有趣的活动，使婴幼儿自然发展、健康成长。

4. 尊重差异，开启潜能　尊重婴幼儿在发育与健康、感知与运动、认知与语言、情感与社会性等方面的个体差异，实施个别化的教养。提供适宜刺激，丰富多种经验，开启婴幼儿潜能，促进婴幼儿个性化发展。

5. 开展游戏，融入生活　注重生活和游戏对婴幼儿发展的独特价值。充分利用日常生活和游戏中的学习情景，引发婴幼儿对周围环境、游戏活动的兴趣，培养婴幼儿与亲人的依恋关系、良好的习惯和与人交往的态度，使婴幼儿开心游戏，快乐生活。

二、0～3岁婴幼儿教养行为规范

（一）新生儿

1. 提供自然睡眠的条件，房间空气清新，温度适宜，洁净温馨。
2. 按需哺乳，面带微笑，目光注视，经常对新生儿进行皮肤抚触。

3. 为新生儿勤洗澡、换衣裤和尿布，保持皮肤清洁和干燥。经常对眼睛、脐部、大小便等情况进行观察。

4. 提供适量的视听刺激，让新生儿常听舒缓柔和的音乐、玩具声音和讲话声音，常看会动的玩具和人脸等，适宜距离为 15～30cm。

（二）1～3 个月

1. 逐步形成有规律的哺乳、睡眠，及时添加生长所需的营养补充剂，如维生素 D。

2. 在适宜时间内进行适量的户外活动。

3. 提供便于抓握、带声响、色彩鲜艳、安全、卫生的玩具，练习俯卧抬头、目光追视、抓握、侧翻等动作。

4. 在逗引交流中，引发婴幼儿对亲近的人和声音产生反应，从微笑发展到大声笑，情绪愉快，培养母婴依恋亲情。

（三）4～6 个月

1. 保证睡眠时间充足，逐渐养成自然入睡、有规律睡眠的习惯。

2. 用手扶着奶瓶吸吮，按月龄添加辅助食品，逐渐形成定时喂哺的规律。

3. 在盥洗中，引导婴幼儿乐意接受洗脸、洗手、洗澡等。

4. 练习主动伸手抓住玩具。

5. 学习辨别亲近人的声音，用“咿呀”声与人交流。

6. 注视和学习辨认周围生活环境中的人和物。

7. 对熟悉的音乐有愉快的情绪反应。

（四）7～12 个月

1. 逐渐形成定时睡眠，自然入睡的习惯。

2. 逐渐提供各类适宜的食物，初步适应咀嚼、吞咽固体食品，尝试用杯喝水、用勺喂食。

3. 配合成人为其穿衣、剪指甲、理发和盥洗等活动。有一定的排便规律。

4. 练习独坐、爬行、扶住行走、捏拿小物件，学做简单的模仿动作。

5. 模仿成人的发音，听懂简单的词，并做出相应的反应（如指认五官等）。

6. 用表情、动作、语音等回应他人。

7. 跟着音乐节律随意摆动身体。

（五）13～18 个月

1. 按时起床、入睡，醒后不哭吵，情绪保持愉快。

2. 会用杯子喝水（奶），尝试在成人的帮助下用小勺自己进食，形成定时、定位、专心进餐的习惯。

3. 提醒婴幼儿饭前要洗手，饭后要擦嘴、喝水漱口。学用语言或动作表示大小便，学会坐盆排便。

4. 练习独立行走、下蹲、转弯，学着扶栏杆上下楼梯等。
5. 选择自己喜欢的玩具进行摆弄和玩乐。
6. 模仿成人的单词或短句，学着称呼人、用单词表达自己的需求。
7. 尝试用喜、怒、哀、乐行为表达自己的情感。
8. 感知周围生活环境中的花草和树木、人和物，会指认。
9. 感受音乐节奏带来的快乐，跟着音乐做肢体动作，尝试涂画。

（六）19～24 个月

1. 有充足的睡眠时间。
2. 学用小勺自己进餐，养成吃一口、嚼一口、咽一口的习惯，会用吸管杯喝水。
3. 在盥洗时学着使用肥皂、毛巾。在成人的帮助下学脱衣、裤、鞋、袜。
4. 练习自如地走、跑，双脚原地并跳，举手过肩扔球，叠高小积木，串大珠子，并学着收放玩具。
5. 学用简单句（双词句）表达自己的需求，说出自己的名字，喜欢亲子阅读、听故事、学念儿歌。
6. 辨别周围生活环境中的常见物，对物体形状、冷热、大小、颜色、软硬差别明显的特征有初步的认知体验。
7. 提醒婴幼儿与人打招呼，学着在同伴中玩耍、游戏。初步懂得简单是非，学着遵守规则。
8. 随着音乐节奏做模仿动作，跟唱简单的歌曲，喜欢涂画。

（七）25～36 个月

1. 养成良好的睡眠习惯。
2. 自主进食，会用杯喝水，不挑食。
3. 学用毛巾洗手擦脸，主动如厕。
4. 有模仿成人做事的兴趣，学习自己穿脱简单衣裤、鞋袜。
5. 练习钻爬、上下楼梯，学走小斜坡，有初步的适应环境的能力。
6. 操作摆弄积木、珠子、纸、橡皮泥等玩具，提高手指的灵活性和手眼协调性。
7. 会用语言表达自己的需求，乐意参加阅读活动，喜欢讲述事情和学讲故事、唱儿歌，理解并乐意执行成人简单的语言指令。
8. 在生活中感知常见的动植物和简单的数，指认颜色、形状等。开始了解人、物、事之间的简单关系。
9. 逐渐适应集体生活，愿意亲近老师和同伴，淡化对父母的依恋。有初步的自我安全保护意识。学习对人有礼貌，不影响别人的活动。
10. 跟着音乐唱跳，用声音、动作、涂画、粘贴等多种方式表达自己的感受。

第二节 0～3岁婴幼儿生长发育基础知识

基本要求

1. 掌握0～3岁婴幼儿解剖及生理发育规律和特点。
2. 掌握0～3岁婴幼儿心理发展的基本规律和特点。
3. 熟悉0～3岁婴幼儿发育行为基础知识。

婴儿期是心理发展和生长发育最快的时期，其基本语言能力、典型动作和行为方式与能力、各种心理活动如基本情绪和情感获得都在这一阶段初步形成。了解婴幼儿各阶段生理和心理的发展特点，有助于对婴幼儿生长发育的状况做出正确评价。

一、0～3岁婴幼儿解剖及生理发育规律和特点

（一）婴幼儿年龄分期

联合国儿童基金会将儿童期定为0～18岁。根据我国的生活条件和教育情况，一般把从出生到成熟之间（0～18岁）的发展过程分为新生儿期、婴幼儿期、学龄前期、学龄期、少年期和青年期六个阶段。其中，0~3岁为婴幼儿期，婴幼儿期具体年龄分期及各期的特点详见表3-1。

表3-1 婴幼儿年龄分期及各期特点

名称	分期	特点
新生儿期	从出生到生后28天	机体柔嫩，生理调节和适应能力不成熟，平均每天睡眠长达20小时。易发生窒息、溶血、感染等疾病，且死亡率高
婴儿期	从出生后到满1周岁	生长发育迅速，以乳食为主，但消化功能差，易发生消化紊乱和营养不良；自身免疫力不完善（特别在6个月后），易患感染性疾病
幼儿期	1周岁后到3周岁	乳牙逐渐出齐，消化功能弱；语言、动作及思维发展迅速，活动范围扩大，但危险识别和自身保护力差，易发生事故；免疫力低，传染病发生率高

（二）婴幼儿生长发育的规律

1. 婴幼儿生长发育有连续性和阶段性，年龄越小体格增长越快。生后6个月内生长最快，尤其在出生后3个月内。

2. 各系统器官发育不平衡。各系统器官发育快慢不同，如神经系统发育先快后慢，生殖系统先慢后快。

3. 婴幼儿生长发育一般遵循由上到下、由近到远、由粗到细、由低级到高级、由简单到复杂发展的规律。

4. 生长发育在一定范围内受遗传、性别、环境、营养、教育等因素的影响而存在个体

差异。

（三）婴幼儿解剖及生理发育特点

1. 运动系统　运动系统是由骨、关节和骨骼肌组成。

婴幼儿运动系统特点：骨骼不断加长、加粗；骨头鲜嫩，硬度小，易发生弯曲，不良体姿容易导致脊柱变形；肌肉容易疲劳，且小肌肉发育晚；肘关节较松，韧带结实。注意让婴幼儿多在户外运动，养成良好坐姿，小心预防关节损伤。

2. 呼吸系统　机体吸入氧气并排出二氧化碳的过程称为呼吸。呼吸系统由呼吸道及肺等器官组成，包括鼻腔、咽、喉、气管、支气管、肺及胸膜等组织。

婴幼儿呼吸系统的特点：呼吸频率快；声带不够坚韧；鼻咽部的细菌容易侵入中耳。婴幼儿呈腹式呼吸，3 岁后呈胸式呼吸。建议经常带婴幼儿到公园、绿地等地方进行户外活动，教会幼儿正确的擤鼻涕的方法，注意保护嗓子。

3. 血液循环系统　血液循环系统是一个密闭的、连续性的管道系统，由心脏和血管等组成，心脏是动力器官，血管是运输血液的管道。

婴幼儿血液循环系统的特点：心脏体积相对较成人稍大，新生儿大血管的弹力纤维少。年龄越小，心率越快。应注意合理适量进行体育锻炼，纠正婴幼儿挑食、偏食的习惯。发热时应卧床休息，以减轻心脏负担。

4. 泌尿系统　泌尿系统是由肾、输尿管、膀胱及尿道等组成。

婴幼儿泌尿系统解剖特点：肾脏表面积相对较大，容易扪及。输尿管弯曲较长，肌肉及弹力纤维发育不良，容易尿潴留而感染。膀胱位置较高。女婴尿道较短，易受感染；男婴尿道长，包茎积垢易引起感染。足月的新生儿肾脏已经发挥作用，但储备能力差，调节机制不够成熟。

5. 生殖系统　生殖系统的功能是繁殖后代和形成并保持第二特征。生殖系统包括内生殖器和外生殖器两部分。0～3 岁婴幼儿的生殖功能尚未发育。

6. 内分泌系统　内分泌系统是除神经系统以外的一个重要的调节系统，包括弥散内分泌系统和固有内分泌系统。内分泌系统主要功能是促进和调节人体生长、发育、性成熟和生殖等生命过程。

7. 神经系统　神经系统是由脑、脊髓及周围神经等组成。

婴幼儿神经系统解剖特点：脑发育迅速，神经髓鞘逐渐形成，小脑发育晚，植物神经发育不全。大脑尚未建立起各种神经反射。大脑皮层发育不完善，兴奋占优势，抑制过程形成较慢。

8. 感觉系统　感觉系统是神经系统中处理感觉信息的一部分。皮肤保护功能差，代谢活跃，体温调节能力差，皮肤渗透作用强。眼睛生理性远视，调节能力强。咽鼓管短、平，对声音敏感。

二、0～3 岁婴幼儿心理发展的基本规律和特点

成熟的大脑是心理活动的基础。出生时婴幼儿由于神经细胞缺乏髓鞘，大脑皮质功能

尚未健全，所以缺少心理功能。随着大脑皮质的发育成熟和神经髓鞘的形成，大脑功能逐步完善，出现了各种心理活动。婴儿心理发展是整个儿童心理发展的早期阶段，其发展的好坏对以后的发展有重要作用。

（一）0～3岁婴幼儿心理发展的基本规律

1. 发展的连续性及年龄阶段性　发展的连续性是指婴幼儿心理发展是一个不可中断的过程；年龄阶段性是指在婴幼儿心理发展的全过程中，表现出不同的年龄阶段特点。每个年龄阶段都有其典型的特征，以区别于其他阶段。

2. 各年龄阶段的稳定性和可塑性　婴幼儿心理发展的各年龄阶段特点，都具有相对的稳定性。由于所处的时代不同，社会背景和教育条件不同，个体的身心成熟状态不同，婴幼儿心理发展的变化也表现出一定的可塑性。

3. 婴幼儿心理发展是儿童期心理发展的基础　婴幼儿时期心理发展为儿童期的心理发展奠定了基础。其发展的好坏对以后的发展有重要作用。

（二）0～3岁婴幼儿心理发展特点

1. 0～3个月　婴儿在出生后便开始出现微笑表情，母亲对婴儿的这种微笑做出哄逗的反应，有助于建立母子间情感上的愉快关系。婴儿的啼哭是一种不愉快的表现，此时应采取一些措施，如喂奶、换尿布、抱抱等，使婴儿重新获得舒适的感觉。这样可以让婴幼儿对母亲产生亲切感和信赖感。

2. 3～6个月　在原始情绪(舒服、不舒服、恐惧、发怒)的基础上，又增加了其他情绪（喜、悲、羡慕、妒忌）。见到生人害怕，因而拽着父母不放的“认生”表现已经或即将出现，时间大约在5～9个月之间。认生证明了亲子之间情感的联结已经成功。出现认生的婴儿已把母亲作为可以信赖的“心中基地”。

3. 6～9个月　一个人玩耍的时间变长，啼哭的时间变少，还喜欢父母和自己一起欢闹、挠痒痒等。在愉快的家庭氛围中，婴儿的情绪安定、身体健康。

4. 9～12个月　用两只脚站立并开始走路、说话，能用哭泣、嬉笑来表达自己的情绪。如果父母与婴儿玩耍过少，其情绪发育将受到阻碍，往往会变得很少笑、频繁地吸吮手指，或是出现有节奏地摇动头或身体的怪癖。此时应给予婴儿亲密的抚触，增进亲子感情。

5. 12～18个月　自发性开始出现。自发性是一种自发的状态和品质，由内在过程所驱动的行动、冲动、行为，是可以使幼儿能够充满活力地生活的良好心态。这个时期，幼儿哭、笑、恐惧、发脾气等情绪的表现变得相当复杂起来。此阶段父母应常与幼儿一起玩耍，爱护和培养幼儿“自己来做”的热情。这对于幼儿情绪的发展、分化具有重要的意义。

6. 18～24个月　对母亲的依赖越来越强，喜欢对母亲撒娇，此时家长应给予及时的回应。此外，这个阶段的幼儿，脾气变得“大”起来，如不能满足自己的意愿，便会发脾气。家长应给予关注，尽量让幼儿平静下来。另外，这个阶段的幼儿喜欢跑跳和攀爬，在确保安全的情况下，尽量容许幼儿的冒险行为，将有助于幼儿的运动发育。

7. 2～3岁　幼儿经常会说“不”，进入第一个叛逆期。也是自发性在顺利成长的标志。此阶段幼儿“想自己做”的愿望变得更加强烈，也可以用各种词汇来表达自己的情绪。

三、0～3 岁婴幼儿发育行为基础知识

第 1 个月：俯卧、握拳、蹬腿、挥动手臂、听声音有反应、感官敏锐、视力比较模糊。

第 2 个月：开始学习抬头，发现自己的手，偶尔会露出笑容，会有各种情绪的反应。

第 3 个月：俯卧可以撑起上身，头可以抬 45° ，开始把看和做联系到一起。

3～4 个月：开始有目的的行动，学会翻身，会笑出声，学习发出元音。

4～5 个月：可以自言自语“咿呀”不停，喜欢注视镜子中的自己，开始认生。

5～6 个月：有支撑能够独立坐一会，会喃喃自语，对于成人的话有反应，躺着的时候可以用不同的方式滚动身体。

6～7 个月：可以自己坐、能够灵活翻身、表情更丰富。

7～8 个月：开始爬行、发出的声音增多，理解成人语言的能力增强。

8～9 个月：可以扶物站立、喜欢敲打能够发出声音的物品，手部动作更加灵活。

9～10 个月：开始认识自己的存在，懂得一些简单词义，会拍手表示欢迎，摆手表示再见。

10～11 个月：能够站起来，偶尔可以走几步，可以自己用杯子喝水。

11～12 个月：能够扶物行走、手指灵活性大大增强，变得好动，能说简单的单字。

12～15 个月：学会走路，会弯腰捡东西，有强烈的好奇心，能够简单交流。

15～18 个月：喜欢尝试自己洗手、洗脸、能够自如蹲下，能说简单的句子。

18～21 个月：能够搬动小物品，身体平衡力发展良好，开始尝试自己解决问题，能够表达自己的一些意愿和要求。

21～24 个月：能够独立做一些事情，如洗手、上厕所等；手眼协调能力进一步加强；可以做一些简单的家务，如浇花等。

24～30 个月：独立穿衣服、脱衣服；也可以做些家务，如擦桌子、擦鞋等；语言能力得到进一步提升，可以跟别人展开对话。

30～36 个月：此阶段幼儿可以独立做切、洗、种植等工作；可以用各种词汇来表达自己的情绪；开始主动和小伙伴们玩耍。

第三节　0～3 岁婴幼儿教养环境

基本要求

1. 熟悉早教中心环境特点。
2. 掌握 0～3 岁婴幼儿教养物质环境创设的基本原则、精神环境的基本要求。

一、教养环境概念

婴幼儿的教养环境是育婴员根据婴幼儿的身心发展规律和特点，精心设计和创造的、最有利于婴幼儿身心健康成长和潜能开发的物质和精神条件的总和。

二、科学创设教养环境对婴幼儿的成长具有特殊的意义

1. 婴幼儿时期是人生发展的起始和奠基时期。
2. 婴幼儿对环境的适应能力非常弱。
3. 婴幼儿接受环境信息的潜力非常巨大。
4. 婴幼儿获取知识经验,发展能力、情感和社会性的主要途径是对周围环境的直接感知。

三、早教中心环境特点

（一）开放空间与隐蔽空间有机结合

1. 开放的大空间　活动室采光要充足，通风良好，场地开阔，地面柔软。

2. 开放的小空间　小活动区域要注意墙面色彩的舒适性，活动室内设备应根据婴幼儿体格发育的特征选择，符合婴幼儿人体工学的要求，考虑使用的安全和方便性。

3. 开放空间向半封闭空间的转换　如走廊墙壁应贴有宣传海报，加入生动有趣的图画。

4. 隐蔽性空间　如卧室应有安静、舒适、整洁的睡眠环境，朝向适宜，通风良好。

（二）满足家庭与婴幼儿的多元需求

1. 丰富　主题活动室和操作材料应丰富，活动应符合婴幼儿的喜好，包括婴幼儿的参与性、操作性、可玩性。设计构思时，首先让幼儿充分讨论，然后师生共同确立主题，如一起动手制作，为一幅画取名等。

2. 适宜　材料的投放应适宜，环境整洁有序，引导幼儿收拾整理玩具，建立责任心。各年龄玩具选择要有一定的针对性、适用性和趣味性。玩具材料投放不可过多。

3. 选择性　家长与幼儿共同选择喜爱的游戏方式和游戏材料，以达到同学同乐的目的。

（三）以人为本，体现人性化服务

1. 亲子共享　充分发挥父母的带动性，增加亲子时间，为幼儿创造温暖、温馨的环境，促进身心健康发展。

2. 休闲舒适　园内环境应注意色彩柔和、安全舒适、简明清新、整齐有序。

3. 视觉艺术　墙饰等应培养幼儿初步的感受美、表现美的情趣和能力，对幼儿进行美育。

四、创设婴幼儿教养物质环境的基本原则

（一）安全健康的原则

1. 安全健康原则是第一重要的原则，是其他一切婴幼儿教养工作的前提。

2. 安全健康的环境应尽力消除种种危及安全和健康的因素。

3. 安全健康的环境应更有利于婴幼儿充分的、自主的活动，而不是为了安全和健康处处设限。

（二）适合婴幼儿体力的原则

1. 物质环境应该让婴幼儿和教养人员都感到舒适、便利，使他们愿意长时间在这种环境中活动。

2. 物质环境应使婴幼儿体感舒适，如温度、湿度适中，光线明暗适度，物品质地软硬、粗细结合，区域划分动静结合，清洗、保洁容易，物品取用方便等。

3. 设施设备适合婴幼儿的体型和力量。

（三）美观、愉悦的原则

1. 是否具有赏心悦目的美感是创设物质环境的必须考虑的条件，美感愉悦的环境是陶冶高尚情操，培养敏锐的观察力和和谐人格的重要途径。

2. 漂亮环境并不是花费昂贵的环境，而是经过考虑和选择，购买或制作的在材质、颜色、光线、声音、形态、结构等方面使人愉悦、具有美感的环境，包括房舍、家具、图片、游戏材料、生活用具等。

3. 教养环境尽量保持整洁有序，避免杂乱无章。

（四）弹性可变的原则

1. 室内、室外环境中的设施、设备、物品、材料等便于改变，包括品种、数量、摆放位置等可以根据需要进行调整。

2. 弹性可变的环境有利于适应婴幼儿成长过程中需要、兴趣、体力的变化。

（五）适合婴幼儿年龄和数量的原则

1. 环境中的空间和材料应根据教养儿童的年龄和数量来创设。或已创设好的环境可接纳儿童的年龄和数量是有限的。

2. 环境刺激丰富又适度。在一定的空间内，物品和人员的数量过多或过少都不利于婴幼儿对环境的持续探索（影响婴幼儿注意的稳定性和兴趣）。

（六）教育功能全面的原则

环境的创设应遵循有利于促进婴幼儿身心素质全面发展的原则。提供儿童进行身体和动作训练的条件；提供儿童感知、想象和思维训练的条件；提供儿童交往和交流，发展语言的条件。

五、提供婴幼儿教养精神环境的基本要求

（一）使每个婴幼儿感受到关爱的原则

1. 情感是人的重要心理成分。

2. 婴幼儿情感健康发展，对其今后一生有深远的影响。

3. 教养人员的数量和对婴幼儿的教养态度体现了对婴幼儿关爱的程度。

4. 主要的教养人员应该具有一定的稳定性（一年以上）。

（二）积极回应的原则

1. 育婴员对婴幼儿表现出的需求和兴趣应该给以积极的回应，有利于发展婴儿对教养者的信任和依附关系。
2. 关注并参与婴幼儿的角色扮演游戏非常必要。

（三）促进自主和自我效能的原则

1. 鼓励婴幼儿自主游戏和活动，增强自主性和自我效能感（自信心）。
2. 在游戏和活动中给予适时、适当的帮助。
3. 物质环境应该尽量安全健康。

（四）助长多向互动的原则

1. 促进婴幼儿之间的交往和互动，培养最初的社会性情感和能力。
2. 促进婴幼儿与较大儿童和成年人之间的交往。

（五）游戏化的原则

1. 婴幼儿的精神环境应充满游戏的形式和情绪色彩。
2. 游戏化的精神环境有利于婴幼儿最大限度地接受环境的影响。

（六）自由和规则并存的原则

1. 教养者应注意把握自由和规则的尺度。
2. 创设一个有语言、有声音、有图画、有书籍、有音乐、有规矩、有规则的丰富的成长环境。

第四节　0～3 岁婴幼儿日常生活照料和护理基础知识

基本要求

1. 熟悉 0～3 岁婴幼儿营养与喂养相关知识。
2. 熟悉 0～3 岁计划免疫与预防接种相关知识。
3. 熟悉 0～3 岁婴幼儿保健与护理的基础知识。

一、0～3 岁婴幼儿营养与喂养

（一）0～3 岁婴幼儿营养

营养对小儿的发育成长和健康起着重要作用，特别是婴幼儿时期，小儿的生长发育速度较成人快，代谢旺盛，对营养需求量较大，婴幼儿年龄越小营养需要量相对越大。同时婴幼儿体内营养素的储备量相对小，适应能力也差，一旦某些营养素摄入量不足或其消化功能紊乱，短时间内即可明显影响发育。

婴幼儿所必需的营养素包括蛋白质、糖类（碳水化合物）、脂肪、矿物质、维生素、膳食纤维、水。

（1）蛋白质：日常生活中蛋白质的膳食来源有肉类（畜、禽、鱼）、奶制品、蛋类、干豆类、坚果类、谷类、薯类。

（2）脂肪：脂肪的膳食来源有动物油、植物油、奶油、蛋黄、肉类等，也可在一定条件下由摄入的糖类和蛋白质转化而来。

（3）糖类：糖类的膳食来源有米面食品、乳类、谷类、水果、蔬菜等。

（4）矿物质：在婴幼儿营养方面至关重要的元素有钙、磷、镁、钠、钾、氯、铁、铜、碘、硒。含矿物质较多的食物有肉、蛋、鱼、虾、奶类、肝脏、深绿色蔬菜、水果、坚果等。

（5）维生素：作用是维持正常的生理功能和生长发育。其中最为重要的是维生素 A、B_1、B_2、C、D，主要来源是蔬菜、水果、肉、蛋、豆、奶及粗粮。1～3 岁幼儿维生素 D 的每日摄取量应为 400 国际单位。

（6）膳食纤维：膳食纤维主要来源于植物性食物，如粮谷类、蔬菜、水果等。适量摄入对于婴幼儿成长很有帮助，过多摄入对机体无益，还会影响钙、铁、锌等营养素的吸收利用。

（7）水：婴幼儿的新陈代谢旺盛，加上婴幼儿活动量大，体表面积相对大，水分蒸发多，所以需要增加水的供给量。水的主要来源为摄入液体及食物中的水分。

（二）0～3 岁婴幼儿喂养

1. 新生儿期　此时由于新生儿刚离开母体，胃肠功能非常弱，母乳是此期婴儿最佳的选择。母乳营养丰富，糖类、脂肪、蛋白质比例合适、易消化吸收，且含有婴儿所需的各种免疫物质。此期一般不用添加其他食物。若各种原因不能喂哺婴儿，应选择适合的婴儿配方奶粉。

2. 婴儿期　婴儿的生长发育迅速，6 个月时，体重可达出生时的 2～3 倍，除继续母乳喂养外，6 个月后应逐渐添加辅食，如面糊、蛋、瘦肉等。添加辅食应遵循下列原则：由稀到稠、由少到多、由细到粗、由一种到多种，并在婴儿身体健康、消化功能正常时添加。

3. 幼儿期　此阶段幼儿体格发育速度减慢，但脑的发育加快，因此饮食中应注意优质蛋白质的供给；此时幼儿的牙已逐渐出齐，但咀嚼功能仍差，不能与成人同进食物。幼儿的食物宜细、软、烂、碎，每日应保持 250～500ml 牛奶或豆浆，并注意肉、蛋、豆制品、蔬菜、水果的供给。每日 3 次正餐加 1～2 顿点心。

二、0～3 岁婴幼儿计划免疫与预防接种

（一）概念

计划免疫是根据小儿的免疫特点和传染病发生的情况而制订的免疫程序，是有计划、

有目的地将生物制品接种到小儿体内，以提高小儿特异性免疫力，从而达到预防、控制和消灭传染病的目的。

（二）计划免疫相关知识和种类

为提高婴幼儿免疫，必须按照接种程序进行预防接种。我国规定的计划免疫包括两个程序：基础免疫和加强免疫。

1. 基础免疫　是指在一周岁内必须完成的初次接种。

（1）乙肝疫苗可预防乙型肝炎。接种 3 剂次，儿童出生时、1 月龄、6 月龄各接种 1 剂次，第 1 剂在出生后 24 小时内尽早接种。

（2）卡介苗可预防结核病。接种 1 剂次，儿童出生时接种。

（3）脊髓灰质炎疫苗可预防脊髓灰质炎。共接种 4 剂次，其中 2、3 月龄接种一剂灭活脊灰疫苗（IPV），4 月龄和 4 周岁各接种一剂脊髓灰质炎减毒活疫苗（OPV）。

（4）百白破疫苗可预防百日咳、白喉、破伤风。接种 4 剂次，儿童 3 月龄、4 月龄、5 月龄和 18～24 月龄各接种 1 剂次。

（5）麻腮风疫苗可预防麻疹、腮腺炎、风疹。儿童 8 月龄时接种第 1 剂次。

（6）乙脑疫苗可预防流行性乙型脑炎。儿童 8 月龄时接种第 1 剂次。

2. 加强免疫　是指根据疫苗的免疫持久性和人群的免疫水平以及疾病流行情况适时地进行疫苗接种。

（1）甲肝疫苗可预防甲型肝炎。甲肝减毒活疫苗接种 1 剂次，儿童 18 月龄时接种；甲肝灭活疫苗接种 2 剂次，儿童 18 月龄和 24～30 月龄时各接种 1 剂次。

（2）乙脑疫苗可预防流行性乙型脑炎。儿童 2 周岁加强 1 剂次；乙脑灭活疫苗接种 4 剂次，儿童 8 月龄接种 2 剂次，2 周岁和 6 周岁各接种 1 剂次。

（3）麻腮风疫苗可预防麻疹、流行性腮腺炎、风疹。儿童 18～24 月龄时接种第 2 剂次。

（4）A 群流脑疫苗可预防 A 群脑膜炎球菌引起的流行性脑脊髓膜炎。接种 2 剂次，儿童 6～18 月龄时接种。

（5）A+C 群流脑疫苗预防 A 群及 C 群脑膜炎球菌引起的流行性脑脊髓膜炎。接种 2 剂次，儿童 3 周岁和 6 周岁各接种 1 剂次。

（6）白破疫苗预防白喉、破伤风。接种 1 剂次，儿童 6 周岁时接种。

计划免疫程序有严格的操作程序，不能随意更改。大多数婴幼儿在接种疫苗后不会引起严重的反应，但有部分婴幼儿在进行预防接种后会出现轻重不一的反应，主要表现为局部反应，如局部红、肿、痒、痛；还有全身反应，如发热、头晕及过敏性皮疹等。

为了保证安全，减少不良反应，给婴幼儿进行预防接种前必须全面观察婴幼儿健康状况。如果婴幼儿身体不适，暂时不要进行接种。待婴幼儿身体恢复后，再补种疫苗。

（三）免疫接种前后家庭护理的注意事项

1. 婴幼儿发热时不要接种白喉、百日咳、破伤风三联疫苗。

2. 腹泻时不要口服脊髓灰质炎疫苗（小儿麻痹糖丸）。

3. 空腹饥饿时不宜接种疫苗，以免发生低血糖等反应。
4. 疫苗接种前要做好婴幼儿的思想工作，消除其紧张心理。
5. 疫苗接种后 2～3 天应避免剧烈活动。
6. 注意婴幼儿注射部位的清洁卫生。

三、0～3 岁婴幼儿保健与护理的基础知识

（一）婴儿期保健

婴儿时期消化功能尚未成熟，易患消化功能紊乱、腹泻、营养不良等疾病，应提倡纯母乳喂养，如人工喂养则应正确选择配方奶；自 6 个月起可添加辅食。应定期进行体格检查，便于早期发现缺铁性贫血、佝偻病等。坚持户外活动，进行空气浴、日光浴和被动体操；用带有声、光、色的玩具促进其感知发育。按计划免疫程序完成基础免疫。

（二）幼儿期保健

由于此期幼儿自我意识的发展以及对周围环境产生好奇心，好模仿，易被成人过分呵护而抑制其独立能力的发展。因此应注意训练自主进食能力；重视与幼儿的语言交流，通过游戏、讲故事、唱歌等促进幼儿大脑发育；培养幼儿的自理能力，养成良好的生活习惯；每 3～6 月进行一次体格检查，预防龋齿，筛查听、视力异常；预防疾病与异物吸入、烫伤、跌伤等意外事故。

（三）婴幼儿护理

1. 皮肤护理　注意身体清洁，洗澡时室内温度保持在 28℃左右，水温 37～40℃。洗澡时应特别注意颈、腋下、腹股沟、外生殖器的皮肤清洁。使用的肥皂、浴液、爽身粉、婴幼儿油等无刺激性。

2. 口腔清洁　在婴儿出牙前，开始用干净的软湿纱布清洁口腔。从第一颗牙萌出开始刷牙。

3. 婴幼儿的臀部、会阴处护理　婴幼儿臀部易出现尿布疹，应选择吸湿性、透气性好的纸尿裤，大便后用清水清洗臀部、晾干，表面涂抹护臀霜。清洗臀部的毛巾不得与成人共用。

4. 乳痂处理　新生儿头部皮脂腺分泌较旺盛，会在头顶形成一层又黑又厚的痂皮，称为乳痂。针对乳痂，可用煮熟后晾凉的食用植物油涂抹软化后，再用棉棒轻轻擦拭。可分次擦拭，以免损伤皮肤引起感染。

5. 衣服和常用物品的清洗

（1）婴幼儿衣服宜柔软、宽松，贴身衣物用无扣纯棉布制品，每天更换一次。
（2）衣服和常用物品要经常清洗和消毒。
（3）忌用樟脑球，以防引起婴幼儿溶血症。

第五节 0～3岁婴幼儿日常生活中教育的基础知识

基本要求

1. 掌握0～3岁婴幼儿听说能力发展的特点与规律。
2. 熟悉0～3岁婴幼儿感官教育及认知能力发展的特点与规律。
3. 熟悉0～3岁婴幼儿动作发展的特点与规律。

一、0～3岁婴幼儿听说能力发展的特点与规律

0～3岁是婴幼儿学习语言的最佳时期，婴幼儿大脑皮层的语言区特别敏感，容易对听到的语言进行记录和整理。家长在观察婴幼儿的语言行为时，应注意分辨正常语言行为和异常语言行为，对异常语言行为，应及时就诊、及早矫治；对发展中正常的语言新行为，应及时提供刺激，促使其向稳定的语言行为发展。

0～3岁婴幼儿听说能力发展的特点如下。

1. 理解先于表达　语言的发育是一个连续有序的过程，在婴幼儿言语发展过程中最先是练习发音，然后是感受或理解语言，最后才是语言表达。

2. 非口语表达突出　口语表达包括发音、语调、语意、语法等，而非口语表达包括文字表达和肢体动作的表达。婴幼儿时期主要依靠眼神、面部表情（哭、笑等）、肢体动作等非口语表达来表达婴儿的需求和感受。

3. 对词理解的有序性　婴幼儿理解成人的语言大致按照名词、动词、其他词类的顺序进行。所以一般是先告诉婴幼儿这是什么，然后告诉婴幼儿做什么，最后才告诉婴幼儿事物的性质。

4. 语言的理解与经验有关　婴幼儿对语言的理解是建立在婴幼儿的感知经验、概念建立、对符号和口语的理解基础上。因此概念的建立、掌握词汇的多少，是衡量婴幼儿语言发展的一个重要标志。

表3-4　0～3岁婴幼儿听说能力发展的时间和特点

可能出现的时间	听说能力发展的特点
新生儿期	有不同的哭声；对说话声音有反应；对高音很敏感
2～3个月	开始将声音和形象联系起来，试图找出声音的来源，对成人逗引有反应，会发出“咕咕”声，而且会发a、o、e音；能辨别不同人说话的声音及同一人带有不同情感的语调
4～6个月	咿呀作语，开始发辅音，如d、n、m、p；看见熟人、玩具能发出愉悦的声音，呼唤名字会转头看；能重复发出某些元音和辅音，如“Ma～Ma、Ba～Ba”，但无所指
7～9个月	试着模仿声音，发音越来越像真正的语言；开始懂得一些词语的意义，如挥手再见、招手欢迎、拍手等
10～12个月	能懂得一些词语的意义，如问：“灯在哪儿呢？”会看向灯；向他索要东西知道给；能说出最基本的语言，如“爸爸”、“妈妈”，而且有所指；能按要求指向自己的耳朵、眼睛和鼻子；出现难懂的话，自创一些词语来指称事物；用动作表示同意如点头，或不同意如摇头、摇手；会讲出单词句
13～18个月	喜欢模仿翻书页；开始重复别人说过的话；开始对熟悉的事物和人说出名称，但还不能分得很细；会使用“动词”，如抱、吃、喝；喜欢用一类发音来泛指一类事物；会表达自己的需要，如“尿尿”

续表

可能出现的时间	语言发展的关键要事
19～24个月	开始用名字称呼自己，如说自己的事情时，使用平常别人呼叫他的名字。喜欢看电视；按指示办事；对声音的反应越来越强烈，并且喜欢这些声音的重复，如一遍又一遍地听一首歌、读一本书等；会说3～5个字的句子；开始会用“我”，要东西时，会说“给我”、“我要”；说出认识东西名称和用途，或用手指出认识的东西；听完故事能说出讲的是什么人什么事；随大人念几句儿歌；会回答最简单的问题；主动说出30个左右的词
25～30个月	会用几个“形容词”；会问“这是什么？”；会使用“你”、“你们”、“他”、“他们”、“和”、“跟”；能说出日用品名字；能说简单的复合句和经历过的事情；能唱儿歌8～10首；会说5～7个字的句子；常用词汇300个左右
31～36个月	懂得“里”、“外”；会问一些关于“什么”和“为什么”的问题；理解故事主要情节；认识并说出100张左右图片名称；能运用大约500个单词；能说出有5～6个字的复杂句子；开始运用“如果”、“和”、“但是”等词；知道一些礼貌用语，如“谢谢”和“请”，知道何时使用礼貌用语

（二）听说能力发展的规律

0～1岁是婴幼儿语言准备阶段。此时需要给予婴幼儿不同性质的声音，促进大脑听神经的发育，同时大脑会对听到的语音进行分析和储存。婴幼儿语言发展是与其生理成熟度密切相关，故要加强对小儿肺、舌等发音器官的锻炼。当婴幼儿的发音器官成熟时，说出第一批具有概括性意义的词的时候，标志着婴幼儿开始进入了正式学说话的阶段。

1～3岁是婴幼儿语言的表达阶段。大多数婴幼儿在1岁左右会说单词，如再见、没有、走、要、好等。18个月左右可以说15～20个词，如还要、不要等，并指认、说出家庭主要成员的称谓。

婴幼儿语言发展是一个连续发展的过程。婴幼儿语言的发展要经历发音阶段、理解语言阶段、表达语言阶段。一般发展顺序是咿呀学语，模仿大人的口唇动作练习发音，逐渐理解简单的词意，如“再见”、“牵手”，再到有意识地叫“爸爸”、“妈妈”等。最后到能说单词，能指出简单的图片、人物等。

二、0～3岁婴幼儿感官教育及认知能力发展的特点与规律

感知觉是认识的开端，是其他高级心理过程的基础。出生后的新生儿就已具备人类的大多数基本感觉，如视觉、听觉、触觉、嗅觉、味觉等。3岁前婴幼儿主要依靠感觉认识周围的环境。感官教育就是对婴幼儿的这五种感觉器官进行更加专业及精细的训练。

（一）感官教育及认知能力发展的特点

1. 每一个正常的婴幼儿都具有学习能力。育婴员可以根据婴幼儿的好奇心理，设置丰富的活动场景，帮助婴幼儿自主学习。通过视觉、触觉、听觉和前庭神经平衡能力的训练，促进婴幼儿大脑的感觉统合功能的发育。

2. 婴幼儿的认知能力包括注意、记忆、思维、想象、学习等多种能力。认知在婴幼儿时期被称为适应性行为，是婴幼儿对外界物质刺激的综合性反应。

（二）感官教育及认知能力发展的规律

1. 0～1 岁的婴儿语言使用能力有限，主要以感知觉、动作来适应环境，以行动来“指挥”或“控制”周围的环境。婴儿最常用的认知方式是动作，如抓、握、嚼等，来了解事物和世界，用声音、形象、色彩等来进行思维。通过婴幼儿日常的生活活动，让婴幼儿接触和熟悉一些日常用品，如被子、衣服、奶瓶、皮球等，促进认知能力的发展。

2. 1～2 岁是幼儿对细微事物敏感期的时期，用手的运动积累经验，表现出对细小的事物、动作强烈的兴趣，幼儿用手触摸物品，使用小勺、小碗吃饭等，认知能力进一步发展。

3. 2～3 岁的幼儿应用视觉、听觉、触觉的能力有了提高，通过观看图片、参观等方式来了解事物，认识动物、植物、简单的自然现象、日常生活用品等，通过观察和思考，让其逐渐学会分析和分类，提高比较和综合的能力。

三、0～3 岁婴幼儿动作发展的特点与规律

新生儿的运动是无意识和不协调的，因大脑皮质发育未成熟，传导神经纤维尚未完成髓鞘化。随着大脑的迅速发育，小儿运动功能逐渐发育完善。0～3 岁婴幼儿动作发展一般规律如下。

1. 由上到下　先会抬头后抬胸，两手取物，坐、站、走等。

2. 由远到近　如先抬肩、伸臂，再双手握物而至手指取物。

3. 由不协调到协调　3～4 个月婴儿看到玩具会手足乱动但拿不到，5 个月以后就能一把抓住。

4. 由粗动作到细动作　先抬头、坐、站、走等大动作后才有手指摘物、脚尖走路等细动作。

5. 先有正面动作后有反面动作　如先会抓东西才能放东西，先会向前走后才会向后退等。

第六节　安全工作常识

基本要求

1. 掌握育婴员日常安全知识。
2. 掌握家用电器安全操作及消防安全知识。
3. 掌握食品安全知识。
4. 掌握户外安全知识。
5. 掌握室内安全知识。
6. 掌握急救常识及家庭护理包配置。

一、育婴员日常安全知识

0～3 岁婴幼儿活泼好动、喜欢探索，对危险缺乏认识，同时自身身体协调能力不完善，

因此这个年龄阶段非常容易出现意外。由于他们的生活基本依赖家长或育婴员，因此育婴员在日常生活中要掌握日常安全知识，教会婴幼儿日常安全常识，同时应掌握急救护理技能，一旦意外发生，呼叫报警电话 110、消防报警电话 119、急救电话 120 等，在医务人员到达现场前及时进行适当地处理，防止伤势持续恶化。

二、家用电器安全操作及消防安全知识

1. 第一次使用家用电器前，仔细阅读说明书。

2. 首次使用，不能直接用在婴幼儿身上。

3. 加强家用电器的日常管理。

4. 在不超过家庭电源插座、保险丝、电表和导线的允许负荷的情况下，方可使用购买的家用电器。

5. 家用电器的电源线绝缘破损时，要用绝缘胶布包扎好。

6. 如果发现有人触电，应赶快切断电源，用干燥的木棍或竹竿将电线挑开，使触电者马上脱离电源。

7. 安装灯泡要先关断电源。

8. 逃生时，尽量采取保护措施，如用湿毛巾捂住口鼻，用湿衣物包裹身体，弯腰低头迅速撤离。

三、食品安全知识

1. 采购　需要考虑婴幼儿需要的营养素品种，对食物的新鲜程度或保鲜情况进行评估，在了解食物的主要营养素基础上，选购时仔细查看标签或产品说明。注意看食品包装标识是否齐全，注意食品外包装是否标明商品名称、配料表、净含量、厂名、厂址、电话、生产日期、保质期、产品标准号等内容。

2. 加工　采购完成后，应尽早进行食物的加工，避免放置时间过长，导致营养素流失或变质。此外还应掌握适合婴幼儿营养消化吸收的烹饪方式，从小培养婴幼儿不挑食、不偏食的良好习惯。许多生的食品，特别是肉类及未经消毒的牛奶常易被病原体污染，彻底加热可将其杀灭。

3. 喂食　育婴员需要根据不同月龄婴幼儿的消化吸收能力，耐心吸引婴幼儿完成进食。喂食结束后，尽量不留剩饭剩菜，并及时清洗、消毒杯具、餐具。

四、户外安全知识

1. 使用吊带，吊带可以把婴幼儿安全地环抱在成人的胸前，使双方都有安全感，同时成人还可以空出双手。

2. 不要把婴幼儿一个人留在婴儿车上。

3. 保证婴儿车安全使用。

4. 不准在婴儿车上放置东西。

5. 避免婴幼儿接触危险物品，时刻不离眼，防止摸狗等危险动作。

6. 行走注意交通标志。

7. 外出乘车正确使用儿童安全座椅。

8. 不要在电线附近放风筝、打鸟、装设天线。

9. 教育婴幼儿不靠近脱落的电线。

五、室内安全知识

1. 窒息与气道阻塞预防　在婴儿床上，不要放置任何塑料包装材料和有缝口的包等，极大可能会引起婴儿窒息。

2. 跌落预防　不要把婴儿单独留在换尿片的桌子、床、沙发和椅子上。

3. 烧烫伤预防　不要抱着婴儿的同时，另一只手拿着乘有热水的杯子或其他热的食物，婴儿可能会被烫伤。不能直接把热水袋放置在婴幼儿身上，避免接触到皮肤引起烫伤；给婴幼儿洗头、洗脸和洗澡时先放冷水、再放热水，并用手肘试温后再用于婴幼儿。

4. 溺水预防　给婴幼儿洗澡时，婴幼儿可能自己站起而滑入水中，因此不要离开婴幼儿。

5. 玩具安全　玩具上的小零件随时都有可能威胁到婴幼儿的安全。

6. 服装安全　衣服应该选择纯棉质地，颜色单一，不要买有胶印图案的衣服。教育幼儿活动前应衣着整齐、衣服束在裤子里、系紧鞋带，以防摔跤。

7. 厨房安全　厨房危险用具放在婴幼儿不能拿到的地方，如刀、剪、小电器等。做饭时，不要让婴幼儿在身边玩耍。教育幼儿不玩火，不玩弄电气设备。发现燃气泄漏，要迅速关闭气源阀门，打开门窗通风，切勿触动电器开关和使用明火，并迅速通知专业维修部门来处理。炒菜时油锅起火，迅速将锅盖紧紧盖上，使锅里的油火因缺氧而熄灭，不可用水扑救。火警电话的号码是119。不得随意点火，禁止在易燃易爆物品处用火。

8. 阳台安全　不要蹬踏阳台上的凳子、花盆、纸箱等不稳固的物体，不要在阳台上打闹、追逐，不要伸手去拿阳台外面的东西，不要从阳台上往楼下丢东西。

9. 家居安全　容易拉倒、有柜、摇摆的家具尽量不用，避免婴幼儿接触。挡好所有的上层橱柜，附近不要留有可以爬上去的东西。家具一定要结实、靠墙固定好，以防婴幼儿把家具弄翻。不要使用台布，会爬的婴幼儿容易抓住台布，可能把上面的东西拉下来。婴幼儿上楼时育婴员应在后面保护，而下楼时，育婴员在前面保护。

10. 浴室安全　放洗澡水时，一定要先放冷水再放热水，以免烫伤婴幼儿，沐浴时全程陪同，确保水温合适，浴室使用防滑垫，避免滑倒。确保浴室和厕所可以从外面打开门。

六、急救常识及家庭护理包

（一）急救常识

育婴员在照顾婴幼儿的饮食、起居、生活护理时，遇到一些突发状况要能随机应变，帮助家庭解决。

1. 食物中毒 一旦发现婴幼儿有食物中毒的症状，应该立即进行急救，急救步骤如下。

（1）立即停止进食引起中毒的可疑食物。

（2）保留剩下的食物或者汇总患者的呕吐物、排泄物等。

（3）如果进食时间在2～4小时内，可用手指或筷子刺激婴幼儿的咽后壁以催吐，使胃内残留的食物尽快排出，防止毒素被进一步吸收。

（4）如果进食时间在4小时以上，可给婴幼儿吞饮大量的淡盐开水，以稀释进入血液的毒物，并配合指压的方法催吐。

（5）对疑已变质或有毒的食物除立刻停止食用外，应妥善保存，供医生急救时分析处理，同时应通知卫生检疫部门协助鉴定。

（6）因导致食物中毒的原因错综复杂，临床中毒症状的轻重不一，故在简单的急救处理后，须送医院做进一步诊治，以免延误病情。

2. 高热惊厥 婴幼儿高热，体温达39～40℃并伴发惊厥，急救步骤如下。

（1）不要刺激婴幼儿，切忌掐人中、撬开牙关、按压或摇晃身体，让他保持安静状态。

（2）保持呼吸道通畅，禁止喂水或喂物。

（3）将婴幼儿头偏向一侧，以便清除口腔异物，防止发生呼吸道梗阻，避免窒息。

（4）为防止复发，最重要的是进行物理降温，可以解开婴幼儿衣服进行散热，用温毛巾擦拭身体。

（5）就近送医。

3. 异物堵住气管 婴幼儿在进食瓜子、豆类、花生，玩耍扣子等时，因突然惊吓、跌倒、哭笑等将异物吸入气管。急救方法：让婴幼儿俯卧在两腿间，头低脚高，然后用手掌适当用力在婴幼儿的两肩胛骨间拍击4次。若拍背不见效，可让婴幼儿背贴于救护者的腿上，然后，救护者用两手示指和中指用力向后、向上挤压婴幼儿中上腹部，压后即放松，可重复几次，必要时急送医院。

4. 外伤

（1）对于很浅、面积较小的伤口，可用酒精涂抹伤口周围的皮肤，伤口处涂抹碘伏。

（2）二次消毒：如伤口无肿痛感染，2天后可用酒精棉球再次消毒伤口周围。

（3）如擦伤面积太大，伤口上沾有无法自行清洗掉的沙粒、污物，或受伤位置重要（如脸部）的，建议带婴幼儿就医。

（4）如出血较多或伤口较深，用无菌绷带加压包扎或干净的毛巾牢牢压迫伤口，并立即送医院就医。

（二）家庭护理包

家庭应准备家庭护理包，内置医药器材和生活用品，以备不时之需。包内装护理新生儿用的清洁用品，如沐浴露、洗发水、润肤露、护臀霜等；生活用品如纸巾、湿纸巾、指甲剪、手指牙刷；药品如75%酒精、碘伏、药用消毒棉签、温度计（耳温枪）、无菌纱布、3M胶带（婴幼儿专用）、创可贴、防蚊液等。

（康 倩）

第二部分

育　婴　员

（五级）

第四章
生 活 照 料

第一节 喂　　养

技能要求

1. 能指导母乳喂养。
2. 能选择和冲调配方奶粉。
3. 能使用奶瓶喂哺婴儿。
4. 能进行婴儿溢奶的预防和处理。
5. 能进行混合喂养。
6. 能给不同阶段、不同喂养方式下的婴幼儿补充水分。
7. 能为婴幼儿做好餐前准备、餐后处理。

一、母乳喂养的基础知识

婴儿尤其是出生后的最初 6 个月以下的婴儿最理想的食物是母乳。母乳可提供新生儿正常生长到 6 个月所需的营养素、能量和液体量。为保障儿童的健康，应大力提倡母乳喂养。

1．母乳喂养优点

（1）母乳含有丰富抗体、活性细胞和其他免疫物质，能增强婴儿抗感染能力，降低婴儿死亡率及患病率。

（2）母乳含最适合婴儿生长发育所需的各种营养素，适合婴儿胃肠功能的消化与吸收，减少营养不良的发生危险。

（3）促进胎粪排出，减轻黄疸程度。

（4）方便、经济、卫生。

（5）利于母子之间的感情交流。

（6）哺乳可刺激子宫收缩，利于母亲产后康复。

2. 母乳成分

（1）分娩后 7 日以内的乳汁为初乳。呈蛋黄色、质稠、量少，含有丰富的蛋白质，脂肪较少，有大量的分泌型 IgA（一种免疫球蛋白），有助于增进新生儿呼吸道及消化道防御病菌入侵的能力，提高新生儿的抵抗力。

（2）分娩后 7～14 日的乳汁为过渡乳，脂肪含量高，蛋白质与矿物质有所减少。

（3）产后 14 天至 9 个月内的乳汁为成熟乳。成熟乳的成分逐渐稳定，尤其是蛋白质维持在一个相当恒定的水平，成熟乳中的蛋白质含量虽较初乳少，但因各种蛋白质成分比例适当，钙磷比例合适易于吸收，脂肪、糖类、维生素以及微量元素丰富，并含有帮助消化的酶类和免疫物质，营养丰富。

（4）产后 10 个月后母亲分泌的乳汁称为晚乳，其量及各种营养成分较前更减少，需添加辅食以补充营养。

3. 哺乳要点

分娩前应树立自己喂孩子的信心。新生儿娩出后尽早于 30 分钟内开奶，具体做法是在新生儿出生脐带结扎后，如无异常情况，将新生儿身体上的血迹擦干净，在其他人的帮助下，让新生儿全裸地俯卧在母亲的胸腹部，帮助新生儿进行皮肤早接触、早吸吮乳头。

母乳喂养具体做法是：用一只手的手臂内侧支撑新生儿的头部及身体，另一只手放在乳房上，在新生儿身下垫一个垫子，这种姿势为摇篮式。其他有交叉式、橄榄球式（环抱式）、侧躺式等。放在乳房上的手呈“C”字形，拇指在上方，其他手指在下托起乳房。用乳头刺激新生儿口周，当新生儿口张大时，迅速将乳头及大部分乳晕送到婴幼儿口中。新生儿的口应尽可能地张大，下唇向外翻，面颊鼓起呈圆形。注意听新生儿的吞咽声音，听到咂咂声说明新生儿的含接姿势不正确。正确的含接姿势可以大大减少乳头疼痛的发生。哺乳时，要注意新生儿的口鼻不要被乳房堵住，按需哺乳。

4. 断奶　随着小儿年龄的增长，母乳的量和质逐渐不能满足小儿的需要，小儿的消化吸收功能也逐渐成熟，牙齿长出，已可适应半固体和固体食物，自 6 个月起可逐渐增加辅食，补充营养所需，为断奶做准备。8 个月后逐渐减少哺乳次数，一般于 1 岁左右断奶，最迟不超过 2 岁。如遇夏季或生病时，可适当延迟。断奶后应注意食物必须富有各种营养，易消化。

二、奶制品选择的相关知识

当无法进行母乳喂养或在婴儿逐渐断离母乳时应首选配方奶。选择配方奶时注意如下。

1. 食用前看包装是否完好，查对生产日期和保存期限，避免食用过期变质的产品。

2. 食用前应先观察婴幼儿配方奶粉状态，如果发现奶粉中有结块或奶粉中有霉斑，应停止使用。

3. 如果发现婴幼儿食用配方奶粉后有过敏反应，应立即停止食用，并立即去医院就诊，听从医生和专家的建议。

4. 冲调婴幼儿奶粉的器具要清洗消毒。

5. 正确地冲调奶粉的方法

（1）清洗双手，取出消毒备用奶瓶。

（2）先放 45～55℃水，再放奶粉，按 30ml 水加一平勺的奶粉的比例，左右搓动奶瓶，使奶粉彻底溶解。

三、奶瓶喂哺的方法和注意事项

1. 奶瓶喂哺方法

（1）喂奶之前，先在手腕内侧滴几滴奶测试温度，和体温一样即可喂哺。

（2）给婴儿戴围嘴，手中拿条小毛巾，随时擦掉溢出来的奶。

（3）抱婴儿呈半直立位，把奶瓶拿好，奶瓶要有一定的倾斜，让奶嘴里充满奶液，不要有空气。用奶头碰婴儿的嘴唇，婴儿就会用嘴含住奶头，开始吸奶。

（4）喂奶过程中，如果奶头扁平了，轻轻把奶头拉起来，让奶瓶中进一点空气。

（5）如果喂奶过程中婴儿打瞌睡，可以小心地用手指把婴幼儿的嘴巴撬开，让奶头从婴幼儿的嘴里脱离出来。

（6）每次喂好以后，为防止溢奶，竖抱婴儿拍背，打嗝排气。

2. 奶瓶清洗及消毒　每次喂奶后，应及时清洗消毒奶瓶。先把奶瓶的瓶身、奶瓶盖和奶嘴分开，用海绵和刷子将其内外清洗干净。清洗完奶瓶的各个部件后，可用微波消毒或煮沸消毒法。

微波消毒法：把清洗后的奶瓶盛上清水放进微波炉中，设定 10 分钟，微波消毒后，把留在奶瓶内的水彻底倒干净，在通风干净处倒扣沥干备用。

煮沸消毒法：准备一个不锈钢的煮锅，里面装满冷水，水的深度要能完全覆盖所有已经清洗过的喂奶用具。如果是玻璃奶瓶可与冷水一起放入锅中，等水烧开后 5～10 分钟再放入奶嘴、瓶盖等塑胶制品，盖上锅盖再煮 3～5 分钟后关火，等到水稍凉后，再用消毒过的奶瓶夹取出奶嘴、瓶盖，待干了之后再套回奶瓶上备用。若是塑胶的奶瓶，则要等水烧开之后，再将奶瓶、奶嘴、奶瓶盖一起放入锅中消毒，煮 3～5 分钟即可，最后以消毒过的奶瓶夹夹起所有的食具，并置于干净通风处，倒扣沥干备用。

四、喂养中的常见问题

（一）喂养方式

1. 母乳喂养　适合于具有完善吸吮和吞咽能力的婴儿。从消化系统与生长发育的生理成熟度考虑，婴儿生后应纯母乳喂养至少 6 个月。在引入其他食物满足婴儿生长发育需要的同时，建议对婴儿母乳喂养至 1.5～2 岁。

2. 配方奶喂养　因各种原因不能进行母乳喂养时，可完全采用配方奶喂哺婴儿。

3. 混合喂养　由于各种原因婴儿不能得到完全母乳喂养，如母乳不足、母亲需要外出工作或出差一段时间等，这时就需要给婴幼儿喂食母乳代用品，这种喂养方式叫混合喂养或部分母乳喂养。

（1）补授法：母乳喂养次数一般不变，每次先哺母乳，将两侧乳房吸空后再以配方奶补足母乳不足部分。补授的乳量由小儿食欲及母乳量多少而定，即“缺多少补多少”。补授法的优点是保证了吸吮对乳房足够的刺激，有的母乳分泌最终可能会因吸吮刺激而逐渐增加，又重新回归到纯母乳喂养。建议 6 个月以下的婴儿采用。

（2）代授法：在某次母乳喂养时，有意减少母乳量，增加配方奶量，逐渐替代此次母乳量，直到完全替代所有的母乳。适合较大婴儿，为以后断奶做准备。

混合喂养时，坚持母乳优先的原则，要先吃母乳，坚持按时母乳喂养，每天不少于 3 次，哺乳时间为 5 分钟，每次要吸空两侧乳房，再增加配方奶粉补充，这样可以保持母乳分泌。母亲因上班不能及时喂哺时，要把乳汁挤到带盖的消毒瓶内冷藏，喂前隔水加热再喂哺。夜间母亲休息，乳汁分泌量相对增加，婴幼儿需要量又相对减少，要尽量母乳喂养。

（二）婴幼儿喂养的原则

婴幼儿喂养的原则是：食物多样化、平衡、适量。

1. 多样化　食物的多样化是保证婴幼儿获得全面营养的基础，可以让婴幼儿享受到多种的美味，获得丰富的味觉、嗅觉、视觉、触觉的感知刺激，有利于婴幼儿的早期发育。食物的多样化可以避免婴幼儿日后挑食、偏食等不良饮食习惯的形成。

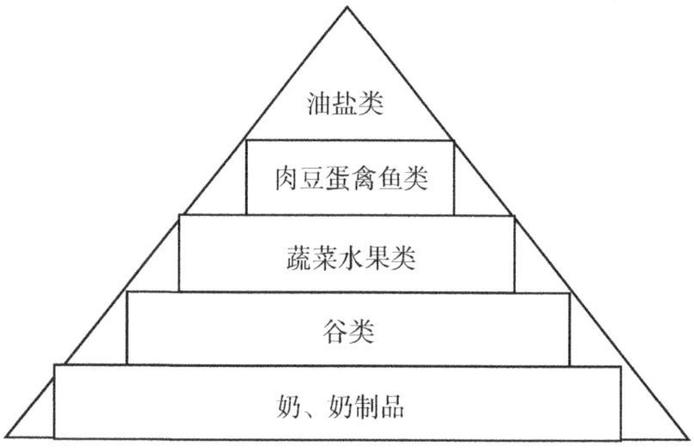

图 4-1　婴幼儿营养结构示意图

2. 平衡　食物平衡的原则是指膳食供给与机体生理需要之间建立起来的平衡关系。参照中国营养学会提出的中国居民膳食宝塔的原理，3 岁以下的婴幼儿的平衡膳食可以用一个特殊的金字塔来表示（图 4-1）。

营养基础的底层是奶和奶制品，这是婴幼儿主要的营养来源。从 2～5 层依次为谷类、蔬菜水果类、肉豆蛋禽鱼类、油盐类，以数量递减的关系构成。为达到膳食平衡，每一层食物对婴幼儿来说都是必不可少的。

3. 适量　适量的营养是指所摄入的营养素既能满足机体的需要量，又不危及机体健康。喂养不当可导致婴幼儿营养紊乱，出现消化系统疾病。喂养不够可导致其生长迟缓，过度喂养则可导致肥胖，最终会导致成人慢性病的患病率增高。

4. 溢奶的预防及处理

（1）溢奶的预防

1）母乳喂养时，让婴儿嘴唇完全含住乳头和大部分乳晕，人工喂养使用奶瓶时奶嘴里应充满奶，尽可能让婴儿吸奶时少吸入空气。

2）喂奶后将婴儿缓慢竖起抱，头靠母亲肩部，轻拍婴儿背部，让喂奶时吸入的空气缓缓地排出。

3）喂奶后不要马上让婴儿躺下，而应抱起走走，不要过多地翻动婴儿。

4）一般按摩、抚触、洗澡、喂药等都应放在喂奶前，以防喂奶后过多地翻动引起婴儿吐奶。

5）婴儿躺下时稍微抬高婴儿的头部 30°～40°，维持约 30 分钟，然后以右侧卧，以防将奶吸入呼吸道。

（2）溢奶的处理：发现婴儿溢奶时应立即将婴儿的头偏向一侧，或取侧卧位。轻拍其背部让奶液从口角流出，防止呛奶。若鼻腔内有残留物，应及时用棉签蘸温水清理干净。如果发生呕吐，弄脏皮肤，要及时更换衣服，并用温湿毛巾清洁皮肤，保持皮肤清洁干燥。

五、饮水常识及不同的喂水方法

1. 不同阶段补水情况

（1）6 个月以内的婴儿，如果是纯母乳喂养，原则上不需要额外喂水；混合喂养和人工喂养的婴幼儿，只要奶量充足，一般也不需要喂水。但是，由于奶粉中蛋白质和钙等含量高于母乳，有的婴幼儿可能会出现便秘等，可以在两顿奶之间少量喂水。

（2）6 个月到 1 岁的婴儿，可以少量饮水，特别是在发热、腹泻或天气热时要注意补充水分。水的总的摄入量每天达到 900ml。

（3）1～3 岁的幼儿，每天可以给白开水，也可以选择一些清淡低盐汤类或羹类。水的总适宜摄入量为 1300ml。

2. 喂水方法

（1）游戏喂水法：可以用奶瓶刺激婴儿的牙床进行左右里外摩擦，同时与婴儿作表情和言语的沟通。

（2）模仿喂水法：1 岁内的婴儿，可以采取大人喝一口、婴儿喝一口的方法来提高婴儿喝水的兴趣。

（3）奖励喝水法：1 岁半左右的婴儿，可以采取与家人做游戏的方法，把喝水当作一种奖励。

（4）观察喂水法：观察婴儿的状况，如舌苔厚、眼屎多，小便有异味，大便过干、过臭，需喝水。

（5）随机喝水法：喂水要少而勤，不一定按“顿”喂。

六、为婴幼儿做好餐前准备及餐后处理

对于混合喂养或断奶后喂养的婴幼儿，需做好餐前准备及餐后处理。

1. 餐前准备

1）环境准备：房间光线明亮，定时开窗通风，每天用消毒液及清水清洁、消毒桌面、地面。

2）婴幼儿洗手。

3）发放餐具，盛食物。

2. 餐后处理

1）把桌子擦干净，椅子放在原来的位置。

2）把吃完饭的碗筷放在要洗的地方。

3）招呼婴幼儿擦干净嘴，洗手。

第二节　进餐与食品制作

技能要求

1. 能制作泥状食品。
2. 能制作蔬果汁。
3. 能制作点心。
4. 能辅助婴幼儿进餐（喂食）。
5. 能引导婴幼儿使用餐具。

一、辅食添加的目的、原则和顺序

1. 添加辅食的目的

（1）补充热能和营养素，以满足婴幼儿生长发育的需要，也为日后的断奶作准备。

（2）提高婴幼儿的咀嚼能力，为以后的正常饮食打基础。

2. 添加辅食的原则

（1）从少量到适量原则：第一次食品添加的量要少一些，一般 1～2 勺，以后根据婴幼儿的需要而缓慢增加。不同婴幼儿对热量需要相差很大，父母不要将自己孩子的食量与其他孩子作对比，只要婴幼儿的生长发育指标在正常范围内，则可以认为所添加的辅食量是合适的。

（2）从一种到多种原则：添加从未吃过的新食品时，必须先试一种，待婴幼儿习惯后再试另一种，添加另一种新的固体食品时应有 3～5 天间隔。在试喂时要了解婴幼儿是否对新食物过敏，发生过敏时要停止喂食。为避免过敏反应，添加辅食可先从单一食物如米饭开始，一旦婴儿对单一食物耐受力形成后，就可逐步添加其他食物。在婴幼儿已经习惯了不同的食物后，可以从已吃过的食物中挑选几种食物有机组合，完成由添加单一食品到混合食品的过渡。

（3）由稀到干、由细到粗原则：一般来说，应从较稀的流质食物开始，逐渐过渡到较稠的流质、半流质、泥糊状，最后到固体食物。例如从米汤、薄粥、厚粥，最后到软饭。食物性质从细到粗，先喂菜汤、细菜泥，以后逐渐地试喂粗菜泥、碎菜和煮烂的蔬菜。在婴儿 6～8 月龄的时候，父母应为其开始添加可咀嚼食物，如饼干、馒头或烤面包等，以帮助婴儿锻炼牙床及颌关节。菠菜、苦瓜之类又涩又苦的蔬菜不适合做辅食。

（4）口味偏淡原则：1 岁以内的婴儿，由于肾脏功能尚不完善，不宜吃盐。在 1 岁时婴儿开始吃菜粥或烂面条再考虑加少许盐，以能尝到一点咸味为度。

（5）身体健康时添加原则：当婴幼儿消化不良或者生病时，应暂停添加辅食，待其身体恢复健康后再添加。应在婴幼儿安静愉快的时候添加新食品，添加食物要新鲜，现做现吃，吃剩的食物不要再给婴幼儿吃。

3. 辅食添加顺序　辅食添加顺序见表 4-1。

表 4-1　辅食添加顺序

年龄	食物状态
6 个月	泥状食物
7～8 个月	稠糊状食物
9～11 个月	有颗粒的泥蓉状食物
1 岁～1 岁半	碎状或丁状食物
1 岁半～2 岁	略微切碎的家常菜

*婴幼儿的咀嚼能力有不同，须根据婴幼儿具体情况进行添加即可。

二、各种食物制作方法

1. 制作泥状食品

（1）蛋黄泥：将鸡蛋煮熟后，取出蛋黄，用小勺碾碎，用米汤或牛奶调成泥状，喂婴儿吃。

（2）苹果泥：把洗干净的苹果切成两半去核，用小勺刮取果肉。

（3）香蕉泥：取一小截香蕉（最好是香蕉的中段）放到碗中，用小勺碾碎成泥状。

（4）菜泥：选新鲜绿叶蔬菜或胡萝卜，洗净，剁成泥，放碗中加盖，蒸熟。

2. 制作蔬果汁

（1）方法一：榨汁机榨取。

将蔬菜洗净后放入蔬果榨汁机机筒内，插电，选择合适按钮，榨取蔬菜汁。

（2）方法二：用锅煮。

将蔬菜洗好切碎放入锅内，加上适量的水，上火烧开后 3～5 分钟，将蔬菜残渣捞取出去即可。

3. 制作点心

（1）胡萝卜甜饼

1）食谱原料：胡萝卜、馒头、鸡蛋、牛奶各适量，白糖、花生油各少许。

2）制作方法：将胡萝卜洗净切成细末，放入开水锅中烫一下后捞出，挤去水分，拌入适量的糖与牛奶，备用。将馒头切成小片后再捏成细末，将大部分馒头末放入胡萝卜末中拌匀，剩下一小部分馒头末装入平盘中备用。将鸡蛋黄打入胡萝卜末中拌匀。蛋清打入另一碗中搅松，备用。在平锅上稍加花生油，油热后把少许胡萝卜末摊到平锅上铺成一个小饼。烙一下，待蛋浆稍凝，就在上面抹一层蛋清，撒上一些馒头末，翻过来另一面也抹蛋清，撒馒头末，两面反复烙成黄色，使之熟透。

（2）胡萝卜小窝头

1）食谱原料：玉米面（也叫棒子面）、黄豆面各适量（玉米面与黄豆面比例为 4∶1 或 5∶1）、胡萝卜 1～2 根，白糖适量。

2）制作方法：将胡萝卜洗净切丝，用水煮软，挤去水分。将玉米面、黄豆面放入盆中用温水揉和好后再加进胡萝卜丝、白糖。充分拌匀、揉好。取一块 30g 左右的面团，放在右手中，由左手大拇指插到面团中心，用另外四指在外捏边，边捏边转，做成近似圆锥形上尖下圆中间空的小窝头。将做好的小窝头摆列蒸笼上，上锅蒸 20 分钟即可。

（3）土豆饼

1）原料：土豆 500g、糕粉 80g、猪肉猪肝泥 100g、香油 5ml。

2）做法：土豆洗净去皮煮熟，压成土豆泥。加入 30g 糕粉和香油抓匀成团。猪肉猪肝泥加入 50g 糕粉拌匀。土豆泥取 40g 为一剂揉成球状。将一个土豆泥球压成圆片，放入适量猪肉猪肝泥，收口包紧。将土豆球压成圆饼状，上锅蒸 20 分钟即可。

（4）饼干

1）原料：面粉、发酵粉、鸡蛋、牛奶、黄油、糖、花生酱。

2）做法：把一块黄油放在微波炉中熔化了，倒入鸡蛋中打散起泡。放面粉，加入发酵粉，用鸡蛋液揉面，加入糖调味，如果太干可加入部分牛奶；把面粉放在一边发酵 10 分钟，准备面板和擀面杖，把发好的面粉加入花生酱擀平；凭自己想象做成各种图形，如果有模具就更好。放在微波炉中，混合功能（微烤混合）3 分钟，然后，翻面再烤 2 分钟即可。

三、婴幼儿食品制作的注意事项

1. 制作过程要卫生，现吃现做，淘洗干净，专碗专用等。

2. 1 岁内辅食制作不加盐，婴儿的辅食要单独制作，应不加盐和调味品。

3. 遵从从一种到多种、从少量到适量、从稀到稠、从细到粗、尝试新的食物最好在婴儿健康不生病时、不宜被动喂食或强迫进食的原则。

4. 添加辅食时应注意观察婴儿的消化能力和过敏反应。在添加一种新食物的过程中，如有呕吐、腹泻、“出疹”等消化不良反应或过敏症状时，可暂缓添加。待症状消失后，再从小量开始试着添加，如果仍然不能适应，需暂停食用并咨询医生。婴儿生病时，最好不添加辅食。

5. 婴幼儿不宜吃的食品有油炸食物、坚果类食品、有刺激性或含咖啡因的食物。

6. 提供食品不要以成人是否喜欢吃为标准。

四、婴幼儿食材的选择及注意事项

婴幼儿食材注意选材新鲜，而且不得添加香精香料。香精香料虽然可以改善奶粉的风味，但长期饮用或会影响婴幼儿的味蕾发育，在选购时应避免。

选择婴幼儿食品的注意事项如下。

1. 要根据婴幼儿的月龄和胃肠消化情况进行选择。

2. 尽量选择规模较大、产品质量和服务质量较好的品牌企业的产品。

3. 注意外包装的标识是否齐全。规范的外包装上必须标明厂名、厂址、生产日期、保质期、执行标准、商标、净含量、配料表、营养成分表及食用方法等项目。

4. 注意营养元素的全面性，要看营养成分表中标明的营养成分是否齐全，含量是否合理，有无对婴幼儿健康不利的成分。

五、婴幼儿使用餐具的相关知识

婴幼儿使用餐具应选择安全、无毒、小巧玲珑且不易摔破的儿童餐具。常选择无毒的塑料餐具。不要选用颜色鲜艳的仿瓷餐具，特别是里侧印花的，应尽量挑选浅颜色的仿瓷餐具。选购时要看准 SC（食品生产许可）标志，可以到正规商场和超市购买。

六、辅助婴幼儿进餐，引导婴幼儿使用餐具

1. 辅助婴幼儿进餐，学习使用餐具是一个循序渐进的过程，一定要有耐性，应给予必要的鼓励。

2. 训练婴幼儿使用餐具注意进食前应先给婴幼儿洗手，使用餐具时看护好婴幼儿，以免发生意外。

3. 提供愉快的就餐环境，并尽可能做到规律进餐。

4. 对婴幼儿的饥饿和吃饱信号敏感，不强迫婴幼儿吃或者不吃。

5. 喂养时，用微笑、眼神的接触和婴幼儿交流，并能对婴幼儿做出积极的反应。

6. 给予安全的餐具，如碗、碟、勺子而不是筷子、叉子等，逐渐让婴幼儿自己进餐。最好不用奶瓶喂食。

7. 搭配不同的食物，并保证食物的味道和口感的多样化来鼓励婴幼儿进食。

第三节　排泄与睡眠

技能要求

1. 能引导婴幼儿排便。
2. 能为婴幼儿进行便后清洁。
3. 能为婴幼儿更换尿布或纸尿裤。
4. 能为婴幼儿准备睡眠卧具。
5. 能安抚婴幼儿入睡。

一、婴幼儿排便的生理特点

婴幼儿有明显的“胃结肠反射”，吃完就有便意。这是因为食物进入胃内，会反射性地引起肠道加快蠕动，将粪便推向直肠、肛门。如果有了“便意”却正玩得高兴，大便就可能不定时。经常抑制便意，直肠对粪便的压力刺激就越来越不敏感，粪便在大肠内停留的时间过久，水分被吸尽，黄便干硬，就会产生便秘。

引导婴幼儿按时排便，最好养成餐后排便的习惯。多吃些蔬菜、水果，搭配粗粮，有利于大便通畅。

二、便后清洁的注意事项

1. 大便后清洁　婴幼儿每次大便后要用温水清洗臀部。清洗时保持室温在24～28℃；水温在35～38℃。清洗分为3步。

（1）先取下婴幼儿的旧尿裤，留在臀部下面；用柔湿巾将婴幼儿的粪便擦净。

（2）用第一盆温水，将残留的脏东西擦洗干净。

（3）换第二盆温水，采用淋洗的方法洗臀部。可以抱起婴幼儿，用流水淋洗，顺序是：男婴幼儿的外生殖器或女婴幼儿的外阴、一侧臀部、另一侧臀部、肛门。女婴幼儿阴唇内侧容易积留大便，应先轻轻将其撑开，用柔软的柔湿巾擦拭干净，并注意要将柔湿巾由前向后擦，避免引起尿道炎或膀胱炎。洗完后用干毛巾擦干，稍待片刻。

（4）如没有发生红臀，可直接穿上纸尿裤。如已发生红臀，可在局部涂护臀膏。涂搽时在棉签上先挤上一点药膏，采取滚动方式在新生婴幼儿红臀处涂抹，范围要超过红臀。

2. 穿纸尿裤的注意事项　纸尿裤要经常更换，保持婴幼儿臀部干燥。护理后应给婴幼儿更换干净的纸尿裤，再将脏尿裤拿走。

（1）不要弄错纸尿裤的前后，有搭扣的是后边。

（2）不要用纸尿裤上缘覆盖婴幼儿肚脐，当脐部被遮挡时可以翻折下来。

（3）不能包得太紧，纸尿裤两侧留有1个手指的宽松。

（4）要拉出纸尿裤的荷叶边，以防大便漏出。

3. 每次大便清洁后都要清洗便盆。

4. 完成所有步骤后，操作者要用肥皂充分清洗自己的双手。

三、睡眠与婴幼儿生长发育的关系

足够的睡眠是婴幼儿生长发育和健康成长的条件之一。刚出生的新生儿大部分时间处于睡眠状态，随着年龄的增长，睡眠的时间和次数会逐渐减少。3岁前的婴幼儿很容易疲劳，必须有充足而深沉的睡眠，觉醒后才能精神饱满、情绪高涨、食欲旺盛。如婴幼儿睡眠不足，爱哭、烦躁、食欲不好，可影响身体和智力的发展，所以家长和育婴员应该妥当地安排婴幼儿的睡眠时间。

四、适宜的睡眠环境要求

1. 保持室内安静，空气新鲜。
2. 室温25℃左右，过冷或过热会影响睡眠。
3. 拉上窗帘，光线柔和。
4. 被、褥、枕套要干净、舒适。
5. 让婴幼儿单独睡小床上。
6. 禁止大人在室内吸烟。

7. 睡前禁止婴幼儿做剧烈活动，以免引起过度兴奋，难以入睡。

五、婴幼儿睡眠卧具准备

婴幼儿睡眠时间长，出汗多，由于吐乳、大小便污染卧具的机会多，因此，婴儿的卧具卫生显得尤其重要。

1. 寝床内必须保持适当的温度和干燥状态。
2. 床单宜清洁平坦，不要有皱褶，被里或被套质地应轻柔。
3. 被褥厚薄应与季节相符。不要盖太厚的被子，褥子应经常晾晒，保持干燥。
4. 婴儿可不必使用枕头，可用毛巾折成两折或四折放于头下代替枕头。
5. 最好准备柔软宽大的睡衣，不要穿紧身的内衣或太多的衣服睡觉，婴幼儿尿湿了需及时更换衣物。

六、安抚婴幼儿入睡

安抚婴幼儿快速入睡方法如下。

1. 观察　婴幼儿有困意时会发出信号，如连续打哈欠，眼睛来回的翻瞪，父母和育婴员发现这些表现后，应立即哄婴幼儿睡觉。
2. 唱轻柔的儿歌　把婴幼儿放进小木床里，再配合唱轻柔的儿歌，有助于婴幼儿入睡。
3. 轻轻抚摸背部　父母和育婴员还可以让婴幼儿侧身睡，轻轻而有节奏地抚摸其背部，能够让婴幼儿快速入睡。
4. 听舒缓的音乐　给婴幼儿听舒缓的音乐有助于睡眠。

第四节　盥　　洗

技能要求

1. 能为婴幼儿洗脸、洗头、洗澡，注意五官、皮肤及褶皱处、臀部的清洁及护理。
2. 能为婴幼儿修剪指（趾）甲。

一、婴幼儿五官的生理特点及盥洗要求

（一）婴幼儿五官的生理特点

1. 眼　新生儿眼睛受分娩时产道的挤压，略有肿胀，几天内会消退；如果母亲产道内有病原体，则可能侵入新生儿的眼睛引起结膜炎。婴幼儿眼睛分泌物较多，需要加强对其眼部的护理。新生儿出生时眼睛发育尚未成熟，眼球呈无目的的运动，但是对光反应灵敏，遇到强光或风吹会做出闭目反应。

2. 鼻　婴幼儿的鼻部较柔软，鼻腔较狭窄，血管丰富，遇到轻微的刺激，鼻黏膜会充血水肿，由于鼻黏膜血管的扩张，渗出物增多，形成鼻腔分泌物，变成鼻痂阻塞鼻腔，造成鼻塞、呼吸不畅，影响婴幼儿的吃奶和睡眠。婴幼儿的嗅觉较灵敏，刚出生时就能辨别不同的气味，尤其是母亲身上的味道。

3. 耳　婴幼儿的耳道狭窄而又敏感，如洗澡水、吐出的奶液、眼泪等进入其中，容易引起炎症。如果耳道发生炎症，婴幼儿会因疼痛剧烈而哭闹，会用手抓耳朵。婴幼儿耳道内的分泌物是由外耳道上皮分泌的，通常呈浅黄色片状或油膏状附着在外耳道壁上，医学上称为耵聍。新生儿出生时即有听觉，医院一般会进行新生儿的听力筛查。

4. 口腔及牙齿　新生儿及婴幼儿口腔黏膜非常细嫩，血管丰富，易于受伤，清洁口腔时需谨慎擦洗。婴儿唾液腺发育差，分泌量极少，口腔比较干燥。生后 3～4 个月时唾液分泌开始增加，5～6 个月时显著增多，由于口腔较浅，故常发生流涎，称为生理性流涎。

牙齿发育变化大，婴儿出生时乳牙尚未萌出，不能咀嚼食物，4～10 个月时开始长乳牙，2 岁左右长齐，共 20 颗。乳牙的生长一般是先从中间的上下两颗开始长出，然后是两侧萌出。

（二）婴幼儿五官的盥洗要求

1. 眼

（1）育婴员必须用专用毛巾给婴幼儿擦洗、清洁眼部，毛巾需每天煮沸消毒。

（2）每次洗脸时最先擦洗眼部，可先用温湿毛巾由内到外轻轻擦去眼睛分泌物，再清洁眼部。

（3）要养成良好的卫生习惯，不用不清洁的手和毛巾擦抹婴幼儿的眼睛，如果发现结膜炎要及时就医。

2. 耳

（1）给婴幼儿洗头时注意防止耳朵进水。

（2）每次给婴幼儿洗头和洗澡后要用专用毛巾轻轻擦拭耳郭部和耳的背面，用消毒干棉签清洁外耳道的浅表处并吸干水渍。

（3）婴儿吐奶、啼哭时，奶液和眼泪会顺着脸颊流向耳道，应及时擦洗干净，保持干燥，容易吐奶的婴儿喂完奶拍背排气后上身抬高、侧面躺，避免呕吐物堵塞气道。

3. 鼻　育婴员应每天帮助婴幼儿清洁鼻腔，保持鼻腔通畅。清洁方法如下。

（1）用干棉签轻轻卷拭鼻腔中的鼻涕。

（2）用吸鼻器把鼻痂和鼻涕吸出来。

（3）当鼻痂阻塞鼻腔时，可用消毒棉签蘸温水滴一滴在鼻腔中，待鼻痂软化后用棉签轻轻卷拭鼻腔中的鼻痂，但不要太过深入。

（4）晚上婴幼儿睡着时滴一滴水在鼻腔中以保持鼻腔湿润，减少鼻痂形成。

4. 口腔

（1）新生儿喂奶后擦干净口唇、嘴角的奶渍，保持局部皮肤黏膜清洁。

（2）母乳喂养时要注意母亲乳头的清洁，每次哺乳前先清洁乳头。奶瓶、奶嘴、毛巾等用品每天煮沸消毒。

（3）在婴幼儿未出牙之前定时给其喝白开水以清洁口腔，尤其是进食后和临睡前，以便冲干净口腔内残留的奶液和食物，保持口腔的清洁。

（4）乳牙萌出后可以用纱布缠在手指上或用婴幼儿牙刷套在手指上，深入婴幼儿的口腔清洁牙齿。

（5）幼儿 2 岁以后，会模仿成年人做漱口和刷牙的动作，逐渐学会自己刷牙。

二、婴幼儿皮肤的生理特点及盥洗要求

（一）婴幼儿皮肤的生理特点

1. 皮肤娇嫩，保护功能差　婴幼儿皮肤薄嫩，易受损伤，若不注意皮肤清洁，容易局部感染炎症，严重者还可引起全身败血症。

2. 皮肤调节体温的功能差　婴幼儿皮肤的散热和保温功能都不及成人。环境温度过低，皮肤散热多，容易受凉或生冻疮；环境温度过高，易发热中暑。

3. 皮肤的渗透作用强　婴幼儿的皮肤薄嫩，渗透作用强。有机磷农药、苯、酒精等都可经皮肤被吸收到体内，引起中毒。

（二）婴幼儿皮肤的盥洗要求

育婴员要常给婴幼儿洗澡、剪指甲。婴幼儿沐浴不仅可清洁婴幼儿皮肤，预防感染，促进血液循环，活动肢体，还可观察婴幼儿全身皮肤情况。

1. 操作前准备

（1）环境要求：关好门窗，调节室温至 24～28℃。

（2）用物准备：洗脸盆、洗臀部盆、浴盆、热水、水温计、婴儿衣服、一次性纸尿裤、大浴巾、小毛巾、纱布、婴儿沐浴（洗发）液、消毒棉签、75%酒精、皮肤护理用物（如护臀霜、紫草油）等。将洗脸盆、洗臀部盆和浴盆内盛 2/3 量热水（用水温计测试水温以 38℃～42℃为宜）。

（3）育婴员准备：取下手表和饰物，更换沐浴服或系围裙，修剪指甲，洗手。

2. 脱去婴幼儿衣服　保留一次性纸尿裤，如有大便应先用洗臀部盆里清水清洁干净，然后包上浴巾。

（1）脱衣步骤

1）先解开婴儿衣的衣带，然后将左手伸入婴幼儿左侧衣袖内握住婴幼儿肘部，右手拉出衣袖。

2）同样的方法脱去右侧衣袖。

3）将脱下的脏衣服放于衣筐内待洗。

（2）脱裤步骤

1）用双手先将婴幼儿的裤头往下拉至大腿处。

2）左手伸入婴幼儿左侧裤腿内，并握住婴幼儿左腿膝部，右手往下拉脱去裤腿。

3）同样的方法脱去右侧裤腿。

4）将脱下的脏衣服放于衣筐内待洗。

3. 给婴幼儿洗澡　操作者用左手前臂托住婴幼儿背部，左手掌托住婴幼儿头部，左腋下夹住婴幼儿身体。

（1）洗脸

1）洗眼：用温湿小毛巾擦洗婴幼儿双眼（注意从内眦至外眦）。

2）洗脸面：用温湿毛巾抹洗婴幼儿左侧脸面（左侧前额部、左侧鼻翼、面颊、下颏至耳后）。

3）同样方法抹洗右侧脸面。

（2）洗头部：左手掌托住婴幼儿头部，左手拇指和中指将婴幼儿两耳郭向前盖住耳孔，防止水进入耳。右手先用小毛巾将婴幼儿头发淋湿，再挤少量婴儿洗发液于右手掌，均匀地在婴幼儿头发上轻轻揉抹，清水冲洗、擦干。

（3）洗身躯

1）将婴幼儿放入浴盆内（最好使用沐浴吊袋，既安全又方便操作），操作者左手腕托住婴幼儿的枕部，左手轻轻抓住婴幼儿左上肢，先用水蘸湿躯干及四肢。

2）挤少量婴儿沐浴液于右手，均匀地抹于婴幼儿躯干与四肢，并用小毛巾依次擦洗婴幼儿颈、躯干（胸、腹、背）、上肢、腋下、腹股沟、下肢及臀部（注意洗净皮肤皱褶处）。平时洗澡只需清水清洁，酌情 1～2 周使用一次沐浴液即可。

3）洗毕，将婴幼儿抱至操作台上，用大浴巾擦干婴幼儿全身。

4. 皮肤护理

（1）若脐痂未脱，可用 75%酒精消毒脐部。

（2）将护臀霜涂于婴幼儿臀部。

（3）出生 3 个月后婴幼儿沐浴后应涂抹婴儿润肤霜，尤其是皮脂腺分泌少的四肢伸侧、手足等处。爽身粉尽量少用，只需在身体褶皱处如腋窝、脖子等处涂抹即可。

5. 更换纸尿裤

（1）一手提起婴幼儿双腿，使臀部抬高，另一手将展平后的纸尿裤垫在婴幼儿臀下，然后放下婴幼儿双腿，粘贴好纸尿裤两端。

（2）将中指与示指并排伸入一次性纸尿裤上端试试松紧是否合适，并将防漏隔边外拉整理好，以防侧漏，上端向外反折叠，避免盖住脐部，诱发脐炎。

6. 给婴幼儿穿衣裤

（1）穿衣步骤

1）用左手握住婴幼儿左手的腕部，右手将婴儿衣的左袖往上套。

2）将右手伸入婴儿衣左袖口内，并用大拇指、示指、中指三个手指握住婴幼儿的手腕部，然后左手往上拉婴幼儿衣袖。

3）同样的方法穿好对侧衣袖。

4）系好衣服的带子，并拉伸婴幼儿衣服。

（2）穿裤步骤

1）先将一侧婴儿裤腿卷缩至裤腿口端，并往婴幼儿相应侧的脚上套，一只手从裤腿口端处伸入并握住婴幼儿的脚踝部，并用大拇指按压住裤腿口边，另一手将裤腿往上拉至大腿处。

2）用同样的方法穿好另一侧裤腿。

3）然后双手握住婴儿裤腰端（以婴儿裤前缝为中线），并往上提拉至婴幼儿的腰部，系好裤腰带。

（3）整理好婴幼儿衣裤，将婴幼儿抱起来进行交流。

7. 注意事项

（1）婴幼儿沐浴时间应在喂奶前或喂奶后1小时进行，以防止呕吐或溢奶。

（2）先放冷水后放开水，并用水温计测试水温（水温38～42℃）。

（3）沐浴时勿使水流入耳、鼻。

（4）头皮上黄褐色油腻的痂皮，是皮脂腺分泌旺盛所致，可以用消毒后晾凉的植物油先将痂皮软化，再轻轻擦去痂皮。

（5）颈、腋窝、会阴及其他皮肤褶皱处应勤洗并保持干燥，以免糜烂。每次换尿布或纸尿裤后，特别是在大便后应以婴儿护肤柔湿巾清洁臀部，再用护臀霜涂抹，以防发生尿布疹（即红臀）。

（6）沐浴前注意观察全身皮肤有无感染，四肢活动有无异常等，如发现有异常，应及时处理，必要时应到医院就诊。

（7）沐浴操作时注意安全，动作要轻快敏捷，防止婴幼儿受凉或摔伤、烫伤等。

（8）指（趾）甲长了要剪短。剪手指甲，可顺着手指尖剪成半圆形。剪脚趾甲，两端只需稍剪去一点，使趾甲的边缘向前生长，不嵌入肉里。

三、女婴的生理结构及盥洗要求

女婴的阴道属于内生殖器官，其上端与子宫、输卵管相连，直通腹腔，下端则与外界直接相通；阴道的开口处前方是尿道口，后方是肛门。阴道外面两侧的小阴唇合拢关闭，阴道前后壁紧贴在一起，形成自然的防御屏障。

正常女婴的阴道有少量的渗出物，颜色透明无气味。如果婴儿的白带发生异常，颜色发黄或发白有异味，量多，伴尿急、尿频、尿痛的症状，可能是有炎症，要及时就医。女婴不建议穿开裆裤，可减少感染机会。

给女婴清洗臀部的要求如下。

1. 用纸巾擦去臀部上残留的粪便渍。举起婴儿的双腿，用一块纱布清洗大腿褶皱处。用专用毛巾蘸清水由前往后擦洗外阴、肛门、臀部。

2. 用另一块干净的干纱布以按压的方式由前往后拭干臀部。让臀部暴露在空气中1～2分钟，再换上干净的纸尿裤。

3. 不要每次小便、大便后都用沐浴液清洗，以防破坏皮肤的天然保护层。

4. 女婴洗会阴的盆要单用，不与洗手、洗脚盆合用，不能与母亲合用。

四、男婴的生理结构及盥洗要求

男婴阴囊、阴茎是露在体外的部分，睾丸是包在阴囊里面。

阴茎是一个圆柱状的器官，平时绵软，外面有一层疏松的皮肤包裹着。顶端的皮肤可以翻上去，称为包皮。阴茎顶端被包皮所包裹的部分稍粗，称为龟头。龟头的顶部有尿道口，上通膀胱。当婴幼儿膀胱充盈时，阴茎就增大、变硬，这种现象称为勃起，属于正常生理现象。

男婴清洗臀部的要求如下。

1. 先用纸巾擦去臀部残留的便渍。

2. 包皮轻轻翻开，用纱布蘸水清洗龟头，注意动作要轻柔。

3. 由上往下清洗阴茎，清洗反面时，可用手指轻轻提阴茎，但不能用力拉扯。用手轻轻将婴儿的睾丸托起再清洗。举起婴儿的双腿，清洗臀部及肛门处。用另一块干净的纱布以按压的方式轻轻拭干阴茎和睾丸处的水，再拭干大腿褶皱处、肛门处和臀部的水渍。

4. 让臀部暴露在空气中 1～2 分钟，换上干净的纸尿裤，穿上衣裤。

第五节 出行照护

技能要求

1. 能为婴幼儿选择和更换衣服、鞋袜。
2. 能包裹婴儿。
3. 能背、抱婴幼儿。
4. 能为婴幼儿准备出行的各种用具和物品。
5. 能使用婴幼儿童车。
6. 能使用车载儿童座椅。

一、婴幼儿服装选择的知识

家长在为婴幼儿制作和选择服装时，款式要宽松、安全。

新生儿以睡衣、睡袋为主。

4 个月后可穿带背心的连脚裤，连脚裤保暖好，便于运动，不束缚胸腹部活动。

6 个月内婴儿应选用宽松的带系带斜开襟衫，缝边应翻在外面。

6～12 个月婴儿宜选择宽松的两件套服装，松紧带不宜太紧，裤裆的门襟要便于打开、闭合。

1～3 岁幼儿上衣和裤子应足够宽松，易于穿、脱。

夏季服装一般采用柔软细致的纯棉细平纹布，吸湿性强，透气性好。冬季服装（内衣除外）应具有良好的保暖功能，可选用棉、毛、羊绒等织物。尽量不带有服装配饰，尽量少用纽扣、金属拉链，可用布带代替纽扣，但布带不要过长，以防缠绕脖颈或肢体。色彩应以浅色为主，可有点缀色彩鲜艳的、有趣的图案。

在给婴幼儿穿新衣服前，应先下水洗涤、晾晒，以防面料中的甲醛、重金属及防腐防霉剂等有害物质对婴幼儿皮肤产生刺激。婴幼儿衣服要勤换洗。

二、保暖和婴幼儿健康的关系

婴幼儿要注意穿衣保暖，但是穿太多衣服会使婴幼儿体温升高。穿衣多少可以通过摸婴幼儿的后背的方法进行判断，后背出汗可能是衣服穿多了，摸着感觉凉可能是衣服穿少了，摸着干爽温暖表示合适。各部位保暖措施如下。

1. 头部保暖　天冷时婴幼儿外出应戴上帽子。帽子选择要恰当，帽子的厚度要随气温情况而增减。

2. 腹部保暖　婴幼儿的腹部要做好保暖，睡觉时可选择连体衣，或给婴幼儿系小肚兜以保暖。

3. 脚部保暖　要给婴幼儿穿棉质的袜子、透气且保暖性好的鞋子。

三、包裹婴儿及为婴幼儿更换衣服、鞋袜方法

（一）包裹婴儿

新生儿出生后，适当的包裹，可以给婴儿一定的安全感。冬天外出时，需要将婴儿用包被包上以保暖。

1. 选择纯棉的裹布或柔软舒适透气性好的毛毯。

2. 先反折一个角。让婴儿的头部放在反折点的中心位置。将反折角剩余的部分反折向婴儿的头部，反折一次后以耳朵处为折点，再轻轻地反折一次，盖过腹部，把过长的部分轻轻压在身体的另一侧。

3. 另外一侧也是重复以上步骤，把脚部反折至腹部，使用一根绳子将裹布系起来，注意不要太紧，以免勒伤婴儿。

4. 随着月龄增长，婴儿头可以抬起时，可以不再包裹。

（二）为婴幼儿更换衣服、鞋袜

在给婴幼儿脱衣服之前要先洗手。婴幼儿室温以 26～28℃为宜，湿度 40%～60%。

1. 准备好干净的换洗衣物。

2. 脱衣服　选择安全的换衣服台桌，将婴幼儿衣服铺平，打开扣子或带子。抱起婴幼儿放在干净衣服旁，解开全部扣子或带子。左手握住婴幼儿左膝，右手将婴幼儿的腿从裤管中脱出。同法脱出另一条腿。左手握住婴幼儿的左侧肘部，右手将袖子拉出。同法脱出另一侧袖子。

3. 穿衣服　一手托起婴幼儿的颈部，另一手迅速将婴幼儿抱起，放置到干净衣服上。使婴幼儿平卧于干净衣服上，由外向内撑开袖口，一手握住婴幼儿的左手轻轻送入袖中交于另一只手中。将袖子轻轻拉至婴幼儿肩膀处以露出小手。用同样的方法给婴幼儿穿上右袖，将上身的衣服稍稍合起。然后分别将左右两腿放入裤管内。从上至下扣好或系好衣服的扣子或带子。整理好婴幼儿衣服，把婴幼儿放回小床上。

4. 穿袜子、鞋子　婴幼儿学步之前，穿袜子即可。穿袜子时先将袜子卷起来，然后再让婴幼儿把脚穿进去。学步之后，需要穿鞋子。鞋子尽量买合适的，大小以穿上鞋后，成人的一根手指从婴幼儿脚后跟塞进去，感觉不松不紧为合适。穿鞋子时注意分辨左右脚。

随着婴幼儿逐渐长大，父母和育婴员要教给婴幼儿更多的技能，在反复示范后，要鼓励幼儿自己穿鞋袜。

四、背、抱婴幼儿的动作要领

刚开始抱婴儿时，因其四肢柔软，颈部不能支撑，操作不当可能损伤其肢体。通过不断的练习，正确的、小心的照料，就不会伤害到婴幼儿。在抱起、放下的过程，注意双手的配合，一只手托住臀部，另一只手的手臂托住背部，手托住头部。抱起时，头部先抬起，然后再是臀部离开；放下时，臀部先落到床褥上，再放下头部。

1. 拥抱婴幼儿的姿势

（1）将婴儿仰面抱于手臂中　对新生儿及 3 个月内婴儿，将婴儿头仰面怀抱在臂弯里，左小臂护住婴儿的头部，左腕和左手护背部和腰部，右小臂护婴儿腿部，右手护婴儿臀部和腰部（图 4-2）。婴儿的头、身体及四肢都得到很好的支撑。

（2）将婴儿俯卧，面向下抱着　俯抱婴儿，也称飞机抱。变换姿势会让婴幼儿觉得快乐，特别是一些肠痉挛哭闹的婴幼儿，俯抱会使他感觉舒服。把婴幼儿的身体搭在一侧小臂上，头面朝外，靠在成人肘弯附近，两腿悬挂在手边。紧紧抓住尿布区大腿根部和屁股，小臂贴在婴幼儿发紧的肚子上（图 4-3）。一般可抱 3～5 分钟。

图 4-2　仰面抱婴儿

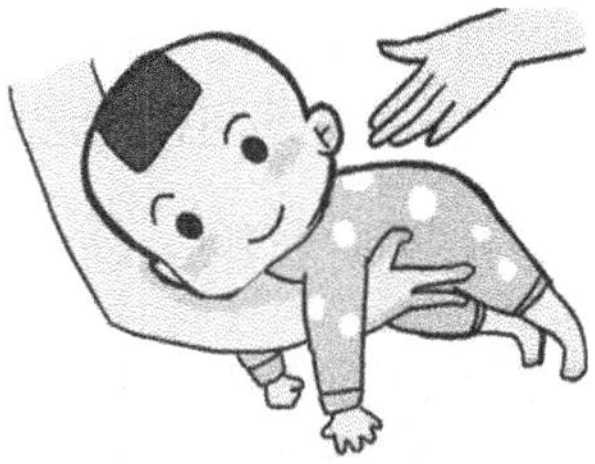

图 4-3　俯抱婴儿

（3）竖抱婴儿　3～5 个月时，将婴儿靠着大人的臂膀，一只手托住其臀部，另一只手扶住头，靠在成人的臂膀与胸前（图 4-4）。注意由于婴幼儿脊椎还没发育好，不要过早进行竖抱。

图 4-4　竖抱婴儿

（4）正确使用背带　正常到 6 个月婴儿已能独坐，可用背带。常使用背带前抱式，不但可有效保护婴幼儿脊椎的发育，而且还可以和婴幼儿进行更多的交流（图 4-5）。

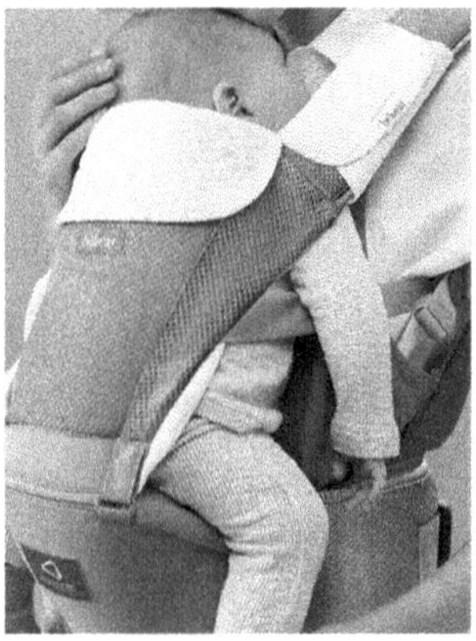

图 4-5　背带前抱式

五、婴幼儿出行的注意事项

为避免婴幼儿接触到有害细菌，家长应减少婴幼儿近距离接触人群，远离生病的人。天气太冷或者太热都不适宜带婴幼儿出门，拥挤的地方不建议去。如需带婴幼儿出门，应尽量选择婴幼儿情绪好、身体健康时，准备好婴幼儿出门需要的物品，如更换的尿布（纸尿裤）、衣服，以及必要的喂奶用具，注意保暖、防晒、驱蚊等。

六、童车的基本功能、规格与使用方法

（一）童车的基本功能

1. 安全、避震功能　安全、避震对婴幼儿的健康发育至关重要。

2. 换向功能　可以婴幼儿面部向前推行，也可更换方向，面对婴幼儿推行，这样可以时刻观察婴幼儿的状况，并随时和婴幼儿交流沟通，亲子沟通可以从小开始培养。

3. 具有遮阳功能　遮阳篷可起到给婴幼儿遮阳的效果，对婴幼儿眼睛的保护很重要。

（二）童车的规格

童车包括婴儿车、儿童推车、儿童学步车、儿童三轮车等类型。生活中应根据儿童的不同成长阶段和需求，选购不同种类的童车。

1. 婴儿车　适用于 6 个月以下婴儿。婴幼儿可平躺在车中（图 4-6）。

2. 儿童推车　适合 6 个月以后的婴幼儿使用。车身小巧轻便可折叠，手柄操控简单（图 4-7）。

3. 婴儿学步车　婴幼儿 10 个月后，已经能自己扶着东西站住，可用手推式学步车。

严禁在高低不平的路面、斜坡、楼梯口、浴室、厨房和靠近电器等危险场所使用（图 4-8）。

4. 儿童三轮车　3 岁以上可骑儿童三轮车，但时间不宜过长。注意三轮车上的小零件对儿童是否安全（图 4-9）。

图 4-6　婴儿车

图 4-7　儿童推车

图 4-8　手推式学步车

图 4-9　儿童三轮车

（三）童车的使用方法

1. 在使用童车之前要先进行检查，如车内的螺丝是否松动，躺椅的地方是否平整，轮闸是否灵活有效等。

2. 婴幼儿坐童车时要系好安全带，腰部安全带的长短和大小要根据婴幼儿的体格和舒适度来调整，松紧的程度以容纳成人四指为宜。童车筐外的地方，不要悬挂任何的物品。婴幼儿在童车里坐着的时候，照看者不能离开。如果需要暂时松手，要停留在平稳的地方并固定轮闸，确定车子不会移动。

3. 不要在婴幼儿坐车的时候连人带车提起来，正确的做法是一手抱着婴幼儿，一手拎车。

4. 如果婴幼儿在外面散步时睡着了，要让婴幼儿躺到婴儿车中，避免婴幼儿的腰部负担过重。

5. 不要在楼梯和凹凸不平的地方使用童车。不要抬起前轮，独自使用后轮推行，这样容易使车架弯曲和断裂。

6. 不要让婴幼儿在童车里久坐，这样会造成婴幼儿发育中的肌肉负荷过重。

七、常用车载儿童安全座椅的规格与使用方法

车载安全座椅是一种专为不同体重（或年龄段）的儿童设计，安装在汽车内，能有效提高儿童乘车安全的座椅。在汽车碰撞或突然减速的情况下，可以减少对儿童的冲压力和限制儿童的身体移动从而减轻对他们的伤害。随着轿车和安全意识的普及，越来越多的家长认识到儿童安全座椅的重要性。

（一）常用车载儿童安全座椅的规格

1. 卧式　即手提式婴儿床（婴儿提篮），适用于新生儿到 15 个月（或体重在 2.2～13kg 之间）的婴幼儿（图 4-10）。

2. 后向式　儿童乘坐的方向朝向车辆后方，使用时儿童往往斜躺着，配备有多点式安

全带，适用于1～3岁（或体重在2.2～14kg之间）的儿童（图4-11）。

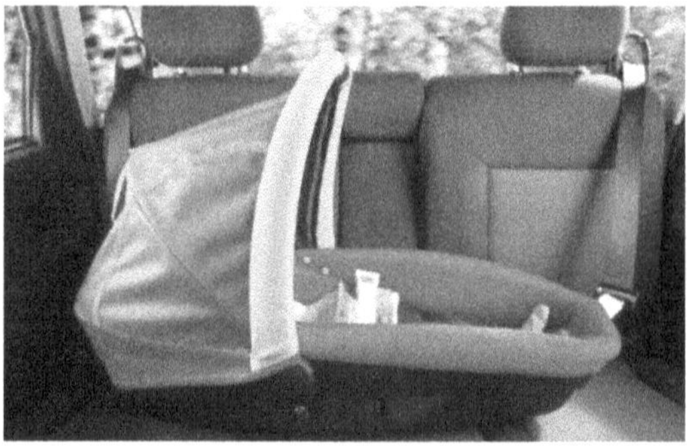

图4-10　手提式婴儿床

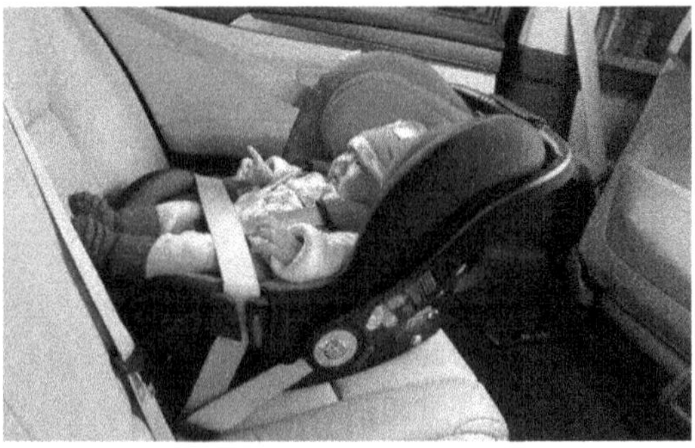

图4-11　后向式座椅

3. 前向式　儿童乘坐的方向朝向车辆前方，使用时儿童正常坐着，一般与成人安全带组合使用，适用于3岁以上的儿童（图4-12）。

图4-12　前向式座椅

4. 可转换式　既可后向式也可前向式使用，一般适用于较大年龄的儿童，开始采用后向式，儿童足够高后改用前向式。

很多家长选购儿童安全座椅时多是根据儿童的年龄来选购，但是随着生活水平的提高，儿童成长也有差异性，因此儿童安全座椅要根据儿童的体重进行挑选，年龄只是参考值。

（二）车载儿童安全座椅使用方法

车载儿童安全座椅应安装在后排两侧座位上，不建议安装在副驾驶位置、后排中间的位置。背朝前的儿童安全座椅要呈45°安装。整个座椅应该和汽车的靠背形成一个三角，座椅倾斜的角度以婴幼儿的背部得以放松，而眼睛能平视靠背的顶部为标准。

安全座椅要把婴幼儿整个身体裹紧。如果婴幼儿太瘦小，可用一个卷紧的小毯子放在其身边，以免因为座椅太大而身体左右摆动。再将座椅的安全带系好。

固定夹应置于婴幼儿胸骨前与腋窝齐平的位置。如果固定夹位置不当，安全带有可能从婴幼儿的肩头滑落。

第六节　环境创设与清洁消毒

技能要求

1. 能选择和营造婴幼儿安全卫生生活环境。
2. 能清洁婴幼儿餐具和奶具。
3. 能清洁、消毒婴儿尿布和便器。
4. 能清洁婴幼儿玩具、家具、卧具。
5. 能选择常用的消毒剂。

一、环境卫生与婴幼儿成长的关系

给婴幼儿创设一个安全、健康、快乐的环境，是对居室环境的基本要求。婴幼儿对外界环境刺激的适应性较低，对生活环境的有害物质比较敏感，如果长期生活在空气污浊的环境中，会影响呼吸道的功能，降低身体抵抗力，甚至影响生长发育。婴幼儿生活环境注意以下几点。

1. 室内维持整洁、无尘、空气新鲜。
2. 室温维持在 22～24℃，相对湿度 55%～65%。
3. 每日常规清洁、消毒，每周大搞卫生 1 次。
4. 使用专用卫生工具，定期空气消毒。
5. 婴幼儿用眼药水、按摩油、护臀膏、沐浴液、浴巾、治疗用品等，应专人专用。

二、清洁和消毒的区别

1. 清洁　清除物体上一切污秽，如尘埃、油脂、分泌物等。
2. 消毒　清除或杀灭物体上除细菌芽孢外的各种病原微生物。预防一些传染病最有效的方法就是加强日常生活环境、饮食及人体自身方面的卫生消毒工作。

三、清洁用品的功能与作用

清洁用品是指具有清洁功能的工具。婴幼儿清洁用品常用的有婴儿香波、婴儿润肤油、婴儿沐浴乳、婴儿皂、湿纸巾、尿布清洗剂等，主要的功能是清洁。

四、消毒用品的功能与作用

常用消毒产品有 84 消毒液、漂白粉、含氯消毒粉或含氯消毒泡腾片等，稀释后可用于衣物、地板、家居表面等消毒。幼儿园常用的消毒剂含氯泡腾消毒片作用如下。

1. 一般物体表面消毒　一片消毒药片与 2L 水相溶合，其有效氯含量为 250mg/L 的消毒液。消毒时间：10～30 分钟。消毒方法：擦拭、喷洒、拖洗、消毒后用清水洗净。

2. 毛巾、玩具类　一片消毒药片与 2L 水相溶合，其有效氯含量为 250mg/L 的消毒液。消毒时间：10～30 分钟。消毒方法：浸泡消毒后用清水洗净。

3. 污染物品（便盆、池）　一片消毒药片与 1L 水相溶合，其有效氯含量为 500mg/L 的消毒液。消毒时间：30 分钟。消毒方法：浸泡、喷洒消毒后用清水洗净。

五、各类婴幼儿物品清洁的注意事项

1. 婴幼儿卧室尽量不用扫把打扫，可用拖把拖地。桌椅玩具的清洁也尽量用湿布来擦拭。

2. 定期清洗、晾晒被褥。

3. 定期对婴幼儿玩具进行清洁、消毒。

4. 内外衣物不可混洗，衣物清洁时使用婴幼儿专用无磷洗衣液，不建议使用除菌剂、漂白剂。

5. 用清水将清洁剂清洗后的婴儿用品冲刷干净，避免清洁剂的残留。

6. 将清洗好的婴儿用品进行消毒或放置晾干备用。

7. 婴幼儿餐具要及时清洗、认真消毒、妥善保管。清洗奶瓶时，选择专用的奶瓶刷和奶瓶清洗剂。

六、各类婴幼儿物品消毒的注意事项

婴幼儿抵抗力弱，如果接触大量细菌，容易感染。因此，婴幼儿使用的物品需要经常消毒。

1. 婴幼儿衣物一般不用消毒剂消毒，因为消毒剂如果清洗不干净，可刺激婴幼儿的皮肤或黏膜。毛巾、尿布可用煮沸的方法消毒。婴幼儿的衣服、被褥和其他床上用品可通过太阳照射消毒。

2. 一般室内空气净化通过开窗通风即可。

3. 地面用干净的墩布擦拭即可。使用完墩布要晾干。

4. 有污渍被褥的消毒，按适当的比例用消毒水浸泡被褥 10～20 分钟，用洗洁剂去除奶渍、污渍后用清水清洗，直至无泡沫，并置于太阳光下暴晒至少 1 小时。

5. 奶具的消毒：奶具消毒时注意将奶嘴拧下，常用煮沸法消毒。消毒后的奶具注意不要用手直接接触奶瓶口及奶嘴，应用夹子取出晾干备用。

（杨　静）

第五章
保健与护理

第一节　常规体格检查

技能要求

1. 能为婴幼儿测量体重。
2. 能为婴幼儿测量身长（高）。
3. 能说出对婴幼儿进行常规体检的时间。

通过婴幼儿体检既可得知婴幼儿是否健康成长，也可以让育婴员对婴幼儿的身体状况更加了解。第一次体检时间为出生时，出生后 28 天、42 天分别体检一次，1 岁前每 3 个月一次，1 岁后每半年一次，2 岁后每年一次，3 岁前共体检 10 次。

一、婴幼儿体格发育测量的基本内容

婴幼儿体格发育测量的基本内容有体重、身长（高）、头围、胸围、上臂围及坐高。

1. 体重　体重是衡量体格生长的重要指标，其代表身体各器官、系统与体液的总重量，也是反映婴幼儿营养状况最容易获得的灵敏指标。新生儿出生时体重约为 3kg，生后 2～3 天可出现生理性体重下降，生后 1～10 天恢复到出生时体重。1 岁时体重为出生时的 3 倍，2 岁时达 4 倍，2 岁后到 7～8 岁，体重每年增长值不足 2kg，7～8 岁后体重增长值维持在 2kg 以上，直到青春期增长又加速。

2. 身高（长）　新生儿出生时身长平均为 50cm，1 岁时为出生时的 1.5 倍，第二年平均增长 10cm，约为 85cm，以后每年增长 5～7.5cm。身高受种族、遗传和环境的影响较明显，受营养的短期影响不显著，但与长期营养状况关系密切。

3. 头围　头围的大小与脑和颅骨的发育有关。新生儿出生时头围平均为 34cm，15 岁时为 53～54cm，与成人接近。大脑发育不全时，可出现小头畸形。头围过大常见于脑积水。

4. 胸围　胸围代表胸廓与肺的发育。出生时胸围约为 32cm，小于头围 1～2cm，1 岁时胸围约等于头围，1 岁后至青春前期胸围应大于头围（约为头围+年龄−1cm）。

5. 坐高　坐高是指从头顶至坐骨结节的长度。3 岁以下婴幼儿卧位测量，坐高的增长反映脊柱和头部的增长。新生儿出生时坐高平均为 33cm，占身长的 66%，4 岁时为 60%，6 岁后小于 60%。如婴幼儿坐高占身高比例大于正常时，应考虑内分泌疾病或软骨发育不全等疾病。

6. 上臂围　上臂围代表肌肉、骨骼、皮下脂肪和皮肤的生长，是评价营养的简易指标。1 岁以内上臂围增长迅速，1～5 岁增长缓慢，为 1～2cm。1～5 岁儿童上臂围 12.5～13.5cm 为营养中等，小于 12.5cm 表示营养状况低下，超过 13.5cm 为营养良好。

二、婴幼儿体格发育测量工具的使用及测量方法

（一）体重

1. 工具　新生儿采用杠杆式访视秤或婴儿磅秤，1～3 岁用磅秤或杆秤。

2. 测量方法　给婴幼儿脱去衣帽鞋袜（可只穿薄的背心、短裤），排空膀胱。婴儿取卧位，1～2 岁取坐位，3 岁以上取站位。以 kg 为单位，准确记录至小数点后 2 位。

（二）身长（高）

1. 工具　身长测量器（量床），身高测量仪。

2. 测量方法

（1）3 岁以下小儿测身长（卧位长）：被测婴幼儿脱去鞋、帽、袜子，穿单衣仰卧于身长测量器底板中线上，面向上，两耳在同一水平，两侧耳垂上缘和眼眶下缘连线构成的平面与测量器底板垂直，测量者左手将婴幼儿双膝并拢并轻压，右手轻推足板，使婴幼儿两侧足跟接触并紧贴测量器足板，读刻度，记录至小数点后 1 位。

（2）3 岁及 3 岁以上小儿量身高（立位高）：脱去鞋、帽，立正姿势立于平台上，两眼直视正前方，稍挺胸收腹，手指并拢，双臂自然下垂，足跟靠拢，脚尖分开约 60°，测量仪顶板下压至幼儿颅骨的最高点，读刻度，记录至小数点后 1 位。

（三）头围

1. 工具　软尺。

2. 测量方法　婴幼儿取坐位或仰卧位。测量者位于婴幼儿前方或者右侧，用左手拇指将软尺零点固定于头部右侧眉弓上缘处，软尺经枕后粗隆及左侧眉弓上缘回至零点，记录至小数点后 1 位。

（四）胸围

1. 工具　软尺。

2. 测量方法　3 岁以前取卧位，3 岁及 3 岁以后取立位。使婴幼儿处于安静状态（立位时身体放松，两上肢自然下垂），测量者位于婴幼儿右侧，用左手拇指将软尺零点固定于被测婴幼儿胸前右侧乳头下缘，右手拉软尺使其绕经右侧后背，以两肩胛骨下角下缘为准，经左侧回至原点。于平静呼吸时读数，记录至小数点后 1 位。

（五）坐高

1. 工具　身长测量器、身高坐高计。

2. 测量方法

（1）3 岁以下婴幼儿用身长测量器测顶臀长：体位同婴幼儿身长的测量。测量者站在婴幼儿右侧，左手提起婴幼儿小腿，同时使骶骨紧贴底板，大腿与底板垂直，右手移动足板，使其压紧臀部，记录至小数点后 1 位。

（2）3 岁以上儿童用身高坐高计：儿童坐在坐高计的坐板上，使骶部、两肩之间紧靠立柱（可先使身体前倾，待骶部紧靠立柱后再坐直），两腿并拢，两大腿伸直与躯干成直角并与地面平行，大、小腿间呈直角，双足尖并拢、向前，躯干自然挺直，头部与测身高时相同，移动滑板使之与头顶接触，记录至小数点后 1 位。

（六）上臂围

1. 工具　软尺。

2. 测量方法　被测者上肢放松下垂，充分裸露上肢，在肱二头肌最粗处进行测量。测量时软尺只需紧贴皮肤即可，勿压皮下组织。

第二节　预 防 接 种

技能要求

1. 能按时让婴幼儿接受预防接种。
2. 能为婴幼儿预防接种后做适宜的处理。

一、国家计划免疫要求

2008 年卫生部颁布了扩大免疫规划，要求对 0～6 岁儿童完成以下传染性疾病的预防接种：乙型肝炎、结核病、脊髓灰质炎、百日咳、白喉、破伤风、麻疹、甲型肝炎、流行性脑脊髓膜炎、流行性乙型脑炎、风疹、流行性腮腺炎。国家儿童免疫规划接种程序详见表 5-1。

表 5-1　国家免疫规划疫苗儿童免疫程序说明（2020 年版）

疫苗种类		接种年（月）龄														
名称	缩写	出生	1月	2月	3月	4月	5月	6月	8月	9月	18月	2岁	3岁	4岁	5岁	6岁
乙肝疫苗	HepB	1	2					3								
卡介苗	BCG	1														
脊灰灭活疫苗	IPV			1	2											
脊灰减毒活疫苗	OPV					3								4		
百白破疫苗	DTaP				1	2	3				4					
白破疫苗	DT															5

续表

疫苗种类		接种年（月）龄														
名称	缩写	出生	1月	2月	3月	4月	5月	6月	8月	9月	18月	2岁	3岁	4岁	5岁	6岁
麻腮风疫苗	MMR								1		2					
乙脑减毒活疫苗或	JE-L								1			2				
乙脑灭活疫苗	JE-I								1、2			3				4
A群流脑多糖疫苗	MPSV-A							1		2						
A群C群流脑多糖疫苗	MPSV-AC												3			4
甲肝减毒活疫苗或	HepA-L										1					
甲肝灭活疫苗	HepA-I										1	2				

如果儿童未按照上述推荐的年龄及时完成接种，应按要求尽早进行补种。

二、预防接种的一般反应及其处理

预防接种一般反应是指在预防接种后发生的、由疫苗本身所固有的特性引起的、对机体只会造成一过性生理功能障碍的反应，主要有发热和局部红肿，同时可能伴有全身不适、倦怠、食欲不振、乏力等综合症状。

（一）全身反应

1. 发热　分为轻度（37.1～37.5℃）、中度（37.6～38.5℃）和重度（≥38.6℃）。在接种疫苗后2～4小时即有体温升高，6～12小时达高峰，持续1～2天。注射减毒活疫苗后出现发热反应的时间稍晚，个别受种者在注射麻疹疫苗后6～10天内会出现中度发热，有类似轻型麻疹样症状。

2. 其他反应　部分受种者除体温上升外，可能伴有头痛、眩晕、恶寒、乏力和全身不适等，一般持续1～2天。少数可发生恶心、呕吐、腹泻等胃肠道症状，一般以接种当天多见。

3. 处理

（1）发生轻度全身反应时加强观察，一般不需任何处理，必要时适当休息，多喝温开水，注意保暖，防止继发其他疾病。

（2）全身反应严重，高热不退或伴有其他并发症者，应密切观察病情，必要时送医院观察治疗。

（二）局部反应

1. 红肿　皮下接种疫苗在注射后数小时至24小时，局部会出现红肿浸润，并伴疼痛，红晕直径在2.5cm以下为弱反应，2.6～5.0cm为中等反应，5.0cm以上为强反应。有时伴有淋巴结肿大。局部反应持续2～3天不等。

2. 皮内接种卡介苗者，绝大部分受种者于2周左右在局部出现红肿，以后化脓或形成溃疡，3～5周结痂，形成瘢痕。

3. 部分受种者会出现注射局部不易吸收，刺激结缔组织增生，形成硬结。

4. 处理

（1）轻度局部反应一般不需要任何处理。

（2）较重的局部反应可用干净的毛巾热敷，每日数次，每次 10～15 分钟。

（3）卡介苗的局部反应不能热敷。对特殊敏感的人可考虑给予小量镇痛退热药。

第三节 疾病护理相关常识

技能要求

1. 能为婴幼儿测量腋温、肛温。
2. 能为患病婴幼儿喂药。
3. 能为患病婴幼儿滴眼、耳及鼻药。
4. 能带婴幼儿就医。

一、体温计的类型及其使用

（一）体温计的类型

体温计有水银体温计、电子体温计、可弃式体温计和红外体温检测仪等类型。

1. 水银体温计　是最常用、最普通的体温计，根据其测试部位的不同又将其分为口表、腋表和肛表。口表即用于测量口腔温度的体温计；腋表即用于测量腋下体温的体温计；肛表即用于测量肛门温度的体温计。水银体温计分为玻璃球和玻璃管两部分，球部装有水银，各种水银体温计的不同在于球部，口表球部较细长，腋表球部较长而扁，肛表球部较圆钝。

2. 电子体温计　采用电子探头测量体温，测得的体温可直接显示数字。特点是读数直观，灵敏度高。

3. 可弃式体温计　为一次性使用的体温计，是一种含有对热敏感的化学批示点状薄片，测温时点状薄片可随机体温度的变化而变色，当颜色点从白色变为蓝色，最后的蓝点位置即为所测体温。

4. 红外体温测量仪　其特点是测温快捷、准确、安全，因其体积大，多用于医院的监护病房。

（二）体温计的使用

1. 测腋温　先将体温计水银柱甩下，使水银柱低于 35℃以下，将婴幼儿抱在怀里或让其坐在操作者腿上，擦干腋下汗液，将体温计球部放于婴幼儿腋窝紧贴皮肤，屈臂过胸，协助其夹紧体温计，持续 10 分钟，取出体温计读数。婴幼儿正常腋温 36～37℃。

2. 测肛温　肛温一般用于婴儿期。将体温计前端用润滑油润滑，将体温计甩至 35℃以下，将婴儿仰卧于床上，操作者一手抓住婴儿两踝并向前上方稍提起，暴露肛门，另一手将体温计以旋转式缓缓插入肛门3～4cm，插入时勿用力，以免损伤肛门直肠黏膜。放松上提的双足，但依然抓住双踝，以免婴儿活动使体温计脱出。另一手扶住体温计，持续3分钟取出，用纱布或棉花擦净体温计，读数。使用后的体温计应用清水清洗后用75%酒精棉球擦拭备用。正常肛温在36.5～37.7℃内。

3. 测量体温时注意事项

（1）试表前要检查体温计有无破损，甩表时不能触及硬物。

（2）应在吃饭、喝水、运动出汗后休息半小时再测体温。

（3）保证在安静状态下测体温。

（4）试表前，将水银柱甩至35℃以下。

（5）取出体温计转动温度表，直到可见到一条粗线为止，从水银柱上读取所指数字。

（6）体温计使用完毕用酒精棉球擦拭备用。

（7）婴幼儿不宜测量口温，以免咬破体温计。

（8）婴幼儿患有腹泻、心脏病者不宜测肛温。

（9）腋下有创伤、皮肤溃疡、炎症、肩关节受伤时不宜测腋温。

二、婴幼儿用药的相关知识

（一）婴幼儿用药特点

1. 年龄不同的婴幼儿，药物在其体内的分布及反应不同，对不同的药物的敏感性也不同，因此不能随意给婴幼儿用药。

2. 婴幼儿时期肝、肾功能不完善，尤其是新生儿、早产儿肝功能发育不成熟，对药物的代谢延长，易增加药物毒性作用，因此应严格按医嘱用药。

3. 在哺乳期有些药物在乳汁中含量较高，可影响婴幼儿，因此哺乳期用药应在医生指导下进行。

（二）婴幼儿喂药的原则

1. 严格按照医嘱量取用药剂量，液体药物用小量杯量，片剂药先将药片压碎，再按计量分取。将药粉溶于盛有温开水的小勺或小杯中喂服。

2. 喂药时态度应温和，充满爱心，让婴幼儿容易接受。不要采用恐吓、威胁等手段，使婴幼儿产生心理恐惧而拒绝服药。

3. 有甜味的药可用奶瓶喂，不能用奶瓶喂的婴幼儿可用小勺喂。

4. 对于较大的婴幼儿，即使哭闹也应坚持喂药。

（三）婴幼儿的喂药方法

1. 喂药前的准备工作

（1）喂药前准备好小勺、有刻度的小杯和一块小毛巾。

（2）喂药前必须核对药名、剂量、药品质量。

（3）一片药需分次服时，应先将药片碾碎后均匀分次，或用小刀将药片切成大小均匀数块分服。

2. 口服给药法

（1）小勺喂药法：一般用于片剂或液体药物。将婴幼儿抱放于膝上，药液倒入小勺中，将盛有药物的小勺伸入婴幼儿口中，用勺底压住舌面，再慢慢抬起勺柄，使药物流入口中。其速度与婴幼儿的吞咽动作一致。

（2）奶瓶喂药法：一般用于剂量大、带有甜味、婴幼儿易于接受的药物。

（3）吸管喂药法：一般用于剂量较小的液体药物。用吸管或滴管吸取一定剂量的药物，将吸管前端伸入婴幼儿口中，挤压吸管球部，将药物挤入口中。

3. 喂药注意事项

（1）调和药物的水温应温凉，不宜过热，否则会破坏药物成分。有些药物需用凉开水调和。注意查看药物说明书。

（2）调配药物时用水不宜过多。

（3）喂药时保持环境安静。

（4）严格按医嘱要求的剂量和时间间隔给药（药物在血液中需达到一定浓度方可见效）。

（5）饭前服的药需在饭前半小时服药，饭后服的药可在饭前服下，服下后立即喂奶（饮），这样婴幼儿在饥饿时更易接受。有强烈刺激性的药物可在饭后服。

（6）生病期间多喂水是非常必要的。

（7）婴幼儿不肯服药时，不要强行灌药，以免日后抗拒吃药。

（8）给婴幼儿喂悬浮液时，不要掺水，应等服下药后再喂等量的白开水。

（四）给婴幼儿滴用眼、耳、鼻药

为婴幼儿滴眼、耳、鼻药的工作需要两人共同配合来完成。

1. 滴眼药的方法

（1）一人将婴幼儿面部朝上抱住，一手固定住婴幼儿的双手，另一只手按住婴幼儿头部，并用膝盖夹住其双腿。

（2）另一人左手向下轻轻撑开婴幼儿的眼睑，右手持药瓶对准婴幼儿眼内角（瓶口距眼约 1.5cm），挤入 1～2 滴药水。注意不要将药水直接滴在婴幼儿的眼角膜上。要注意这时应左手将婴幼儿的上眼皮轻轻提起来，稍停几秒钟，使药水含在眼内，再松开手。大一点的幼儿可以让其闭一会眼再转动眼珠，使药水分布均匀。

（3）最后用干净的消毒药棉或干净的手绢擦干溢出的药液。

（4）如果婴幼儿反抗剧烈，不易撑开其眼睑，可以先把药水沿眼内角滴入，然后迅速轻轻捏起婴幼儿的上眼皮，以使药水进入眼内。由于眼药水难以在眼内长时间停留，且滴药时婴幼儿往往不能配合，难免会有些药水进不到眼内，因此为确保疗效，眼药水应勤滴。

2. 滴耳药的方法

（1）一人将婴幼儿以侧卧位斜抱在怀里，按住其头部。如果婴幼儿不肯配合，应以膝盖夹住婴幼儿的双腿，以防其扭动。

（2）另一人用左手将婴幼儿的耳郭向后下方轻轻牵引，以使外耳道被拉直、利于药液顺利流入，拉直耳道也便于查看耳道内有无异常分泌物。用右手将药液对准耳道后壁缓缓滴入，每次 1～2 滴即可。

（3）滴完后用手指轻轻按压婴幼儿耳郭，这时不应让婴幼儿马上直立起来，应该使其保持原位 3～5 分钟，等药液慢慢渗入内耳道再站立。

3. 滴鼻药的方法

（1）滴药前首先应清除鼻腔内的分泌物，注意动作轻柔，以免损伤婴幼儿稚嫩的鼻腔黏膜。

（2）让婴幼儿坐立或仰卧，头尽量往后仰。用左手手指轻轻推起婴幼儿的鼻尖，以使鼻腔充分暴露，右手持滴管对准婴幼儿鼻孔（滴管距鼻孔 1～2cm），沿着鼻腔壁缓缓滴入 2～3 滴药液。

（3）用手指尖轻轻压住婴幼儿的鼻翼，使药液与婴幼儿的鼻黏膜充分接触。

（4）滴药后不要让婴幼儿立即抬头或站立，最好静坐或静卧 2～3 分钟，使药液充分流入并接触鼻腔。

三、就医前的准备工作

1. 用物准备。冬天要做好保暖，准备口罩、帽子、围巾等；夏天做好防风、防雨、防晒的准备。准备好换洗的裤子、尿布、婴儿小毛巾、水杯、卫生纸、奶瓶、奶粉等，以便应急之需。

2. 熟悉就医的程序，带好上次看病的病历。

3. 常见病如呼吸道感染、腹泻等，就近就医。

4. 出现疑难病症，需要到大医院就诊时，应事先了解有关专家或专业门诊的时间和就诊情况。

5. 向医生告知婴幼儿有无特殊病史和过敏史、用药情况。

6. 防护措施：医院里要婴幼儿和自己佩戴口罩，做好防护措施，回家后给婴幼儿洗手、擦脸。

7. 病情严重时要打急救电话“120”。

（朱虹颖）

第六章

健康与管理

第一节　预防伤害与急救

技能要求

1. 能为婴幼儿表皮擦伤进行护理。
2. 能为婴幼儿四肢扭伤进行初步处理。
3. 能为婴幼儿皮下血肿进行初步处理。
4. 能为婴幼儿蚊虫叮咬、蜂蜇后进行初步处理。
5. 能为婴幼儿烫伤进行初步处理。
6. 能为婴幼儿鼻出血进行初步处理。

一、发生意外的常见原因

1. 婴幼儿体质差，体能弱、疲劳或饥饿。
2. 婴幼儿特别好动，自我保护能力不足。
3. 婴幼儿有不良行为，到有危险的地方去玩耍，没有按安全规定做事。
4. 全家人外出度假，父母安全意识不强。
5. 夫妻不合，经常吵架，对婴幼儿照顾不周。
6. 使用的设备不符合安全要求。
7. 母亲处于月经前期、疲劳或怀孕，对婴幼儿照顾不周。

二、表皮擦伤处理方法和注意事项

（一）处理方法

1. 如果伤口小而浅或仅擦伤表皮，可用凉开水洗净周围的皮肤，再用凉开水冲洗伤口。

2. 如有泥沙等污物应彻底洗干净。如冲洗不掉，可用已消毒的硬毛刷将异物洗净，以免污染物留在皮肤里。

3. 3%过氧化氢溶液或生理盐水清洁伤口后，用75%酒精由里到外消毒伤口周围皮肤，伤口表面涂碘伏，如伤口有少量出血，可用消毒纱布止血后再上药，不用包扎，避免沾水，让其自然干燥。

（二）注意事项

1. 擦伤的创面不必包扎，但注意避免沾水、尘土及其他污物，以防止创面感染。
2. 脸部的擦伤，需注意如有沙子、煤渣嵌入皮肤时，及时用软刷子刷洗创面。如果擦伤面较大，及时就医。
3. 擦伤的伤口不适宜用创可贴，应该消毒后让伤口自然暴露在空气中，以待愈合。

三、四肢扭伤处理方法和注意事项

（一）处理方法

1. 扭伤后要休息，抬高患肢。
2. 若无皮肤破损可以在局部冷敷。24 小时后局部仍有红肿、疼痛的，可改用热敷，以扩张血管，促进血液循环，促进康复。
3. 如局部疼痛严重，或有其他异常情况，应及时就医。

（二）注意事项

1. 不能随便扭动伤处，以免加重损伤。
2. 24 小时内不能热敷。热敷会使破裂的毛细血管进一步扩张，加重血肿，延迟愈合。

四、皮下血肿处理方法和注意事项

（一）处理方法

皮下血肿多是在外力作用下，皮下毛细血管破裂出血所致。

1. 当婴幼儿发生磕碰时应立即抱起婴幼儿，观察婴幼儿的面色、四肢及全身损伤状况。
2. 立即从冰箱中取出冰块，用布包裹后敷在血肿处，以减少皮下出血，如果没有冰块，用冷湿毛巾冷敷也有助于止血。局部加压包扎，让其自然吸收，小血肿 1～2 周，大血肿 4～6 周即可吸收。

（二）注意事项

1. 皮下血肿不能用手揉，越揉血肿越大，出血越多，疼痛越强烈。
2. 如血肿发生在头部，应及时送医院就诊。

五、蚊虫叮咬、蜂蜇处理方法和注意事项

（一）处理方法

大部分的蚊虫叮咬或蜂蜇伤后可出现疼痛、局部皮肤红肿、痛痒，但不会对婴幼儿产

生很大的危害。少数婴幼儿被蜇伤后会出现过敏反应，需要紧急治疗。

1. 仔细检查蜇伤部位有无毒刺并予以拔出或用针尖挑出。

2. 根据毒虫毒液的酸碱性选择适宜的冲洗液，如蜜蜂蜇伤宜用肥皂水冲洗；黄蜂蜇伤，伤口宜用食醋等弱酸性液体冲洗或涂抹。家长需要做急救处理后，再送往医院。

（二）注意事项

1. 如果被蜜蜂蜇伤，要检查皮肤内是否留有蜂刺，如果有，应用镊子把蜂刺夹出。夹的过程中动作一定要轻，以免把毒刺折断。

2. 为缓解蜇伤部位的肿胀和瘙痒等症状，可在蜇伤部位的周围涂医用酒精或少许药膏。

3. 可以把一块浸透冷水的纱布拧干，敷在被蜇或叮咬的部位。

六、烫伤的处理流程方法和注意事项

（一）处理流程

1. 脱离热源　脱去或剪除污染的衣服，切断热源，清理残留的热源。

2. 小面积烧伤的处理　如果烫伤面积很小，只有 1～2 个一元硬币大小，没有水疱，疼痛感不强，可以在家中进行观察护理，用流动的冷水进行初步冲洗或浸泡，用冷水浸湿的毛巾、纱垫等敷在创面，防止热力继续损伤创面。

3. 如果烫伤面积很大，或有水疱，须立即去医院处理。

（二）注意事项

1. 烫伤后首先要用流动的清水冷却。

2. 冷却时间不要过长，只要皮肤温度降低即可，不能使婴幼儿体温降低。

3. 进行冷却后，皮肤上不要涂抹任何东西，如植物油、芦荟汁、牛奶等，避免引起感染，妨碍判断。

4. 烫伤出现水疱时，不要弄破水疱。

5. 烫伤面积较大或起水疱时，应该在冷却后用清洁布类包扎并立即转送医院治疗。

6. 对于烧伤创面污染严重的婴幼儿，在社区处理时不要强行清除创面上的衣物碎片和污物，简单包扎处理即可送往医院救治。

7. 对于强酸、强碱化学烧伤的婴幼儿，要用大量清水冲洗创面，特别是眼部的冲洗要彻底，冲洗 10～15 分钟。如果是生石灰烧伤，应清扫石灰粉后再冲洗，否则石灰遇水生热会加重烧伤，冲洗完后可根据情况选择中和剂，随后再用大量清水冲洗。

8. 烫伤的预防

（1）有婴幼儿的家庭餐桌不要铺桌布，以防婴幼儿拉动桌布而发生意外。

（2）给婴幼儿洗澡要先放冷水再加热水，应该加围栏保护。

（3）小婴儿使用热水袋保暖水温不宜过热；使用热水袋前应该先检查温度，热水袋要用毛巾包好隔开再用。

（4）尽量让婴幼儿远离厨房。

七、鼻出血处理方法和注意事项

（一）处理方法

1. 头稍微前倾，将冰袋或冷毛巾敷在额头上，用拇指及示指紧捏两侧鼻翼及鼻孔的软骨处，用口呼吸，数分钟后便可止血，有条件的可取消毒棉球或纱布塞进鼻孔再用上法压迫止血。这个方法适合少量出血者，如果是大量出血，则应及时到医院治疗。

2. 鼻腔出血停止后，鼻孔中可能有血凝块，不要急于将其弄出，要尽量避免在短时间内用力擤鼻涕或剧烈运动、打喷嚏等，以防鼻腔再度出血。

3. 如果在家中进行处理后鼻腔出血仍未停止，或因出血量较多出现面色苍白等身体不适应及时到医院进行治疗。

（二）注意事项

1. 忌惊慌。可引导婴幼儿做缓慢而深的呼吸，以充分放松。

2. 忌仰卧。让婴幼儿取坐位或半坐位，注意保持呼吸道通畅，防止血液经后鼻孔流入口腔，指导婴幼儿把流入口内的血液尽量吐出，防止血液咽下后刺激胃肠道引起恶心、呕吐或误吸入呼吸道而引起窒息。

3. 紧压鼻翼。用拇指和示指紧紧压住婴幼儿的双侧鼻翼，再用冷毛巾敷在婴幼儿的额头以助止血。

4. 鼻腔出血停止后也要去医院检查，以查找出血原因。

第二节　健康与指导

技能要求

1. 能观察新生儿喂养、睡眠、大小便、黄疸、脐部情况。
2. 能从婴幼儿面色、舌色、唇色、腹部、四肢温度及饮食状况发现婴幼儿亚健康状态。
3. 能发现婴幼儿口腔、视力、听力异常并指导。
4. 能为婴幼儿进行抚触。
5. 能为婴幼儿进行日光浴、空气浴、水浴。

一、新生儿一日照护基础知识

“新生儿期”主要是婴幼儿从母亲子宫内到外界生活的适应期，由于这段时期新生儿各系统脏器功能发育尚未成熟，免疫功能低下，体温调节功能较差，因而易发生感染，应细心、科学、合理地护理。

（一）温度和光线

新生儿对外界温差的变化有些不适应，适宜的室内温度应保持在25℃～28℃，盛夏要适当降温，而冬季则需要保暖，但均应注意通风时最好有取暖器在身旁。室内的光线适宜，避免太暗或太亮，应让婴幼儿在自然的室内光线里学会适应，但要避免阳光直射眼部。

（二）衣服和尿布

新生儿的内衣（包括尿布）应以柔软且易于吸水的棉织品为主，最好不用化纤或印染织品；衣服的颜色宜浅淡，便于发现污物，并防止染料对新生儿皮肤的刺激；衣服尽量宽松，不妨碍肢体活动且易穿脱；由于新生儿头部散热较多，气候寒冷或室温较低时应该戴小帽子，帽子材质同样要柔软舒适。

适宜的尿布包括合格的一次性尿布、柔软的棉布、吸水性强的纱布，做到勤洗勤换，通常白天要换 4 次以上，晚上应换 2 次以上，每次更换时均应清洗臀部，并外涂适量护肤油剂；纸尿裤则选择质量较好且透气性好的，注意纸尿裤包裹不宜太紧，以便四肢自由伸展。

（三）睡眠和睡姿

睡姿会影响呼吸，且新生儿头颅比较软，良好的睡姿有利于其头颅的发育。

新生儿睡姿有仰卧、侧卧和俯卧。新生儿睡姿最好是侧卧和仰卧交替进行，即左侧卧、右侧卧和仰卧交叉进行。一般刚喂完奶的新生儿不要立即采用仰卧的姿势，容易引起新生儿吐奶，乳汁会沿着脸颊流入中耳内而诱发中耳炎。正确的做法是：喂完奶后先抱起新生儿，让其直立地靠在育婴员的肩上，并轻拍其后背，直到新生儿打出气嗝，然后再让其采用侧卧的睡姿。俯卧容易堵塞新生儿的鼻嘴造成窒息。

（四）哺乳和喂养

出生后母乳喂养越早越好，一般为出生后半小时左右。如果母亲暂时没有分泌乳汁，也要尽量让新生儿吮吸乳头，以促进乳汁分泌，并增进母婴的感情，利于母体因分娩造成的产后伤口的愈合。

1. 母乳喂养时应采取“竖抱位”即头部略抬起，新生儿和母亲相对而视，可增加相互的亲密感；母乳喂奶前应先洗手并将乳头清洗干净，母亲如有呼吸道疾病喂养时应戴口罩，如乳房上皮肤有破裂或炎症，应咨询医生后根据具体情况决定是否继续哺乳。

2. 哺乳的时候最好是一侧乳房吸空喂饱后下次再换另一侧乳房，以防残奶淤积在乳房内，如一边乳房一次喂饱后仍有多余的乳汁，最好将其挤掉，以促进乳房的正常泌乳并避免乳汁淤积或继发乳腺炎。

3. 人工喂养尽量不要直接喂服新鲜奶，因为其中所含的蛋白质等营养成分不适合新生儿；混合喂养（母乳喂养和代乳品喂养相结合）时，应以母乳喂养为主。人工喂养时奶嘴洞大小应适中，奶嘴喂奶时尽量避免婴幼儿吸入空气，以免溢奶，喂完之后可轻拍婴儿背部，以免积气。此外要对奶瓶、奶嘴严格煮沸消毒。按需哺乳，每次以吃饱吃好为原则，即婴儿吃奶后不哭不吵，且体重正常增长。

（五）大小便

1. 大便　大多数新生儿在出生后 12 小时开始排便。胎便是胎儿在母体子宫内吞入羊水中胎毛、胎脂、肠道分泌物而形成的大便，胎便呈深绿色、黑绿色或黑黏稠糊状，3～4 天后胎便才可排尽。喂奶之后，婴幼儿大便逐渐转成黄色。如果婴儿出生后 24 小时以后胎便未排出，应及时就医。

2. 小便　新生儿出生后 24 小时内开始排尿，如喂养量充足最初 2 天每天至少排尿 1、2 次，尿量每天 30～60ml，以后随着开始喂奶，婴儿摄入的水分逐渐增加，小便总量逐天增加，小便次数也逐渐增多，到出生后一周小便次数可增加到每天 10～30 次。

（六）黄疸

新生儿黄疸是指新生儿时期，由于胆红素代谢异常引起血中胆红素水平升高，而出现以皮肤、黏膜及巩膜黄染。生理性黄疸在出生后 2～3 天出现，4～6 天达到高峰，7～10 天消退，早产儿持续时间较长，除有轻微食欲不振外，无其他临床症状，勤喂奶即可，不需特殊处理。若生后 24 小时即出现黄疸，持续时间长，足月儿＞2 周、早产儿＞4 周仍不退，甚至继续加深加重或消退后重复出现，为病理性黄疸，需及时就诊。

（七）新生儿脐部情况

脐带残端一般在新生儿出生后 3～7 天脱落。在新生儿脐带残端脱落之前，需保持局部清洁干燥，特别是尿布不要遮盖脐部，以免婴儿排尿后尿液浸湿到脐部创面。要经常检查包扎的纱布外面有无渗液，如有渗液，可用碘伏棉签卷清脐窝，然后盖上消毒纱布。如果脐窝有脓性分泌物，其周围皮肤有红、肿、热，且出现厌食、呕吐、发热或体温不升，提示有脐炎，应立即去医院诊治。

二、婴幼儿亚健康

婴幼儿亚健康是一种介于健康和疾病之间的状态。处于亚健康状态的婴幼儿虽然没有明确的疾病，但却出现精神活力和适应能力的下降，如果这种状态不能得到及时的纠正，非常容易引起心身疾病。

（一）原因

婴幼儿的亚健康多是由于身体里缺少某种微量元素或维生素。怀孕期间营养不良、后天生活环境和生活方式不良等，均可导致婴幼儿免疫力低下。

（二）临床表现

婴幼儿亚健康状态的主要临床表现有面色发黄或晦暗，舌苔白、厚、黄、腻，唇色苍白、青紫、淡黄或红紫，腹部胀气，头发颜色枯黄没有光泽，消瘦、偏食厌食、烦躁、困倦、气短、发育迟缓、注意力难以长时间集中、喜欢咬手、口角炎、上呼吸道感染、毛发干枯、指甲多纹易折断等。

（三）饮食调节

饮食调节就是饮食要有节制、全面均衡，食物要多样化、荤素搭配，保证蛋白质供给，同时摄入充足维生素，适当补充脂肪和糖类。要培养婴幼儿良好的饮食习惯，避免偏食、厌食。

三、婴幼儿口腔、视力、听力发育知识

（一）口腔的发育

婴儿口腔容积较小，口唇四周肌肉强健，脂肪垫发达，有助于吸吮乳汁和吃流质饮食，但是口腔黏膜细嫩，易受损伤。新生儿口腔内牙龈上可能有小白点，俗称“板牙”，属正常现象，不能擦除。唾液腺发育差，唾液少，淀粉酶含量也不足，对细菌和微生物的繁殖有利，如果奶瓶和橡皮乳头消毒不严、口腔不清洁或机体抵抗力下降时，均易发生口腔黏膜的炎症。婴儿一般在出生后6～10个月出乳牙，约两岁半出齐。

（二）视力的发育

新生儿已有视觉感应功能，但只能看清15～20cm距离内的事物；1个月时可凝视光源；2个月起可协调注视物体，初步有头眼协调，头可随移动物体在水平方向上转动；3～4个月头眼协调较好，可追寻活动的物体或人所在的方位；4～5个月开始认识母亲或奶瓶；5～6个月可以注视远距离的物体，7个月能辨别形状和距离；1岁后视力逐渐发展，6岁时接近成人。

（三）听力的发育

新生儿出生时耳内有羊水，听力低下；生后3～7日听觉逐渐敏锐；3～4个月时可有定向反应（头转向声源），听到悦耳声音时会微笑；6个月时能区别父母的声音；7～9个月时能确定声源，区别语气及言语的意义；1岁时能听懂自己的名字；2岁时可精确区别不同声音；4岁时听觉发育完善。

四、婴儿抚触的手法与步骤

婴儿抚触是通过抚触者双手对被抚触者的皮肤和身体各部位进行有次序、有技巧的抚摩，让大量温和的良好刺激通过皮肤的感受器传到中枢神经系统，产生生理效应。

（一）婴儿抚触的目的

1. 促进母婴感情交流。
2. 改善婴幼儿的血液循环，增加抵抗能力。
3. 有利于安抚婴儿情绪，减少哭闹。
4. 有利于婴儿体格及智力发育。

（二）开始前的准备

每次抚触时，所有部位的全程时间总计控制在15～20分钟。可以从任何部位开始，也可以反复地抚触同一部位。应在婴幼儿身体裸露或穿着尿布的状态下抚触，室温控制在25℃即可。抚触的过程中育婴员跟婴幼儿进行交流。

（三）手法与步骤

1. 头面部　用两手拇指腹从眉弓部向两侧太阳穴按摩。两手拇指从下颌部中央向外上方按摩，让上下唇形成微笑状。一手托头，用另一手的指腹从前额发际向上、向后按摩，至两耳后乳突，如图6-1所示。

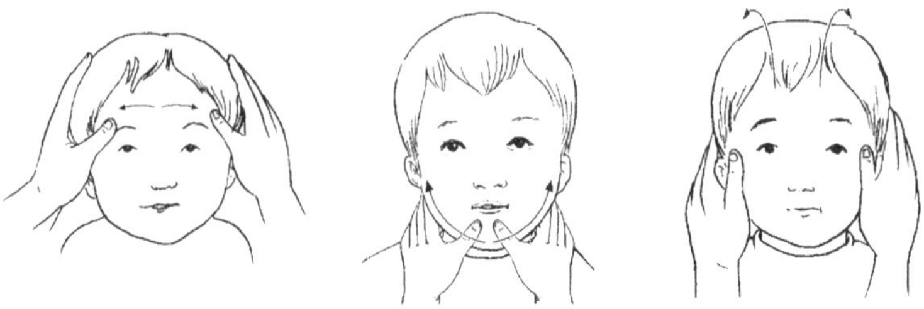

图6-1　头面部抚触

2. 胸部　两手分别从胸部的两侧肋下缘向对侧肩部按摩，应避开乳头，如图6-2所示。

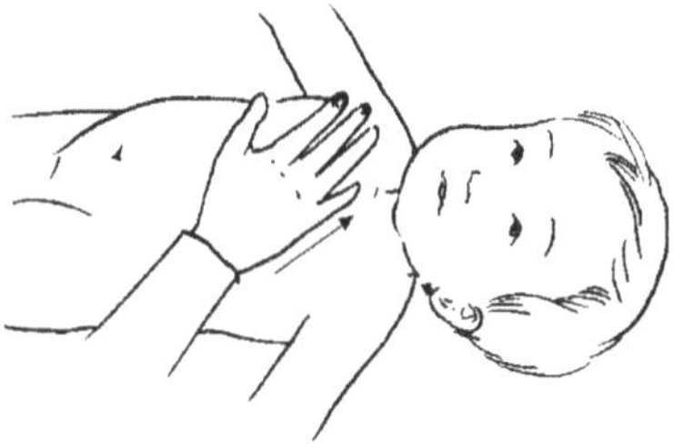

图6-2　胸部抚触

3. 腹部　左手固定婴幼儿的左侧髋关节处，右手示指、中指腹沿升降结肠做“∩”形顺时针抚触，新生儿避开脐部。换手重复。如图6-3所示。

4. 上肢　用右手握住婴幼儿右手，虎口向外，左手从近心端向远心端螺旋滑行达腕部。反方向动作，左手拉住婴幼儿左手，右手螺旋滑行到腕部。然后重复滑行，过程中阶段性用力，轻轻挤压肢体肌肉，然后从上到下滚搓。重复另一侧手臂。如图6-4所示。

5. 下肢　用右手拎住婴幼儿的右脚，左手从大腿根部向脚腕处螺旋滑行。用左手拎住婴幼儿的左脚，右手从大腿根部向脚腕处螺旋滑行。如图6-5所示。

6. 足部　沿着婴幼儿的脚纹方向抚触婴幼儿的脚心，用拇指的指腹从脚跟交叉向脚趾方向推动。然后轻轻揉搓牵拉每个脚趾。如图6-6所示。

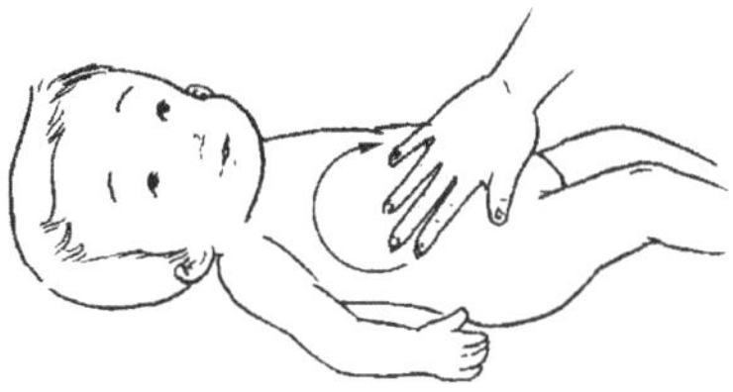

图 6-3　腹部抚触

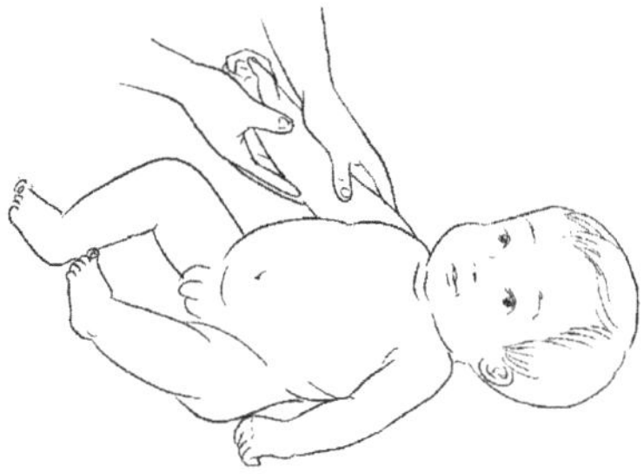

图 6-4　上肢抚触

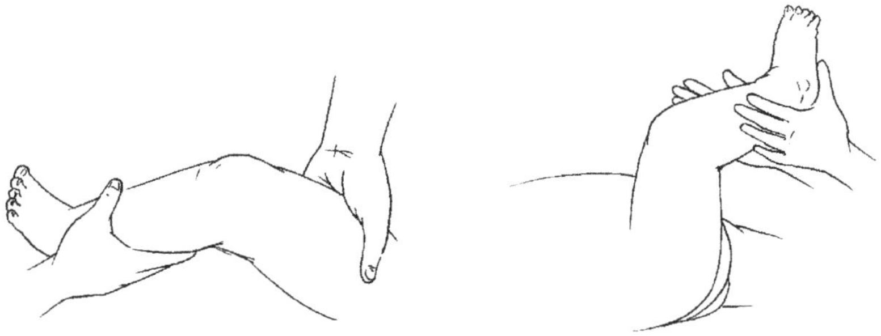

图 6-5　下肢抚触

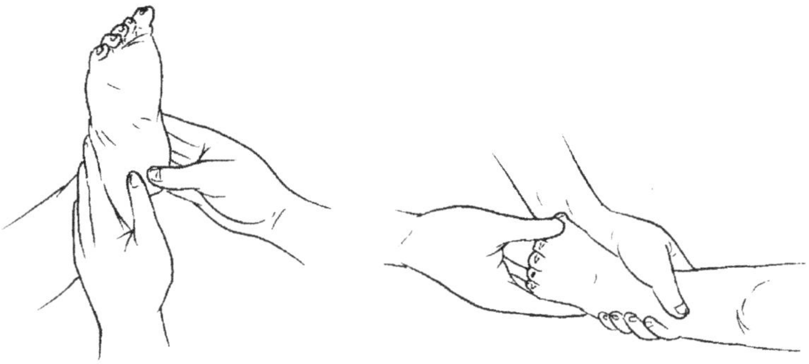

图 6-6　足部抚触

7. 背部　做背部抚触时，婴幼儿取俯卧位，双脚紧贴着育婴员，这样不仅可以让婴幼儿感到舒适，而且有利于增加婴幼儿的运动量。以脊椎为中分线，双手分别放在脊椎两侧，从背部上端开始逐步向下渐至臀部。如图 6-7 所示。

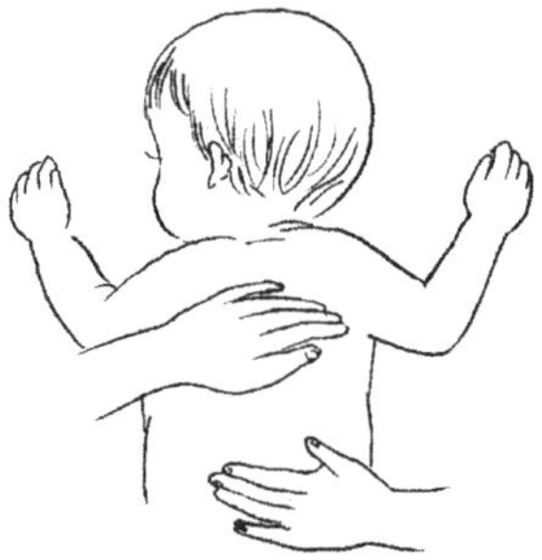

图 6-7　背部抚触

（四）注意事项

1. 抚触一般在婴幼儿吃完奶后 1 小时左右进行，沐浴后最好。

2. 注意室内温度不低于 25℃，因为抚触时婴幼儿最好全身裸露。

3. 抚触前操作者要摘下手上的所有饰物，包括戒指、手表等，要注意指甲要剪短，以免刮伤婴幼儿娇嫩的皮肤。

4. 抚触前用温水洗净双手，以免刺激到婴幼儿。

5. 为了避免婴幼儿的皮肤受到伤害，可用少许抚触油抹在手上起润滑的作用，不要把抚触油直接抹在婴幼儿身上，以免引起婴幼儿不适。

五、三浴的原则和注意事项

婴幼儿的器官正处在发育之中，此阶段可利用自然界的日光、空气、水等不同刺激来进行锻炼，既可以增加机体的耐受力和对疾病的抵抗力，也可以刺激婴幼儿机体良好发育，提高婴幼儿对体力和智力负荷的耐受力。

（一）空气浴

1. 原则和方法　空气浴适用于任何年龄的婴幼儿。时间根据婴幼儿的不同年龄和身体状况确定，可从 5 分钟开始逐渐增加，最长可达 2 小时。空气浴最好从夏季开始，这样婴幼儿能适应气温从热到温、到冷的逐渐过渡，使机体逐步适应。要先从室内开始锻炼，适应后再到室外锻炼，寒冷季节可在室内进行，可以先开门、开窗通风换气，使室内空气清新。锻炼时的室温应逐渐下降，一般每 3～4 天下降 1℃，最低室温 12～14℃，体弱儿不可低于 15℃，气温 30℃以上太热也不适宜。空气浴可与各种活动如主被动操、游戏、体操、走路结合进行。

2. 注意事项

（1）根据季节、天气变化和婴幼儿的身体情况安排锻炼。如有皮肤青紫、面色苍白、发凉等情况需立即停止。

（2）要循序渐进，密切注意婴幼儿的反应，如有皮肤青紫、面色苍白、发凉等情况需立即停止。

（3）对于身体特别虚弱，患有急性呼吸道疾病、各种急性传染病、急慢性肾炎、心瓣膜疾病者应禁止。

（二）日光浴

1. 原则和方法　在进行日光浴前，应先进行 5～7 天的空气浴。冬季在室内做日光浴要开窗。满月后可以到户外晒太阳，时间长短要依据婴幼儿年龄大小和耐受情况来定，一般从 5 分钟逐渐延长到 30 分钟，夏天适宜在上午 8～9 点、下午 15～17 点，冬天可在中午进行。选择清洁、空气流通但又避开强风的地方。尽量露出婴儿皮肤。在婴幼儿出门前打开门窗，让婴幼儿有个适应的过程再出门。日光浴后可继续擦浴或淋浴。

2. 注意事项

（1）要防止日光直射婴幼儿的眼睛。如果太阳光很强，要给婴幼儿带上太阳帽，或选择在树荫下进行，以保护眼睛。

（2）婴幼儿生病时如有发热、严重的贫血、心脏病及消化系统功能紊乱、身体特别虚弱，不宜进行日光浴。

（3）日光浴后要及时给婴幼儿喂水。

（4）不要隔着玻璃晒太阳，尽量让阳光直接接触皮肤。

（5）要注意观察婴幼儿的反应，如脉搏、呼吸、皮肤发红及出汗情况，以判断婴幼儿可接受日光照射的时间和强度。若日光照射后，婴幼儿出现虚弱感、大汗淋漓、神经兴奋、睡眠障碍、心跳加速等情况，应减少或停止日光照射。

（三）水浴

皮肤上的污垢是细菌生长繁殖的温床，还能堵塞毛囊口，影响皮肤的排泄作用。对婴幼儿水浴可清除污垢，同时增加机体的耐受力和对疾病的抵抗力。常见的水浴有温水浴、冷水擦浴、冷水淋浴及游泳等。

（1）温水浴：适用于新生儿及婴儿。脐带脱落后即可进行，室温 24～26℃，水温 35～37℃，时间约 10 分钟，对于较大的婴儿，水温可稍低些。浸浴的方式是用较大的盆盛水，婴儿半仰卧位于盆中，让婴儿颈部以下身体全部浸入水中，浸浴完毕，立即用大毛巾包裹好擦干，婴儿皮肤以轻度发红为宜，每天一次。

（2）冷水擦浴：适用于 6 个月以上婴幼儿，体弱儿也可用。室温应在 20℃以上，开始可用 35℃左右温水擦浴，以后水温可每隔 2～3 天下降 1℃，降至 26℃左右，选择吸水性好的毛巾浸入温水后拧成半干，给婴幼儿擦浴、摩擦全身皮肤。按上肢→胸→腹→侧身→背→下肢的顺序，摩擦至皮肤微红，完毕后用干毛巾擦干。

（3）冷水淋浴：适用于 2 岁以上婴幼儿，室温应在 20℃以上，水温从 33～35℃开始，以后每 2～3 天降低 1℃。逐渐降至 26～28℃，可用冷水冲淋全身，按上肢→胸背→下肢的顺序冲浴，但不要冲淋头部。冲淋完毕后立即用干毛巾擦干，穿好衣服。

第三节　心理与行为观察

技能要求

1. 能观察婴幼儿运动、认知、语言、社会性发展的异常情况。
2. 能初步观察与发现婴幼儿行为问题。

一、运动、认知、语言、社会性发展的特点

（一）婴幼儿运动发展的特点

1. 粗大动作发展的特点

（1）0～6 个月为原始反射支配时期，以移动运动为主，包括仰卧、侧卧、俯卧、翻身、蠕行、抱坐、扶坐等。

（2）7～12 个月为步行前时期，仍然以移动运动为主，包括独坐、爬行、扶站、姿势转换、花样爬（障碍爬）、扶走等。

（3）13～18 个月为步行时期，以行走平衡感发展为主，包括站立、独立走（向不同方

向走、直线走、曲线走、侧身走、倒退走)、攀登、掌握平衡等。

(4)19～36个月为基本运动技能时期，以技能运动为主，包括跑(追逐跑、障碍跑)、跳(原地向上跳、向前跳)、投掷(投远、投向目标)、单脚站立、翻滚、走平衡木、抛物接物、玩运动器械(坐滑梯、荡秋千、蹬童车)等。

2. 精细动作发展的特点

(1)婴幼儿精细动作发展的顺序：从握持反射消失到有意识的取物，再到用手玩弄小物品，对物品进行换手、捏、敲等动作，逐渐能用拇、示指取物，到能翻书、堆积木等。

(2)婴幼儿精细动作的发展必须以大动作发展为基础。

(二)婴幼儿认知能力发展的特点

婴幼儿认知能力包括感知、注意、学习、记忆、思维和想象等多种能力，是婴幼儿对外界物质刺激的综合反应。其发展的特点如下。

1. 婴幼儿需要在丰富而适宜探索环境中发展认知能力，在观察、动手操作和思考中认识世界。

2. 每一个正常的婴幼儿都具有很强的学习能力。成人可以跟随婴幼儿探索的兴趣，创设丰富的环境，启发婴幼儿自主学习。通过视觉、听觉、触觉和前庭平衡方面的训练，可以大大提高婴幼儿大脑的感觉统合功能。

(三)婴幼儿语言能力发展的特点

1. 理解先于表达。在婴幼儿语言发展过程中，理解先于表达，婴幼儿在听懂别人说话的基础上才开始说话。一般在说出10个词之前，已经能听懂50个词。当婴幼儿能够听懂语言后，要及时对他的言行加以肯定和赞赏。

2. 非口语表达突出。在婴儿期，非口语表达主要依靠眼神、身体姿势及动作、面部表情等，这些都可以正确表达婴儿的感受和需求。

3. 对词的理解是有序的。婴幼儿理解成人的语言是按照名词、动词、其他词类的顺序进行。

4. 语言的理解与经验有关。婴幼儿对语言的理解是建立在婴幼儿的感知经验、概念建立、对符号口语理解的基础上。

(四)社会行为的发展特点

婴幼儿的社会行为是各年龄阶段相应心理功能发展的综合表现。

1. 儿童情绪的社会化是在人际交往中逐渐实现的，如新生儿对成人的声音、触摸等可产生愉快反应。6～7 个月时形成母婴依赖，同时可产生“分离性焦虑”，并出现害怕陌生人，表现为避开目光、皱眉、紧紧依偎母亲等。

2. 8～18 个月时能分辨他人的情绪表情，并做出相应的情绪、行为反应，特别是母亲的情绪表情对婴儿有很重要的影响，婴儿的情绪及行为反应与母亲的情绪表情有很大的一致性。儿童的社会性交往对其心理和社会性发展有着重大影响，与母亲的交往影响着儿童认知、言语、情感、个性品质、社会性行为等方面的健康发展。与同伴交往在学习社交技能、情绪情感及认知能力的发展、婴儿个性和自我概念的形成及发展等方面有着重要意义。

3. 2 岁左右时，社会性游戏超过单独游戏，与母亲的交往明显呈下降趋势。

4. 3 岁后人际交往更广泛，与他人同玩游戏，能遵守游戏规则，以后随着接触面不断扩大，对周围人和环境的反应能力更趋完善。

二、婴幼儿行为问题特征

进行 0～3 岁儿童健康管理时，常规进行相应月龄的婴幼儿行为问题发育情况询问和发育评估，以便及时发现、识别具有发育迟缓风险的儿童，如发现儿童存在发育监测可疑或按年龄段下列任何一条预警征阳性，建议进一步做标准化发育筛查。婴幼儿行为问题特征见表 6-1。

表 6-1　婴幼儿行为问题特征

年龄	行为问题
3 月龄	对很大声音没有反应，不注视人脸，不追视移动的人或物品，逗引时不发音或不会笑，卧时不会抬头
6 月龄	发音少，不会笑出声，紧握拳不松开，不会伸手及抓物，不能扶坐
8 月龄	听到声音无应答，不会区分生人和熟人，不会双手传递玩具，不会独坐
12 月龄	不会挥手表示“再见”，或拍手表示“欢迎”，呼唤名字无反应，不会用拇、示指对捏小物品，不会扶物站立
18 月龄	不会有意识地叫“爸爸”或“妈妈”，不会按要求指人或物，不会独走，与人无目光对视
2 岁	无有意义的语言，不会扶栏上楼梯/台阶，不会跑，不会用勺子吃饭
2 岁半	兴趣单一、刻板，不会说 2～3 个字的短语，不会示意大小便，走路经常跌倒
3 岁	不会双脚跳，不会模仿画圆，不能与其他儿童交流、游戏，不会说自己的名字

（钟　娅）

第七章
教育实施

第一节　动作发展指导

技能要求

1. 能帮助与指导婴幼儿进行抬头、翻身的练习。
2. 能帮助与指导婴幼儿进行坐、爬的练习。
3. 能帮助与指导婴幼儿进行站立、行走的练习。
4. 能指导婴幼儿进行跑、跳、投掷的练习。
5. 能指导婴幼儿进行精细动作的练习。

一、婴幼儿动作训练的内容与方法

婴幼儿动作技能发展体现在大动作技能的发展和精细动作技能的发展两个方面。

（一）婴幼儿粗大动作训练内容

婴幼儿粗大动作技能训练的基本内容包括：抬头、翻身、坐、爬、走等。通过反复练习，实现动作的方式就巩固下来、熟练起来，某些动作就从意识中解放出来，变成自动化的动作。婴幼儿粗大动作发展的顺序见表 7-1。

表 7-1　0～3 岁婴幼儿粗大动作发展顺序及年龄状况

粗大动作发展项目	开始年龄（个月）	达到平均操作水平年龄（个月）	发展较晚年龄（个月）
俯卧时抬头看东西	0	1.8	4
俯卧时抬头 45°	1	2.7	7
俯卧时抬头 90°	1	3.7	6
独坐时头前倾	2	4.5	6
翻身	2	5.5	7
俯卧前臂支撑	2	5.6	7
扶腋下站腿能蹬	3	6.6	8
在小车内坐着玩玩具	4	6.7	9
独坐	5	7.0	8
俯卧着打转	3	7.5	10

续表

粗大动作发展项目	开始年龄（个月）	达到平均操作水平年龄（个月）	发展较晚年龄（个月）
爬	5	9	12
自己控制站起来	7	9	12
独站片刻	5	9.8	11
从站位到坐位	6	10	12
扶双手可以迈步	6	10.7	12
扶栏可以走来走去	7	10.9	14
扶一手可以走	9	11.8	14
独站	8	11.9	14
开始走 1～2 步即倒入怀里	10	13.3	14
独走几步较稳	11	14.8	16
不扶东西可自己蹲下	12	15	18
独自走路	12	15	16
扶拦上楼一阶一阶	13	17.5	19
会抱着玩具走	13	18.2	26
会踢球无方向	13	18.8	22
跑几步稳	14	19.3	20
不扶栏上台阶 1～2 阶	16	19.5	20
会自己上下床	11	20.5	22
踢球较准	16	21.5	23
跑 5～6m	16	21.5	23
有意识跳但脚不离地	16	24	28
不扶独自上楼 2～3 阶	21	26	28
独脚站 1～2 秒	20	26.7	30
会双脚跳离地面	21	26.8	30
模仿做两三个动作	21	27.6	31
双脚跳远	18	28.1	31
会独立不扶下楼 2～3 阶	22	28.5	30
独脚站 5～10 秒	21	29	32

（二）婴幼儿粗大动作训练方法

1. 抬头动作训练

适宜年龄：0～3 个月。

练习次数：每天 4～5 次。

训练方法如下。

（1）竖抱抬头：喂奶后竖抱着婴儿，使婴儿头靠在父母肩上，轻拍几下婴儿背部，使其打嗝以防吐奶。不要扶住头部，让婴儿头部自然立直片刻，以促进颈部肌肉张力的发展。

（2）俯腹抬头：母亲平卧，让婴儿空腹时将他放在母亲胸腹前，把双手放在婴儿背部按摩，引逗婴儿抬头。

（3）俯卧抬头：两次喂奶之间让婴儿俯卧在床上，按摩婴儿背部，用华铃棒引逗婴儿抬头，并左右侧转动。

2. 翻身动作训练

适宜年龄：3～6个月。

练习次数：每天4～5次。

训练方法如下。

（1）被动翻身(滚西瓜游戏)：两次喂奶中间、婴儿处于觉醒状态时，将婴儿放置硬床板上，取仰卧位，衣服不要太厚。把婴儿左腿放在右腿上，以育婴员的左手握婴儿的左手，右手轻轻刺激婴儿的背部，边做动作边念儿歌“滚滚滚，滚西瓜”，使婴儿被动向右翻身。然后用同样的方法进行相反方向的训练。

（2）引逗翻身：婴儿侧卧在床上，用玩具在婴儿一侧引逗，让婴儿半自主翻身。

（3）自主翻身：婴儿仰卧在床上，自主地从仰卧到俯卧。

3. 坐的动作训练

适宜年龄：5～7个月。

练习次数：每天4～5次。

训练方法如下。

（1）拉坐：婴儿在仰卧位时，握住婴儿的手，将婴儿拉坐起来，注意让婴儿自己用力，育婴员仅用很小的力，以后逐渐减力，或让婴儿仅握住育婴员的手指拉坐起来，婴儿的头能伸直，不向前倾。

（2）扶坐：育婴员呈坐位，婴儿坐在育婴员腿上，育婴员双手托着婴儿的腋下或扶着髋部，让婴儿坐稳持续几分钟。

（3）靠坐：将婴儿放在有扶手的沙发或小椅子上，让婴儿靠坐着玩，育婴员给予一定的支撑，逐渐减少支撑，每日数次，每次10分钟。

（4）独坐：在靠坐的基础上练习独坐，先给予一定支撑，以后逐渐撤去支撑。但每次坐的时间不能超过I5分钟。

4. 爬的动作训练

适宜年龄：7～10个月。

练习次数：每天4～5次。

训练方法如下。

（1）俯卧，抵足匍行：婴儿胸部离床，身体重心落在手上，有时婴儿双腿也离开床铺，以腹部为支点在床上打转。育婴员用手抵住足底，促进婴儿匍行。

（2）手足爬行：用毛巾提起婴儿腹部，练习手足爬行。

（3）花样爬行：用玩具逗引婴儿向前、向后、向左、向右爬行。

5. 站立动作训练

适宜年龄：10～12个月。

练习次数：每天4～5次。

训练方法如下。

（1）扶物站起：让婴儿从卧位拉着东西或牵一只手站起来，或把婴儿抱到椅子、沙发旁边，诱导婴儿扶着东西站起来，在站位时用玩具引逗 3～5 分钟，扶着婴儿双手慢慢坐下，扶站几分钟后要扶坐，以免疲劳。

（2）坐膝站起：育婴员盘腿坐在地垫上，让婴儿坐在育婴员的腿上，育婴员帮助婴儿站起来再坐下，反复多次。

（3）坐椅站起：让婴儿坐在高度适宜的椅子上，练习站起来再坐下。

（4）站起坐下：育婴员用语言要求婴儿站起或坐下，训练婴儿能较灵活地站起坐下，建立平衡感。

6. 行走动作训练

适宜年龄：12～16 个月。

练习次数：每天 4～5 次。

训练方法如下。

（1）推车走：提供小推车，让婴幼儿扶着推车的扶手，边推车边走。育婴员要跟在旁边保护婴幼儿，及时用语言鼓励婴幼儿。

（2）独走几步：两人面对面站立，让婴幼儿在两人之间走过来，再走过去。也可以用玩具在距离婴幼儿几步远的地方逗引婴幼儿前进，当婴幼儿走到玩具处，要让婴幼儿玩玩具，体验成功的喜悦。

（3）踢球走：育婴员将球放在婴幼儿脚的前方，鼓励婴幼儿用脚踢球，并鼓励婴幼儿追球走，追上了再踢球，反复进行。育婴员要及时帮助婴幼儿将球放在脚的前方。

7. 跑的动作训练

适宜年龄：17～24 个月。

练习次数：每天 4～5 次。

训练方法如下。

（1）跑步扶停：幼儿刚开始学习跑步，平衡感不够好，动作的控制能力不够强，往往跑起来很难停下来，所以要让幼儿和家长面对面一段距离，让幼儿向家长方向跑，家长扶停。

（2）抛球捡球：育婴员将球抛到远处，并鼓励幼儿跑步捡球。捡到球再抛球，反复进行。育婴员要及时表扬幼儿捡到球。

8. 跳的动作训练

适宜年龄：25～30 个月。

练习次数：每天 4～5 次。

训练方法如下。

（1）双足跳下一级台阶：育婴员用双手牵着幼儿从最后一级台阶跳下，或散步时由父母牵着幼儿的双手、双足往前跳跃。

（2）双脚向上跳：育婴员和幼儿面对面手拉手，鼓励幼儿用力向上跳。

（3）兔子跳：育婴员让幼儿模仿小兔子双脚向前行进跳的动作。

9. 投掷的动作训练

适宜年龄：30～36 个月。

练习次数：每天 4～5 次。

训练方法如下。

（1）单手肩上投掷：肩上挥臂投掷小沙包。

（2）双人相互投掷：两人近距互抛互接大球。

（三）婴幼儿精细动作训练内容

婴幼儿精细动作一般是指手上的捏、握、旋转、托、扭、拧、撕、推、抓、刮、拨、压、挖、弹、鼓掌、夹、穿、抹、拍、摇等。

精细动作训练有利于开发脑智慧，有利于手脑协调性发展等。早期精细运动技能的顺利发育和有效发展可利于早期脑结构和功能成熟，进而促进认知系统发展。婴幼儿精细动作发展顺序见表7-2。

表 7-2　0～3 岁婴幼儿精细动作发展顺序及年龄状况

精细动作发展项目	开始年龄（个月）	达到平均操作水平年龄（个月）	发展较晚年龄（个月）
手中玩具一会即掉	0	1.5	3
乱敲打手中玩具	1	2.7	4
抓自己衣服、被角不放	1	2.8	4
会看手玩手	2	2.8	4
明确注视手中玩具	2	4.5	6
大把抓玩具	3	6.9	8
会用手空挠桌面	3	7.5	8
用手弄倒桌面上的东西	4	7.5	9
可把玩具抓到手	4	7.5	8
爱撕纸	4	8	11
拇指、他指握	5	8.5	11
拇指、示指抓握	6	9	11
有意将玩具放手	5	10.3	11
将小丸放入瓶中	9	13.5	15
翻书 5～6 页	11	15.5	16
用手掌握笔乱画	11	16.8	19
有握笔姿势但不准确	16	18.8	22
翻书一次 2～3 页	16	19	22
用玻璃丝穿扣洞，但不会玩	16	21.5	24
会折纸 2～3 折	16	22.8	24
手握笔正确	16	23.6	24
会一手端碗吃饭	21	24.6	26
用玻璃丝穿扣洞，会玩	21	24.6	26
用积木搭桥	21	24.8	27
会一页一页翻书	18	24.8	26
折纸有边角	21	30.6	33
会在水龙头下自己洗手、冲手	21	30.7	33

（四）婴幼儿精细动作训练方法

1.“抓握”动作训练

适宜年龄：0～3 个月。

练习次数：每天 4～5 次。

训练方法如下。

“小摇铃”游戏：培养婴幼儿看、听能力，练习抓握动作。步骤如下：婴儿仰卧，在婴儿眼前 30cm 处轻轻地摇晃小摇铃，让婴儿听、看。当婴儿注视后再从左到右、从右到左地摇晃摇铃，让婴儿追随转头。

2.“拍打”动作训练

适宜年龄：3～5 个月。

练习次数：每天 4～5 次。

训练方法如下。

“拍打串铃”游戏：训练用手拍打串铃的动作，感知动作与声音的关系，建立听觉和动觉的联系。步骤如下：①串铃吊在音乐健身架上（取下健身架上的其他物品）；②婴儿仰卧，将音乐健身架放在婴儿胸前，育婴员拍打串铃，吸引婴儿兴趣；③握着婴儿的手，拍打健身架上的串铃，同时说“拍拍拍，铃铛叮叮叮”，鼓励婴儿自己用手拍打串铃。

3.“取物”动作训练

适宜年龄：6～9 个月。

练习次数：每天 4～5 次。

训练方法如下。

“抓糖果"游戏：训练婴儿五指抓的动作。步骤如下：①准备纸包的糖果人手一大碗；②育婴员出示一碗糖果，示范用五指抓；③婴儿独自在妈妈的前面，妈妈提供一碗糖果，鼓励婴儿抓糖果，妈妈在一旁说“宝宝抓糖果”，并将洒出的糖果拣起放进碗里。

4.“松手投入”动作训练

适宜年龄：10～12 个月。

练习次数：每天 4～5 次。

训练方法如下。

“小球入杯”游戏：训练婴儿松手动作和对准投入的动作。步骤如下：①准备乒乓球若干个，高杯子一个；②育婴员示范将乒乓球投入杯子；③育婴员让婴儿把乒乓球投入杯子，并发出“咚咚”的声音，激发婴幼儿的兴趣。

5.“套”动作训练

适宜年龄：13～15 个月。

练习次数：每天 4～5 次。

训练方法如下。

“彩色套塔”游戏：练习将套圈拿出柱子、套进柱子的动作，训练手眼协调。步骤如下：①准备彩色套塔玩具，每人一个；②育婴员和幼儿面对面，示范将套圈一个一个地拿出柱子，再一个一个地将套圈套进柱子；③鼓励幼儿将套圈一个一个地拿出柱子，再由育婴员按大小的顺序将套圈逐个递给幼儿，让幼儿一个一个地将套圈套进柱子，反复 2～3 次。

6.“示指拨珠子”动作训练

适宜年龄：13～15 个月。

练习次数：每天 4～5 次。

训练方法如下。

“示指拨珠子”游戏：训练用示指拨珠子的动作。步骤如下：①准备五色拨珠器，每人一个；②育婴员和幼儿面对面坐着，示范用示指拨的珠子，让幼儿模仿；③手把手指导幼儿用示指一个一个地拨红色的珠子。

7.“敲打”动作训练

适宜年龄：16～18 个月。

练习次数：每天 4～5 次。

训练方法如下。

“拍小鼓”游戏：练习敲打的动作，通过敲打小鼓发出声音，理解动作和声音的关系。步骤如下：①准备小鼓、鼓槌，每人一个；②育婴员出示小鼓，告诉幼儿“这是小鼓”，敲打小鼓引起幼儿的兴趣；③育婴员和幼儿面对面，育婴员敲打鼓，再让幼儿自己敲打鼓，使其发出声音，同时嘴里发出“咚咚咚”的节奏。

8.“二指捏”动作训练

适宜年龄：19～21 个月。

练习次数：每天 4～5 次。

训练方法如下。

“二指捏”游戏：练习二指捏动作，手眼协调对应镶嵌。步骤如下：①准备家畜小抓手板，每人一片；②育婴员和幼儿面对面坐着，指着板上的图，让幼儿说出家畜的名称；③育婴员让幼儿请小动物出来玩，二指边捏住小动物边说，“请某某动物出来玩”，把小动物放到板的外面；④育婴员说“天黑了请小动物回家”，让幼儿二指捏住小动物摆放嵌板，边放边说“请小动物回家”。

9.“搭高楼”动作游戏

适宜年龄：22～24 个月。

练习次数：每天 4～5 次。

训练方法如下。

“搭高楼”游戏：学习用积木垒高、架空的挂巧，培养想象建构能力。步骤如下：①准备彩色积木每人一盒；②育婴员出示彩色积木，示范用积木垒高、架空盖高楼；③育婴员和幼儿一起搭高楼；④欣赏幼儿的作品，让幼儿说说高楼的门在哪里，窗户在哪里。

10.“折”动作的训练

适宜年龄：25～36 个月。

练习次数：每天 2～3 次。

训练方法如下。

“折手绢”游戏：学习边对边对折的动作，训练手眼的协调性。步骤如下：①准备彩色正方形毛边纸，每人一张；②让幼儿跟着老师折“手绢”先边对边折成长方形，强调要对齐，转个方向，再边对边折成正方形；③让幼儿欣赏自己折的方形“手绢”。

第二节 语言能力培养

技能要求

1. 能与婴幼儿一起玩语言互动游戏。
2. 能为婴幼儿讲故事。
3. 能为婴幼儿念儿歌、童谣。

一、与婴幼儿一起玩语言互动游戏

引导婴幼儿多说话，需要育婴员花费较多心思。教婴幼儿说话时，要以婴幼儿的兴趣、喜好为中心，不可强迫他说较涩的语句。在跟婴幼儿说话时，应放慢速度，句子尽量简单。此外，话尾可留一段空白时间，让婴幼儿有机会轮流说话，增加其说话的能力。

在与婴幼儿做游戏过程中，试着让婴幼儿来控制游戏，这会让他们建立自信心，育婴员仍然参与游戏，并适时引导和添加语言。

二、进行语言互动游戏的要求与注意事项

育婴员在日常生活中要学会与婴幼儿一起玩语言互动游戏，游戏时有以下要求与注意事项。

1. 吸引婴幼儿的视线，让婴幼儿把注意力集中到育婴员的脸上。同时注意眼神的交流，保持与婴幼儿对视。在他面前做出张嘴、吐舌或其他各种表情，并用亲切温柔的声音和婴幼儿“谈话”，让他注意到育婴员的口型和面部表情，逗他发音。

2. 运用夸张的表情，模仿小动物的声音给婴幼儿听，同时模仿不同小动物的动作，这样让婴幼儿更加感兴趣。

3. 用亲切、温柔的声音和婴幼儿讲当前他面对的事、物。比如对他说“宝宝在吃小手吗？”、“妈妈给你洗脸，好吗？”、“小宝喝奶啦！”等等。这样可以教婴幼儿在情景中理解语言。

三、讲故事、念儿歌与童谣的要求与注意事项

育婴员在日常生活中给婴幼儿讲故事、念儿歌与童谣有以下要求与注意事项。

1. 为婴幼儿选择的故事内容应是婴幼儿生活中经历的内容，容易理解，为婴幼儿选择的儿歌、童谣应该押韵、有节奏感、有变化，朗朗上口。

2. 为婴幼儿讲故事、念儿歌和童谣时最好固定内容，不宜频繁更换，否则不利于婴幼儿大脑的发育和记忆力的发展。如果在婴幼儿还不会说话的阶段，可以让其跟着育婴员的

节奏做动作，锻炼其语言能力。

3. 为婴幼儿讲故事、念儿歌和童谣时，最好配有卡片或图画，并且让婴幼儿自己拿着卡片或图画，使婴幼儿真正成为阅读的主人。

第三节 认知能力培养

技能要求

1. 能与婴幼儿一起玩触摸、听觉、视觉、嗅觉、味觉活动。
2. 能正确鼓励与呵护婴幼儿的好奇心。

一、婴幼儿味觉、视觉、听觉、嗅觉和触觉发展的训练方法

触觉、听觉、视觉、嗅觉、味觉是婴幼儿感知觉体系中十分重要且必不可少的组成部分，是婴幼儿认识外界事物的重要途径。

1. 味觉训练方法

（1）方法一：喂果汁。适当给婴儿喝一点各种水果榨成的果汁，既可以刺激味觉的发育，又可以增加维生素的摄入，为以后添加各种辅食作好味觉上适应的准备。

（2）方法二：及时添加辅食。婴儿 6 个月时，无论母乳是否充足，都要开始逐渐添加辅食，一方面是为了满足婴儿身体发育的营养需求，另一方面也是为了让婴儿习惯除了母乳或其它乳品以外的味道，让其味觉能够更快适应其他食物的味道为以后断奶作准备。

2. 视觉训练方法　3 个月以内的婴儿可以进行注视活动的训练，每天不限次数，每次 1 分钟左右。家长可以用硬纸片自制成边长为 20 厘米的方形卡片，画上对称性的图案，比如靶心图、彩色方块，也可以是“妈妈”“爸爸”“宝宝”等汉字的放大版，卡片放在距离婴儿 30 厘米左右的地方，每一张看 20～30 秒。每隔 2～3 天更换一次图案，保持婴儿的新鲜感，训练婴儿的注意力和感知力。

3. 听觉训练方法　6 个月以下的婴儿可以进行熟悉语言的训练，每天不限次数、每次 10～20 秒。可以把婴儿抱起来，和婴儿面对面说话，也可以把婴儿放在床上，从不同角度叫婴儿的名字，婴儿会扭头寻找声音的来源，久而久之还能分辨出不同人的声音，听懂自己的名字。在喂食、洗澡、穿衣服的时候要告诉婴儿现在在做什么，有意识的培养婴儿的语言感受力。

4. 嗅觉训练方法

（1）方法一：闻花的气味。带婴幼儿到户外闻各种花的气味。边闻边说“花香、花香”。

（2）方法二：闻生活用品。可以将婴幼儿的生活用品，如香皂、爽身粉、香水等给婴幼儿闻一闻。这种训练可以促进婴幼儿的嗅觉能力的发展。

5. 触觉训练方法

（1）方法一：主动找乳头。新生儿的嘴唇是触觉最敏感的部位，喂奶时可以将乳头在婴幼儿口边晃动，让他主动寻找乳头，以训练婴儿主动探求事物的能力。

（2）方法二：抚摸头和四肢。在婴幼儿觉醒或洗澡时，用手掌抚摸婴幼儿的皮肤，如头部、四肢、脚、腹部、背部、足背、手背等。

二、开展婴幼儿触摸、听觉、视觉、嗅觉、味觉游戏的要求与注意事项

育婴员在日常照护婴幼儿时，能与婴幼儿一起玩触摸、听觉、视觉、嗅觉、味觉活动，在各种活动中有以下要求及注意事项。

（一）开展婴幼儿触摸、听觉、视觉、嗅觉、味觉游戏的要求

1. 促进婴幼儿对身体各个位置的认知、了解，培养婴幼儿的自我身体概念。

2. 培养图形和颜色意识。3～4 个月能分辨简单的图形，1 岁能认识红色；2 岁时认识黄色、红色两种颜色，并能认识一些基本的形状如圆形、三角形、方形等。

3. 培养大小意识。2 岁时有了大、小的概念，3 岁时有了大、中、小的概念。

4. 培养空间概念。空间概念的发展始于感知发育。出生至 3 个月主要靠嘴的触觉来感触，接着是视感觉和听感觉：1 个月能够盯着进入眼帘的东西；2 个月以后会追视；4 个月具有了定向反应，声音、光亮的刺激会使婴儿转头去寻找声源或光源；1 岁左右开始有时间和空间的知觉萌芽；3 岁可以分辨上、下概念。

5. 培养时间概念。在日常生活中逐渐让婴幼儿感受到时间的概念，如早上、晚上、昨天、今天、白天、黑夜等。

6. 记忆力的发展。2～3 个月时，婴幼儿开始有了长时记忆；4 个月可以识别人与物；6 个月能够认识熟人和陌生人；10～11 个月能模仿成人的动作，如挥手做“再见”；1 岁有了回忆，会寻找藏起来的东西；1 岁以前的婴儿记忆力比较差，5～6 个月时可以认识并记住自己的母亲，但保持时间很短。2 岁以后形象记忆开始占主导地位。

（二）开展婴幼儿触摸、听觉、视觉、嗅觉、味觉游戏的注意事项

1. 挑选婴幼儿感兴趣的东西激发好奇心，让婴幼儿多听、多说、多看、多动手。

2. 适度帮助，不要过早给答案，同时一件一件地教，一样一样地学，避免混淆。

3. 多次重复，强化记忆（重复十几遍甚至几十遍）。

4. 使用简洁、规范的语言，少用叠字与幼儿对话，如“吃饭饭”“睡觉觉”“洗香香”，不要把电灯说成“亮亮”等。

5. 对同一类物品要提供不同的样品。如车灯、吊灯、台灯、路灯、壁灯等，使婴幼儿的认识从具体到抽象，逐步理解“词”的概括作用，发展思维能力。

6. 认知能力训练要注重过程，不可过分追求结果。

第四节 社会性（情感）能力培养

技能要求

1. 能辨识婴幼儿的啼哭，并给予及时的回应和适宜的保教。
2. 能与婴幼儿保持良好的关系。

一、婴幼儿啼哭的缘由、类型和特征

啼哭是婴儿时期极为常见的一种表现，它是婴幼儿表达自己的要求与痛苦的“特殊语言”，一般来说，婴幼儿的哭在生理上可因为惊吓、饥饿、冷或热、疲惫、纸尿裤湿了、枯燥、身体不舒服（如肠绞痛）等发生；在心理上因为委屈、害怕、不满、发泄、寻求关注等发生。但如果婴幼儿经常啼哭，就要分析原因并找到相应处理方法。

啼哭有不同类型和特征，听到哭声经辨识后应给予及时的回应和适宜的保教。

1. 饥饿的哭声　出生时就有的哭声，在6个月以前是比较突出的一种哭声，节律性比较强，是婴儿最基本的哭声。啼哭时闭眼、双脚乱蹬。

2. 疼痛的啼哭　此类啼哭也是出生时就有，特点是突然高声大哭，事先没有呜咽，也没有缓慢哭泣，连续大哭数秒，接着平呼气、吸气，抽噎。

3. 受到惊吓的啼哭　出生时就有，特征是突然发作，强力刺耳，伴有较短的嚎叫。

二、婴幼儿依恋的相关知识

婴幼儿时期，婴幼儿吃、喝、拉、穿、行只有依靠成人才能实现，因此他们通常会对抚养者产生依赖，并逐渐发展形成依恋。

（一）依恋的类型

1. 安全型依恋　安全依恋于抚养者的婴幼儿，当抚养者在场时，会自由地进行探索、与陌生人打交道，在抚养者离开时会表现得心烦意乱，并在看到抚养者返回时表现得高兴。

2. 抵抗型依恋　抵抗型依恋的婴幼儿会对探索行为及陌生人感到焦虑，即使抚养者在场亦如此。抚养者的离开会使婴幼儿十分沮丧、害怕。当其返回时婴幼儿会表现出矛盾心态，既想寻求保持与抚养者的亲密关系，但会产生怨恨且在抚养者开始关注时进行抵抗，这种依恋属于非安全性依恋。

3. 回避型依恋　回避型依恋的婴幼儿会回避或忽视抚养者的存在，表现为在抚养者离开或返回时几乎没有任何情感回应。无论什么人在场，婴幼儿都很少有探索行为。对待陌生人及家人的态度没有什么分别，这种依恋也同样属于非安全性依恋。

（二）婴幼儿保持良好依恋关系

健康的依恋关系，会让婴幼儿产生足够的安全感和信任感，能帮助婴幼儿形成健康成熟的人格和平和、积极的心态，促进身心健康发展，故而需要家长和育婴员做到以下几点。

1. 要有敏锐的观察力，要用心去观察和发现婴幼儿的情绪变化和需要，能敏感地感受婴幼儿的情绪变化，并给予积极回应，陪他一起玩耍和探索，对他的行为表示鼓励、支持、赞许，而不是否定、训斥、责骂。

2. 经常和婴幼儿对话和抚摸，这样使婴幼儿更加有安全感，而温柔的、正向的对话会让婴幼儿感觉到快乐、温暖、安全、信任。

3. 管理好自己的情绪，不把工作中的情绪带回家，在陪伴的过程中展示自己阳光、积极、耐心、温柔的一面。

（蒙　娟）

第三部分

育 婴 师

（四级）

第八章 生活照料

第一节 喂　　养

技能要求

1. 能进行断奶期的护理。
2. 能进行呛奶的预防和处理。
3. 能处理混合喂养、人工喂养中出现的问题。
4. 能为不同月龄段婴幼儿选择适合的饮水工具。

一、断奶的相关知识

母乳对婴幼儿来说虽然是绝佳的养分来源，但是在婴幼儿成长到一定阶段，母乳已不能满足其生长发展的需要，而如果婴幼儿又贪恋母乳排斥其他食物，这时就需要断奶，也是人们常说的“母婴的第二次分离”。

1. 断奶时间　世界卫生组织倡导母乳喂养到两岁以后再断奶，或者有条件的话婴幼儿一直母乳喂养直到自然离乳。但实际上人们生活节奏快，且母乳的营养成分在 1 岁以后已不能满足婴幼儿生长发育的需要。因此，婴幼儿断奶一般在 1 岁左右。

2. 断奶季节　春秋季节适合断奶。如果在寒冷的冬季或高温的夏季断奶，婴幼儿会因为喝不到母乳而烦躁不安，睡眠质量也受到影响，容易引起很多疾病。

3. 断奶时食物制作要求　如果想彻底断奶，应该认真制作食物，既要适合婴幼儿的口味，又要注意营养均衡。

4. 用科学方法断奶　禁忌在乳房上涂抹风油精、辣椒油、墨汁等有刺激性的物品。这种方法对婴幼儿和母亲的身体健康都不利。风油精、辣椒油等物品涂抹后容易导致母亲皮肤出现发热、瘙痒等过敏现象，还有可能被婴幼儿误服，另外也可能会让他对母亲产生恐惧心理，远离母亲。

5. 乳房胀痛的护理　断奶时母亲乳房胀痛是正常生理现象，母亲要做好乳房的护理，饮食清淡，少喝汤汁，适当用炒麦芽煎水喝。如果断奶时乳房胀痛不适，可用热毛巾湿敷缓解不适，也可用生芒硝外敷，每天 3 次。

6. 断奶期护理　断奶对于婴幼儿来说不仅是生活习惯上的一次重要变化，更是心理上的转折。母亲对此要做好充分的准备，不要因婴幼儿哭闹就放弃，否则会影响到婴幼儿的健康。要有计划地断奶，给婴幼儿一个逐渐适应的过程。

（1）逐渐增加代乳品和辅食：代乳品（奶粉）和辅食的逐渐增加，将为顺利断奶打下良好的基础，使婴幼儿能够慢慢适应和接受各种不同的食物。

（2）逐渐减少哺乳次数：乳量的分泌与婴儿吸吮的次数有着密切的关系，随着每天哺乳次数逐渐减少，乳量的分泌会逐渐减少。减少哺乳次数最好从白天第一次哺乳开始。白天有更多吸引婴幼儿的事情，可以转移对母乳的依恋。在减少白天母乳喂养后再逐渐停止夜间母乳喂养，直至完全断奶。

（3）断奶期食品的选择　断奶期食品制作时要求营养素种类齐全、比例适当，不含任何激素、糖精、色素，口感良好、容易消化吸收。断奶食品可以家中自制，一般可以选用蛋黄、肉、鱼泥、稀粥、面条、蔬菜、水果、食用油脂等互相搭配加工而成，比如把面条、蔬菜、肉切碎在一起煮熟，或用菜汤煮粥等。其中，粥、面可提供较多的能量，蛋黄、鱼泥、肉可补充蛋白质、微量元素和多种维生素，蔬菜、水果可补充适当的水分和维生素 C。

二、呛奶的相关知识

婴儿吃奶过程中或吐奶后奶汁误入气道，称为“呛奶”。多数婴儿在吃奶时如果奶汁流得过急，会自行调整呼吸和吞咽，吐出奶头，暂停吃奶，有时会伴有轻微的呛咳。呛奶严重者奶汁可直接吸入肺部造成吸入性肺炎，甚至奶汁堵塞气道，发生呼吸困难和缺氧，即“呛奶窒息”，严重时会危及生命。

1. 呛奶的预防　防止婴幼儿呛奶要做到以下几点。

（1）选择适当的喂奶时机：不在婴幼儿哭或笑时喂奶，或非常饥饿时喂奶，婴幼儿吃得太急容易呛奶，强迫喂奶也容易发生意外。

（2）姿势体位正确：母乳喂养时婴幼儿应斜躺在母亲怀里（上半身呈 30～45°），不要躺在床上喂奶。人工喂养时婴幼儿不能平躺，应取斜坡位，奶瓶底高于奶嘴，防止吸入空气。

（3）控制速度：母亲泌乳过快奶水量较多时，可用手指轻压乳晕，减缓奶水的流出。人工喂乳的奶嘴孔不可过大，奶瓶倒置时奶水应成滴而不是成线流出。

（4）注意观察：母亲的乳房不可堵塞婴幼儿鼻腔，边喂奶边观察婴幼儿的脸色、表情。若婴幼儿的嘴角溢出奶水或口鼻周围变色发青，应立即停止喂奶。对发生过呛咳的婴儿、早产儿，更应严密观察，或请医生指导喂哺。

（5）排出胃内气体：喂完奶后，将婴儿直立抱在肩头，轻拍婴儿的背部帮助其排出胃内气体，最好听到打嗝声，再放婴儿回床上。

2. 呛奶的处理　如婴儿出现呛奶窒息，家长必须争分夺秒立即处理。

（1）侧向一边：如果平躺时发生呕吐，迅速将婴儿脸侧向一边，或让婴儿侧卧，并拍其后背部，以免吐出物因重力向后流入咽喉及气管。

（2）清理口腔：如果吐、溢出奶水较多，迅速用手帕、毛巾卷在手指上伸入口腔内甚至咽喉处，快速清理出来，以保持呼吸道顺畅，避免阻碍呼吸。

（3）拍打背部：如果发现婴儿憋气不呼吸或脸色变暗时，表示吐出物可能已进入气管了，马上使其趴在大人膝上或床上（硬质床），用力拍打其背部 4～5 次，使其能咳出。注意异物进入气管后，引起呛咳，成人常会错误地直接给婴儿拍背，这样很易使异物进入气管的深部，应采用倒立拍背、趴卧拍背、腹部推压等方法。

经处理婴儿呼吸顺畅后，可刺激其身体让他再使劲大声哭泣，观察婴儿哭泣时的吸气及吐气动作，看有无异常。如果婴儿哭声洪亮、脸色红润，则表示暂时并无大碍，可再观察。如果哭声变调微弱、吸气困难、严重凹胸，脸色青紫，需即刻送医。

在上述家庭抢救的同时，应同时拨打 120 呼救，或准备急送医院抢救。

三、混合喂养的相关知识

因各种原因母乳分泌不足或者不能及时哺乳时，可适当补充一些配方奶。补充的方法有两种。

1. 补授法　在母乳分泌量不足的情况下，每次喂哺时先喂母乳，后给予部分代乳品，此法适用于 6 个月以下的婴儿。

2. 代授法　母亲不能及时哺乳，可用代乳品代替一天的一次或几次母乳。适用于母亲白天工作不能及时哺乳，或者给月龄较大的幼儿做断奶前的喂养过渡。

四、人工喂养

在无法母乳喂养时，行人工喂养。

1. 牛乳　尽量采用新鲜牛乳，喂养时注意以下问题。

（1）加糖：应加入 5%～8%的糖，保证热量的供给和口感。

（2）消毒：在加热消毒后才可食用。

（3）稀释：开始时牛乳和水比例为 2∶1，1～2 周后调整为 3∶1，再增至 4∶1。

（4）牛乳的计算方法：根据婴儿每天需要总能量来计算。一般每 kg 体重每天需要能量为 418～460kJ（100～120kcal），需水量为 150ml，含 5%糖的牛乳每 100ml 可以提供 376kJ（90kcal）能量，含 8%糖的牛乳每 100ml 可以提供 418.4kJ（100kcal）能量。

2. 婴儿配方奶粉　由牛乳粉改良而成，使之适合婴幼儿消化功能和营养需要。根据配方乳粉说明书配制。

3. 羊乳　羊乳中蛋白质、脂肪含量均比牛乳高，但维生素 B_{12} 和叶酸极少，长期喂养婴幼儿可出现巨幼红细胞性贫血。因此，羊乳喂养的同时注意添加维生素 B_{12} 和叶酸，配制方法同牛乳。

4. 其他　在无法母乳喂养和获得上述代乳品时，可用大豆、花生、鱼肉、鸡蛋等，加上其他营养物质，配制成婴儿代乳品。

五、混合喂养或人工喂养中容易出现的问题及处理方法

混合喂养或人工喂养，由于需要加入不同种类的代乳品，婴幼儿可能会出现一些问题，常见的有消化不良、便秘，厌奶，不喜欢吃辅食等。

处理方法如下。

1. 选择适合婴幼儿的配方奶　混合喂养最重要的阶段就是从母乳渐渐转换为奶粉，这时候选择配方奶就很重要。在营养成分上尽量选择营养价值高的奶粉，这样才会补充婴幼儿快速发育阶段所需的营养。

2. 选择婴幼儿更容易接受的奶瓶　进行混合喂养应注意给婴幼儿选择奶瓶时要选择硅胶质地的奶嘴，这样的奶嘴更加柔软，不会让婴幼儿出现吮吸错觉，婴幼儿也会更容易接受。

3. 有技巧地添加辅食　添加辅食应遵循由少到多、由稀到稠、由细到粗、由简到繁，由一种到多种逐渐增加。

六、婴幼儿饮水工具的分类及特点

6 个月以内母乳喂养的婴儿如没有明显出汗，不必另行饮水，饮水会减少吃奶量，不利于婴儿营养素摄入。

一般 6 个月左右就可以开始喝水。不同阶段需要给婴幼儿使用不同的饮水工具，让婴幼儿健康饮水。

1. 带握手器的奶瓶（图 8-1）　适用于 6～12 个月婴幼儿。可以使用普通奶嘴也可选用“鸭扁嘴”奶嘴。这个阶段的婴幼儿已经具备了一定的抓握能力，要让他们从“吮吸”转向“喝”，首先要训练他们将杯子递送到嘴边的精准度。

2. 吸管杯（图 8-2）　1 岁以后，幼儿能走会跑后，喜欢动来动去，从不同角度去喝水，针对这一特点，可使用吸管杯，幼儿可以从任意角度喝到水且不漏洒。

3. 软嘴饮水杯（图 8-3）　一岁后，婴幼儿可以尝试用杯子喝水，刚开始可能把握不好递送的力度，还掌握不好“喝”。为防止婴幼儿的嘴受到损伤，应该选择软嘴的饮水杯。

图 8-1　带握手器的奶瓶

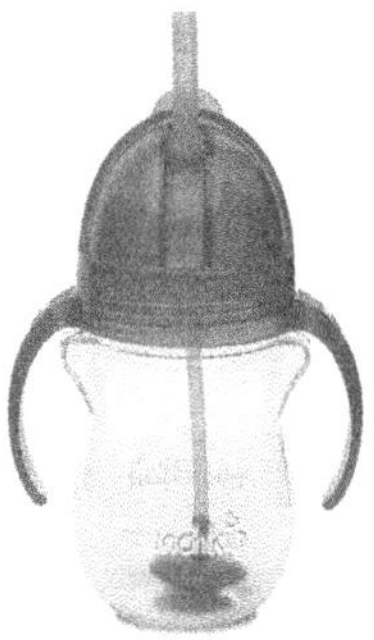

图 8-2　吸管杯

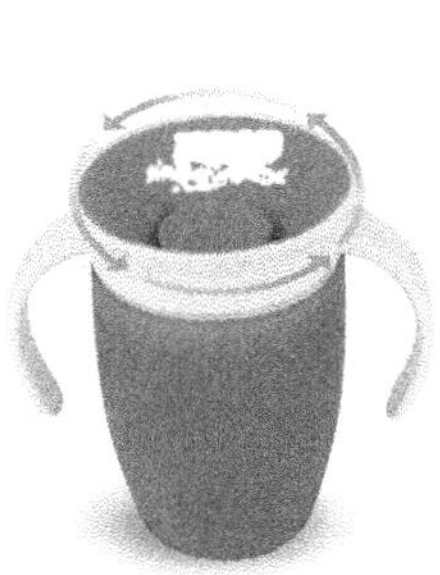

图 8-3　软嘴饮水杯

儿童水杯关系到婴幼儿健康，要掌握选购技巧。大体上说，选购儿童水杯需要注意材质、适用年龄、款式、刻度、手柄、防漏、消毒等。

目前比较常见的是 PC（聚碳酸酯）、PP（聚丙烯）、PES（聚醚砜）材料的水杯。PC 材料加热易分解出有毒物质双酚 A，应尽量避免选择 PC 材料儿童水杯；而 PP 或者 PES 塑料水杯可在 100℃下煮沸消毒，PP 水杯耐热温度可达 130℃，PES 水杯可达 180℃，小心清洁后可重复使用。

第二节　进餐与食品制作

技能要求

1. 能为 7～12 个月的婴儿制作一日膳食。
2. 能为 13～24 个月的幼儿制作一日膳食。
3. 能为 25～36 个月的幼儿制作一日膳食。

一、不同月龄婴幼儿食品选择的相关知识

婴儿出生后，随着身体逐渐长大，所需营养素的量和种类都在不断变化，单一食品已不能满足婴儿生长发育需要。根据婴儿生长发育的营养需求，满 6 个月需要添加母乳以外的辅食。辅食添加注意要及时、足够、安全、适当、规律。

不同月龄婴幼儿食品选择可参考表 8-1。

表 8-1　不同月龄婴幼儿食品选择

年龄	食物质地	添加食物	喂养次数	每餐的量
6 个月内	奶			
满 6 个月	奶为主食，添加泥状的食物	蛋黄、菜泥、水果泥、营养米糊，注意膳食少糖、无盐，不增加调味品	每日 2 次正餐，按需喂母乳	2～3 勺*
7～8 个月	奶为主食，添加稠糊或末状的食物	软饭（面）、肉末、肝末、菜末、蛋、鱼泥、豆腐、营养米粉、水果	每日 3 次正餐，按需喂母乳	每餐逐渐增加到 2/3 碗**
9～11 个月	喂奶同时添加有颗粒的泥蓉状食物，以及儿童能用手抓的食物	软饭（面）、碎肉、碎菜、蛋、鱼肉、豆制品、水果	每日 3 次正餐，1 次加餐，并继续喂母乳	每餐 3/4 碗
1～3 岁	1 岁以后，过渡到谷类食品为主食，家常食物，必要时切碎或捣碎	稀粥、碎肉、软面、牛奶、碎菜、蛋、鱼肉、面包、豆制品、水果	每日 3 次正餐，2 次加餐，并继续喂母乳	每餐 1 碗
以上喂养推荐是针对母乳喂养的儿童。				
若儿童为非母乳喂养，除以上食物外，每天至少喂 2 杯***配方奶或动物奶				

*：每勺 10ml；**：每碗 250ml；***：每杯 200ml。

二、不同月龄婴幼儿一日膳食制作的方法和注意事项

1. 不同月龄婴幼儿一日膳食制作的方法（表 8-2）（供参考）

表 8-2　不同月龄婴幼儿一日膳食制作的方法

时间	0～6 个月	7～8 个月	9～10 个月	11～12 个月	13～24 个月	25～36 个月
7：00～7：30 晨奶	母乳/配方奶 120ml	母乳/配方奶 120ml	母乳/配方奶 120ml	母乳/配方奶 120ml	母乳/配方奶 120ml + 婴儿米粉 20g	配方奶或糖牛奶 210ml+小笼包 30g（1 个）
8 点早餐			紫菜豆腐粥（大米 20g，紫菜 1～3g，豆腐 30g）蒸红薯（30g）	红枣面包 40g，香蕉麦圈酸奶（香蕉 50g，麦圈适量，酸奶 100g）	红枣小米粥 1 碗 150ml，面食 25g，鸡蛋 25g，蔬菜 25g，鱼肉 25g	红枣小米粥 1 碗 200ml，面食 30g，鸡蛋 30g，蔬菜 30g，鱼肉 30g
				（注：晨奶和早餐，根据自家作息，可合并。）		
10 点 上午加餐	婴儿米粉 20g 豌豆泥 20g	烂面条（婴幼儿面 20g） 牛肉豆腐青菜羹（牛肉 10g，豆腐 15g，青菜 20g）	酸奶 100ml、火龙果 30g	母乳/配方奶 150ml	母乳/配方奶/酸奶 120ml +水果/面包/小饼干/其他点心 20g	配方奶或糖牛奶 100ml+饼干 2 块
12 点 中午奶/午餐	母乳/配方奶 120ml	母乳/配方奶 150ml	母乳/配方奶 150ml	牛肉彩蔬焖饭（大米 20g，胡萝卜 5g，西兰花 10g，彩椒 5g，番茄 10g，牛肉 20g） 丝瓜高汤（丝瓜 10g）	主食软饭/稠米粥/面食，鸡蛋/蔬菜，鱼肉等，	软饭 40g，猪肉 35g，卷心菜 25g，胡萝卜 15g，油 3g，盐适量
14：30 下午奶	母乳/配方奶 120ml	母乳/配方奶 150ml	母乳/配方奶 150ml			
16：00 下午加餐	香蕉条 40g	水适量 酸奶 100ml	猕猴桃 30g 溶豆 5～10 颗	母乳/配方奶 150ml 蓝莓 20g 溶豆 10 颗左右	母乳/配方奶 120ml+水果或其他点心	肉饼（面粉 25g，猪肉 10g，油 2g）
18：00 晚餐	母乳/配方奶 120ml	猪肝菠菜泥（猪肝 15g，菠菜 20g）配方米粉 25g	煮西兰花 30g 虾仁杂蔬疙瘩汤（面粉 20g，虾仁 2 个，青菜 30g）	排骨意面（意面 20g，小排 2 块） 小白菜豆腐汤（小白菜 30g，豆腐 20g）	主食软饭/稠米粥/面食 30g，肉类/鱼类 25g，蔬菜 30g	软饭 35g，炒菜（青菜 30g，肉末 35g，油 4g），汤（西红柿 25g，鸡蛋 1 个）
20：00 睡前奶	母乳/配方奶 120ml	母乳/配方奶 150ml	母乳/配方奶 150ml	母乳/配方奶 120ml	母乳/配方奶 120ml	配方奶或糖牛奶 120ml

2. 婴幼儿膳食制作注意事项

（1）婴幼儿到6个月左右开始添加辅食时，按辅食添加顺序，精心制作。

（2）1岁左右的婴幼儿，每日的膳食逐渐变成了一日三餐为主，早晚还是要喝牛奶。

（3）1岁以后，每天保持1个鸡蛋，60g左右的鱼、禽肉，每天100g左右的谷物、蔬菜、水果，500ml左右牛奶，具体多少根据婴幼儿的具体情况而定。

（4）辅食添加安排尽量做到品种多样，荤素搭配，粗细粮交替，保证每天有足量的蛋白质、脂肪、糖类及维生素、矿物质等。

（5）婴幼儿应该多吃黄绿色新鲜蔬菜，如油菜、小菠菜、土豆、胡萝卜、番茄等，每天还要吃一些水果如柑橘类、枣、山楂、猕猴桃等。注意一天所吃的蔬菜不要重复。

（6）采用适宜的烹调方式，单独加工制作膳食。

（7）合理安排零食，定期监测生长发育状况，避免过瘦与肥胖。

（8）每天足量饮水，少喝含糖高的饮料。

（9）确保饮食卫生，严格餐具消毒。

第三节　排泄与睡眠

技能要求

1. 能观察婴幼儿的大小便并做出相应的处理。
2. 能引导婴幼儿使用便器，专心排便。
3. 能进行睡眠环境的创设。
4. 能引导婴幼儿按时入睡。
5. 能进行睡眠不安的处理。

一、婴幼儿大小便观察及处理的相关知识

1. 正常婴幼儿大便特点

（1）胎便：婴幼儿出生后12小时内开始排出胎便，为黑绿或深绿色，黏稠、无臭、有点像铺路用的沥青，是由脱落的上皮细胞、浓缩的消化液及胎儿时期吞入的羊水所组成。一般在2～3天内排完，每天3～5次。

（2）母乳喂养的婴幼儿的粪便是黄色或金黄色，均匀呈膏状或带少许黄色粪便颗粒，偶尔稍稀而略带绿色，不臭、有酸味，呈酸性反应。每日排便2～4次，甚至7～8次。

（3）牛乳喂养的婴幼儿的粪便为淡黄色、均匀硬膏样，呈中性或碱性反应，每日排便1～2次，易发生便秘。

2. 婴幼儿异常大便的处理

（1）大便次数增多、性状改变，可为稀便、稀水样便、蛋黄汤样便、黏液便等，有时可见含血丝便、血便、有腥臭味等，需及时就医。

（2）若 2～3 天拉一次，大便坚硬，排便困难，小儿腹胀，食欲不佳，婴幼儿爱哭闹，则为便秘。便秘的预防措施如下。

1）首先应保证有足够的水摄入量。多喂水、果蔬汁、汤等，出汗多时还要增加水摄入量。

2）较大婴儿可以改变食物结构：可多吃含纤维素多且产气多的食物，如红薯、土豆泥可促进肠蠕动；选用含纤维素多的食物，如蔬菜、水果等；可在食物中添加植物油，有利于润肠；加大含水量多的食物摄入如海带等，保证大便的容积。喂哺断奶的婴幼儿应注意蛋白质与糖类的搭配。营养不良者需加强营养。

3）适当运动，增进食欲，增加食量；保证食物的摄入量，以便形成容积性排便。

4）饮食、睡眠、二便有规律；养成按时排便的习惯，加强排便反射形成。

5）给婴幼儿按摩小腹，用 2～4 个手指并拢以脐部为中心，顺时针按摩小肚子数分钟，2 次/天。

3. 正常婴幼儿小便特点　正常情况下，新生儿出生后 24 小时内开始排尿，正常尿量为每小时 1～3ml/kg，刚出生几天，只有 3～5 次，以后随着奶量摄入的增多，一天可达 20～30 次。婴儿每日尿量为 400～500ml，幼儿每日尿量为 500～600ml。

若尿量少应考虑到奶量摄入不足。若尿为浓茶色、血色、乳白色尿液应及时就医。

二、婴幼儿大小便习惯养成方法

培养婴幼儿良好的大小便习惯，有利于帮助婴幼儿建立健康行为、生活方式、卫生习惯。培养婴幼儿良好的排便习惯，是婴幼儿成长过程中的必经之路，是一个长期的、循序渐进的过程，要有耐心，细心地呵护，也为上幼儿园做好准备。操之过急或训练不得法，婴幼儿和父母都会痛苦，甚至产生焦虑、不安、抗拒等反应，有的虽然经过训练很早就学会控制大小便，但是到四、五岁时却开始频繁尿床，需要花更长的时间去训练，因此父母的态度很重要。

1. 小便习惯养成方法　由于婴幼儿膀胱肌肉层较薄，弹力组织发育还不完善，储尿功能差，神经系统对排尿的控制与调节功能差，肾脏对尿的浓缩功能也差，所以无法自主大小便。不要过早地给婴幼儿把尿，太早的刻意训练会影响其性格的形成。

各阶段小便习惯养成方法建议如下。

（1）1 岁～1 岁半以前：随天性，想尿就尿。此阶段婴幼儿身心发育有限，尿床和尿裤子无法避免。随婴幼儿天性，想尿就尿，不必着急排尿训练，过早训练可能造成婴幼儿心理负担，使亲子关系紧张。

（2）1 岁半～3 岁：婴幼儿 1 岁半左右会用不同的方式表示排尿的需要，能够控制尿液的“存”与“放”，也能听懂大人的指示，此时应该有意识地开始对婴幼儿进行如厕训练。

3 岁前的婴幼儿尿床很正常，可以采取措施尽量避免弄湿床铺，如睡觉前不让婴幼儿喝大量水或吃过多水果，但不能刻意要求他不尿床。

（3）3 岁后：慢慢克服尿床。每次如厕训练的时间从原来固定的时间点逐步往后延，先半小时，再 1 小时、2 小时。这样能够锻炼婴幼儿膀胱的储尿能力，逐步改变，直到天亮才下床排尿为止。

2. 引导婴幼儿使用便器，专心排便

（1）选购便盆要安全、舒适，容易清洗，盆底宽阔，高度适中，一般塑料制品即可。款式不宜太花哨，否则婴幼儿会分心，而不利于排便的顺利训练。

（2）适时训练。婴幼儿每天排尿次数、间隔因人而异，一般在刚睡醒、吃完奶或饮水之后 15 分钟左右，最有尿意。注意观察婴幼儿大小便的信号，及时做出反应。了解规律后就可以有意识地训练坐便。

（3）坐便时间不宜过长，3～5 分钟即可，婴幼儿没有便意，过段时间再尝试。长时间处于坐便姿势，会使婴幼儿产生排斥情绪，适得其反。

（4）养成婴幼儿良好的坐便习惯。大小便时不玩玩具，不吃东西。特别要注意避免婴幼儿长时间坐在坐便器上，以免形成习惯性便秘，预防小儿直肠脱垂。

（5）刚开始进行排便训练可能成功率较低，不要责怪，应及时提醒和指导。

（6）训练过程应循序渐进，不要和其他婴幼儿相比，更不能呵斥或者责怪婴幼儿。父母应该保持轻松、宽容、多鼓励的态度，切不可操之过急，以免婴幼儿反感。

（7）婴幼儿学会用语言表达大小便需求时，要予以鼓励和表扬，不要让婴儿随地大小便。

（8）不要让婴幼儿长期使用纸尿裤和穿开裆裤，2 岁后要穿整裆裤。

（9）便后要教婴幼儿洗手。

三、睡眠环境的相关知识

婴幼儿睡眠时间相应比较多，创设适宜的睡眠环境尤为重要。

1. 房间　婴幼儿睡眠的房间应阳光充足，但要避免强光直射婴幼儿的面部。居室的门窗宜加上纱门、纱窗和窗帘，以避免蚊蝇侵扰。居室内禁止吸烟，不接触感冒、腹泻、皮肤病患者。

2. 婴儿床　为了确保婴幼儿的安全，应该准备专用的符合严格的安全标准的婴儿床。婴儿床必须有床栏杆，且能上下调节和具有适合的间距。床栏杆能提起、放下，并可固定，可防止婴幼儿跌落，且便于母亲护理或抱起婴幼儿。栏杆之间的距离应比婴幼儿头小，但能让小手伸出，一般在 5～6cm 较适宜。婴儿床的放置应该紧挨着墙或放在离墙 50cm 左右的地方，避免婴幼儿跌落后夹在墙和床之间而发生窒息。床下地面可铺上毯子等软垫，以防婴幼儿跌落时碰伤头部和身体。

3. 床铺的用品　要以棉质品为佳，并注意清洁，及时更换尿湿或沾有便秽的床上用品，以保证婴幼儿的居住环境清洁、舒适。不要把布绒玩具、充气玩具放在床里，这些东西可能会挤压婴幼儿面部，使婴幼儿窒息。较大的婴幼儿还可能借助这些东西爬到床外。

4. 纱帐　婴儿床最好能张挂纱帐，既可以挡住蚊蝇对婴幼儿的侵扰，也可以调节光照。

四、睡眠不安的相关知识

婴幼儿睡眠质量受很多因素影响，如环境或者睡眠习惯改变等，注意婴幼儿是否有饥饿、尿便、冷热等问题，大月龄婴幼儿还可能是因为出牙或者白天睡前兴奋等。

睡眠质量差的话，会影响婴幼儿的身高发育，间接影响智力发育。所以，当婴幼儿睡觉烦躁不安的时候，可以从以下几个方面着手，缓解婴幼儿的不安。

1. 不要完全弄醒婴幼儿　对 4～6 个月的婴儿哭闹，不要及时做出反应，等待几分钟，因为多数婴幼儿醒来几分钟后又会自然入睡。如果不停地哭闹，父母应安慰一下，不应逗婴幼儿玩、抱起来或摇晃他。如果越哭越甚，等两分钟再检查一遍，并考虑是否饿了、尿了，有没有发热等病兆等。

2. 保持鼻腔畅通　婴幼儿出生后的前几个月，鼻腔通道必须通畅，才能正常呼吸。新生儿如果鼻塞，容易烦躁不安。应及时帮婴幼儿清除鼻腔通道中的阻塞物。

3. 选择舒适的睡衣　给婴幼儿换纯棉的衣物后，婴幼儿的睡眠质量会更好。有些婴幼儿对新衣服、洗衣粉或衣物柔顺剂过敏时，除了烦躁不安外，还会出现红疹。

4. 让婴幼儿适应环境　有些婴幼儿对自然环境不适应，黑夜白天颠倒。夜晚将婴幼儿抱起和他玩，哭闹即止。对于这类婴幼儿，必要时需请儿童保健医生指导。

5. 治疗原发疾病　积极防治原发疾病。患佝偻病的婴儿夜间常常烦躁不安，患蛲虫病的婴幼儿，夜晚蛲虫会爬到肛门口产卵，引起皮肤奇痒，婴幼儿也会烦躁不安，啼哭不停。

五、婴幼儿睡眠习惯养成教育及注意事项

按照婴幼儿的月龄合理安排婴幼儿睡眠的时间和每日次数。每日让婴幼儿按时入睡，保证充足的睡眠时间，创造良好的睡眠环境，保持正确的睡眠姿势，养成不蒙头、不含奶头、不咬被角、不吮吸手指的睡眠习惯，对睡眠不安的婴幼儿要查找原因，发现可题及时处理。

正确引导婴幼儿按时入睡，防止睡眠障碍，应注意以下事项。

1. 创造一个适宜的睡眠环境，居室安静光线柔和，夜晚关灯，室温控制在 25℃左右。

2. 睡前将婴儿的脸、脚、臀部洗净，或给婴儿洗澡，有助于婴儿更好睡眠。对于 1 岁前的婴儿不会刷牙，睡前可以用清水漱口，以保护牙齿。

3. 睡前排一次尿。

4. 睡前换上宽松柔软的睡衣，冬天可以给婴儿使用睡袋，既保暖又舒适、不易着凉。

5. 睡前可利用固定乐曲催眠入睡。

6. 睡前不拍、不摇、不抱，更不可喂食催眠，避免过度兴奋。

7. 每次到了睡眠时间，要把婴幼儿放在小床上，培养他独立睡眠习惯。

8. 被子不宜过厚。

9. 白天不宜睡眠时间过长。白天睡眠时间过长，晚上睡眠时间会相应减少，而缺乏夜间睡眠会扰乱生长激素的正常分泌，影响婴幼儿的身高增长，也可使免疫系统受损，容易生病。如果婴儿白天睡眠时间过多，家长可以有意识地弄醒婴幼儿，或逗他多玩一会儿，尽量克服“黑白颠倒”。

10. 不宜睡得太晚。婴幼儿晚上到了睡眠时间仍不愿意入睡或者长时间难以入睡，可能与父母睡得晚有关。夜间晚睡的婴幼儿容易出现精神不集中、情绪不稳定等症状。

11. 不宜让婴幼儿俯睡。这种睡姿最不安全，因为婴幼儿的口鼻等呼吸器官最易受阻塞，甚至导致猝死。同时这种睡姿还可能使得肠胃等消化器官受体重的压迫而引发消化不良。

第四节　作息时间安排及制订

技能要求

1. 能制订 4～6 个月婴儿的一日作息表。
2. 能制订 7～12 个月婴儿的一日作息表。
3. 能制订 13～18 个月幼儿的一日作息表。
4. 能制订 19～24 个月幼儿的一日作息表。
5. 能制订 25～36 个月幼儿的一日作息表。

一、合理作息与婴幼儿生长发育的关系

1. 睡眠有利于婴幼儿脑细胞的发育。

2. 睡眠有利于婴幼儿身高的增长。每天夜间 22 点至凌晨是生长激素分泌的高峰期，分泌量可占总分泌量的 20%～40%。

二、安排婴幼儿一日作息内容及其注意事项

婴幼儿一日作息内容有按时进食、睡眠、活动等，有规律作息可逐渐养成良好的生活习惯。作息注意事项如下。

1. 根据婴幼儿不同月龄生理特点进行作息安排。

2. 合理安排婴幼儿的饮食，能保证婴幼儿获得充分的营养。

3. 注意婴幼儿的睡眠安全，仔细观察婴幼儿睡眠状态。

4. 根据季节特点，冬季夜长，可安排晚上早些睡，夏季日长，晚上晚些入睡。

5. 要做好动静活动结合，脑力与体力结合，室内与室外结合。

4 个月以前的婴幼儿睡眠模式还在形成中，以婴幼儿自然睡眠状态为准，不宜过多打扰。不同月龄婴幼儿一日作息表见表 8-3。

表 8-3　不同月龄婴幼儿一日作息表

月龄	时间安排	作息
4～6 个月	6：30	起床，喂奶
	7：45～9：00	第 1 个小觉，睡醒后喂奶
	10：30～11：30	第 2 个小觉，睡醒后喂奶
	13：00～14：15	第 3 个小觉，睡醒后喂奶

续表

月龄	时间安排	作息
4～6个月	15：45～16：30	第4个小觉，睡醒后喂奶
	17：30	先喂奶，然后开始睡前仪式
	18：15	婴幼儿入睡
	备注	小觉只有30～45分钟，夜间通常会有2次夜奶，而且夜奶会持续到8、9个月才停止
7～12个月	7：00	起床，喂奶
	8：00	早餐
	9：30～11：00	第1个小觉，睡醒后喂奶
	12：00	午餐
	13：45～15：15	第2个小觉，睡醒后喂奶
	17：00	晚餐
	17：45	开始睡前仪式
	18：15	婴幼儿入睡
	备注	婴幼儿睡觉时间表发生较大变化，慢慢的拉长婴幼儿醒的时间，让婴幼儿从白天4个小觉逐渐过渡到只睡两觉。
13～18个月	6：30	起床
	7：00	吃早餐
	9：00	吃点零食
	9：45～10：45	第1个小觉
	12：00	午饭
	14：00	吃点零食
	14：45～15：45	第2个小觉
	17：30	晚餐
	18：30	开始睡前仪式
	19：15	婴幼儿入睡
	备注	1. 第2个小觉入睡时间与第1觉醒来时间间隔4小时。 2. 在睡前仪式中，尽量避免喝奶，喝奶放在刚吃完晚饭之后最佳。 3. 每日所需睡眠时长为13小时，白天小睡时长为1.5～3小时，夜间睡眠时长为11～12小时。不再需要夜奶。 4. 每3天把小觉时间向后推延15分钟。如果婴幼儿中午12点以后醒，可将婴幼儿晚上入睡的时间提前，逐渐两觉并为一觉。如果婴幼儿中午12点以前醒，那么让婴幼儿在下午3点睡个小短觉，或者给婴幼儿一段安静的时间。
19～24个月	6：30	起床
	7：00	吃早餐
	9：00	吃点零食
	11：45	午餐
	12：30～14：30	午休

续表

月龄	时间安排	作息
19～24个月	15：00	吃点零食
	17：45	晚餐
	18：45	睡前仪式
	19：30	婴幼儿入睡
	备注	1. 每日所需睡眠时长为12～12.5小时，白天小睡时长为1.5～3小时，夜间睡眠时长为10～12小时。 2. 两觉并一觉巩固好以后，就可以按固定时间睡眠。 3. 午睡时长不应超过3小时，也最好不要超过15：00。以免影响到晚上入睡质量。
25～36个月	6：30	起床
	7：00	吃早餐
	9：30	吃点零食
	12：30	午餐
	13：30～15：00	午觉
	15：30	吃点零食
	17：45	晚餐
	19：15	睡前仪式
	20：00	婴幼儿入睡
	备注	1. 每日所需睡眠时长为11～12小时，白天小睡时长为1～2小时，夜间睡眠时长为9～12小时。对于那些白天不睡觉的婴幼儿，晚上夜间睡眠时长要保证11～12小时。 2. 这个年龄的婴幼儿应该在13：00到13：30入睡最佳。午睡时长不应超过2小时，也最好不要超过15点。

第五节　环境创设与清洁消毒

技能要求

1. 能正确配制和使用消毒液。
2. 能运用正确的方法清洁。
3. 能运用正确的方法洗手。
4. 能运用正确的方法消毒。

一、消毒液的配制和使用相关知识

1. 84消毒液　84消毒液一般稀释浓度为1∶500和1∶200，即用84消毒液1ml加清水500ml或84消毒液1ml加清水200ml，可浸泡果蔬、织物、物体表面、分泌物、排泄物等，浸泡时间为10～30分钟。因具有刺激性气味及腐蚀作用，应慎用。

2. 过氧乙酸　0.2%溶液浸泡 2 分钟，用于手的消毒；0.5%溶液浸泡 30～60 分钟，用于餐具的消毒；1%～2%溶液用于室内空气消毒，注意空气消毒后打开门窗通风半小时后方可进入。注意存放于通风阴凉处，以防高温引起爆炸。

3. 来苏水（甲酚皂溶液）　使用浓度为 1%～5%，浸泡 30～60 分钟，用于手、器械、环境消毒及处理排泄物。高浓度溶液对皮肤有一定刺激作用和腐蚀作用，使用时要注意安全。

4. 漂白粉　0.5%的漂白粉液可以浸泡碗杯、痰盂、便盆及污染的衣物等。漂白粉外观与面粉近似，必须单独存放，以免被误食。

5. 高锰酸钾　临床上常用浓度为 1∶2000～1∶5000，即用 1g 高锰酸钾加 2L 或 5L 水，可用于冲洗皮肤创伤、溃疡、鹅口疮、脓肿等。

二、清洁、消毒的相关知识

（一）有效清洁双手

一般按照以下七步洗手法即可有效清洁双手。

第一步（内）：洗手掌。流水湿润双手，涂抹洗手液（或肥皂），掌心相对，手指并拢相互揉搓。

第二步（外）：洗背侧指缝。手心对手背沿指缝相互揉搓，双手交换进行。

第三步（夹）：洗掌侧指缝。掌心相对，双手交叉沿指缝相互揉搓。

第四步（弓）：洗指背。弯曲各手指关节，半握拳把指背放在另一手掌心旋转揉搓，双手交换进行。

第五步（大）：洗拇指。一手握另一手大拇指旋转揉搓，双手交换进行。

第六步（立）：洗指尖。弯曲各手指关节，把指尖合拢在另一手掌心旋转揉搓，双手交换进行。

第七步（腕）：洗手腕、手臂。揉搓手腕、手臂，双手交换进行。

每个步骤的时间至少需要 15 秒，完成整个洗手过程至少需要 105 秒。

注意完全冲洗干净后，用干毛巾或手纸彻底擦干双手，或以干手机吹干双手。双手清洗妥当后，别再直接触摸水龙头，防止再度脏手。应以抹手巾包裹水龙头，或在水龙头上泼水冲洗干净，再把水龙头关上。

（二）常用消毒的方法

1. 物理消毒法

（1）开窗通风：开窗通风、增强室内空气流通是最经济、最有效的消毒方法，托幼机构应首选。在通风良好的情况下，每天通风 2～3 次，每次 15～30 分钟。在使用空调的情况下，也应坚持用此方法。建议定时开窗通风、转换空气以保持室内空气清新。如空气污染严重，不宜采用开窗通风法。

（2）煮沸消毒：对耐湿、耐热物品最简便有效的消毒方法。托幼机构中餐具、茶杯、毛巾等物品常用煮沸的方法消毒。

使用煮沸消毒法时应注意两点：一是被消毒的物品应完全浸没于水中；二是消毒的时间应从水沸腾后，或中间加入新的物品后开始计时消毒 30 分钟。

（3）蒸汽消毒：是对耐湿、耐热物品的另一种简便有效的消毒方法，托幼机构的餐具、茶杯、毛巾等物品常用蒸饭箱或蒸汽箱进行蒸汽消毒。使用蒸汽消毒法时也应注意两点：一是消毒物品应疏松放置，不可紧叠；二是消毒的时间从水沸腾出汽后开始计时 30 分钟或按消毒柜操作要求进行。

（4）紫外线消毒：主要是起到室内空气消毒与物体表面消毒的双重作用。

紫外线灯管是人工制成可产生紫外线的低汞石英气灯，用于空间消毒。影响紫外线照射效果的因素有很多，如照射距离、投射角度、温湿度、空气内含尘量及细菌的种类等。

安装紫外线消毒灯时应注意有效照射距离离地面或物体表面为 2m，每次消毒不少于 30 分钟。每天记录灯管使用时间、累计照射时间，做好记录，灯管累计使用时间超过 1000 小时要及时更换灯管。注意保洁，每周用 75%酒精擦拭 1 次。

使用时必须注意紫外线灯的开关必须与照明灯开关分开，放在婴幼儿触及不到的位置。消毒时必须在无人的情况下进行，避免紫外线对人眼睛和皮肤的灼伤。消毒后开窗通风驱散残留臭氧后才可进入室内。还应注意紫外线灯管的清洁和使用时间，因为这两者都会影响紫外线辐射的效果。空气消毒前，先将室内打扫干净再照射紫外线，以保证消毒的效果。

2. 化学消毒法　利用药物杀灭病原微生物的方法称为化学消毒法，所用的药物称为化学消毒剂。

托幼机构常用的化学消毒剂有含氯消毒剂、过氧乙酸、碘伏等。

用消毒剂消毒物品时，应掌握消毒剂的有效浓度及消毒时间，用消毒液浸泡时药液必须浸没物品。一般化学消毒剂在高浓度下作为消毒剂，在低浓度下作为抑菌剂。

溶于水中可产生次氯酸者称为含氯消毒剂，目前常用的有漂白粉、三合二、次氯酸钙、二氯异氰尿酸钠、氯胺丁等。含氯消毒剂杀菌谱广，可杀灭一切致病微生物，适用于物体表面、玩具、便器、水等的消毒。

幼儿园最常用的含氯消毒剂是 84 消毒液，它是一种以次氯酸钠为主的高效消毒剂，适用于一般物体表面、白色衣物、公共场所疫源地的污染物品的消毒。

使用 84 消毒液的注意事项：①有一定的刺激性与腐蚀性，必须稀释以后才能使用，双手接触使用时最好戴手套；②不要把 84 消毒液与其他洗涤剂或消毒液混合使用；③放置在儿童触及不到的地方，专人专柜保存；④被消毒物品应该全部浸没在水中，消毒以后应该用清水冲洗干净后才能使用。

（三）建立婴幼儿活动场所清洁消毒的制度（适用于家庭、托儿所、幼儿园）

1. 每天早上对楼道、扶手、窗台、玩具柜、桌子用含氯消毒剂进行表面擦拭消毒。
2. 每天对食堂、保健室分别用含氯消毒剂和紫外线消毒、擦洗。
3. 对室内每天一小扫，每周一大扫，每月固定日期进行一次大扫除。
4. 每天做好活动室、餐厅、寝室开窗通风，确保室内空气流通，每天不少于 30 分钟。
5. 随时对厕所冲洗做到无污迹、无臭味，每天午后进行彻底清洗、消毒。
6. 茶桶每天用清水清洗、开水消毒，每周用消毒水进行消毒（250mg/L）。水壶、茶杯用洗洁精、清水清洗，用蒸汽消毒 30 分钟。

7. 饭前用清水和含氯消毒剂擦拭餐桌，餐具每天餐后消毒，对口巾、毛巾等一用一清洗并蒸汽消毒 30 分钟。

8. 每周为玩具、被褥消毒、日晒，玩具先用清水清洗，后用含氯消毒剂浸泡 30 分钟，每月床单换洗翻晒，教室、卧室、活动室每天进行紫外线消毒并做好记录。

9. 托儿所、幼儿园各保教人员配合保健人员做好疾病防疫工作，杜绝传染病蔓延，一旦发生传染病，在保健医生指导下进行检疫、消毒、清洗工作。

（四）常用物品清洁、消毒方法

1. 清洁、消毒奶具

（1）用洗洁精和刷子从里到外清洗奶瓶，用流动的自来水冲净，不留奶渍。

（2）用洗洁精和刷子将奶嘴内侧刷洗干净，不留奶渍。

（3）把洗净的奶瓶放入装满冷水的消毒锅中，水须没过奶瓶。

（4）将锅放在电磁炉上煮，待水开后用计时器计时，至少再煮沸 10 分钟。如果中途添加其他消毒物品要在煮沸后重新计时。

（5）橡皮奶嘴不耐煮，可以在煮沸物取出前 5 分钟时放入，煮沸 5 分钟。

（6）用长柄钳取出沥干水分后备用。

2. 清洁、消毒餐具

（1）清洗。用洗洁精、白洁布、流动的自来水洗净餐具。

（2）煮沸消毒。

（3）消毒后放置。用长柄钳取出沥干水分后备用。

3. 清洁、消毒毛巾

（1）用洗涤剂或肥皂清洗毛巾，在流动的自来水中漂洗干净。

（2）放在消毒锅中加水漫没，加盖煮沸，水开后煮沸 10 分钟，每天煮沸一次。

（3）放在日光下晒干。

4. 清洁、消毒尿布　无论布尿布还是纸尿布，都应在除去大小便后再处理。

（1）布尿布

1）小便尿布的清洗顺序。小便尿布换下后在清水中浸泡 30 分钟。用中性肥皂洗涤，在流动水中漂洗干净后用开水烫，在日光下晒干。若遇阴雨天可以用熨斗熨干。

2）大便尿布的清洗顺序。用毛刷刷掉大便，冲进坐便器，将布尿布在中性肥皂液中浸泡 30 分钟后洗涤，在流动水中漂洗干净后用开水泡，在日光下晒干。

3）定期消毒布尿布。每周两次煮沸布尿布。

（2）纸尿布：将大便倒入坐便器，纸尿布脏的一面向内卷起来，装进塑料袋里密封分类丢弃。

5. 清洁、消毒便器

（1）配制消毒液。配制 2500ml 的含有效氯 500mg/L 的消毒液。

1）容器中放入 2500ml 的清水。

2）再放入含氯消毒泡腾片 2～5 片（可根据说明书使用）。

3）用搅棒搅拌，使泡腾片充分溶解。

（2）清洁便器。便器使用后立即倒掉尿液或大便，然后用流动水冲洗。

（3）消毒便器。便器清洁后用含有效氯 500mg/L 的消毒液浸泡 30 分钟，取出后冲洗干净，晾干备用。

6. 清洁婴幼儿玩具、家具、卧具

（1）婴幼儿玩具的消毒方法：婴幼儿玩具应该经常消毒，特别是那些塑料玩具，更应每天消毒，否则可能引起婴儿消化道疾病。对不同的玩具应有不同的消毒方法，具体看以下操作方法。

塑料玩具可用肥皂水、消毒片稀释后浸泡，半小时后用清水冲洗干净，再用清洁的布擦干净或晾干。

布制的玩具可用肥皂水刷洗，再用清水冲洗，然后放在太阳光下暴晒。

耐湿、耐热、不褪色的木制玩具，可用肥皂水浸泡再用清水冲后晒干。

铁制玩具在阳光下暴晒 6 小时可达到杀菌效果。

温馨提示：由于婴幼儿爱将玩具放在口中，加之婴儿抵抗力差，所以不要给婴幼儿玩一些不易消毒的或带有绒毛的玩具。

（2）婴儿家具的消毒方法：婴幼儿的手、口动作较多，自我控制能力差，所以在婴儿活动范围内的家具每天都需要进行清洁消毒。可用软柔的抹布或海绵蘸家具消毒剂或温淡的肥皂水进行擦洗，再用清水擦洗，干透后，再用家具油蜡抹擦使之光润。

（3）婴幼儿卧具的清理方法：婴幼儿每天的睡眠时间很多，因此，做好婴幼儿的卧具清洁消毒很重要。建议每周用中性、无磷的婴儿专用洗衣液，清洗一次婴幼儿的被褥。如果婴幼儿的被褥有大小便污染过，要先清除污物，再放入盆中清洗。同时，婴幼儿睡觉的婴儿床，要每天用清洁的湿布整体擦一次。

（杨　静）

第九章
保健与护理

第一节　特殊婴幼儿保健

技能要求

1. 能发现婴幼儿生长迟缓等异常生长发育情况。
2. 能发现婴幼儿肥胖和营养不良。

一、婴幼儿的身高、体重及出牙情况参考标准

（一）0～3 岁儿童身高、体重参考值及评价标准

同性别、同年龄的儿童身长和体重有差异，根据大范围的调查和统计分析结果确定了同性别、同年龄儿童身长、体重的正常范围，在小儿生长监测图上用两条曲线表示，上一条是正常范围的上限，下一条是正常范围的下限。两条曲线之间表示正常范围。

1. 身长、体重的生长规律　婴幼儿生长发育是一个连续的过程，年龄越小生长发育越快，尤其是出生后头 3 个月。婴幼儿的生长发育一般遵循由上到下、由近到远、由粗到细、由低级到高级、由简单到复杂的规律，但个体在一定范围内受遗传、性别、环境、教育等因素的影响而导致了较大的个体差异。身长和体重发育曲线表示了儿童身长、体重的生长规律，每个婴幼儿的体重都会随着年龄的增加，沿着这条曲线增长。如果婴幼儿的身长和体重偏离了生长规律，需考虑婴幼儿的健康是否出现问题。

2. 生长监测的原理　婴幼儿生长监测就是利用婴幼儿正常的体重、身长发育曲线，定期地衡量婴幼儿体重和身长增长的状况，一旦体重增长过快或过慢或身长不增加，应及时寻找原因予以纠正，这种保健方法就是婴幼儿生长监测。简单的生长监测是单用体重一个指标，较全面的监测使用体重和身长两个指标进行。由于儿童的身长在家庭中不容易准确测量，所以需要到社区医院或妇幼保健院进行测量。生长监测能发现婴幼儿生长迟缓等异常生长发育情况，能发现婴幼儿肥胖和营养不良，对于预防婴幼儿营养不良、肥胖或早期发现其他一些疾病有很好的作用。

0～3 岁男、女儿童身高、体重参考值及评价标准见附录一。

3. 生长监测图

（1）生长监测图的底边线是 0～36 个月的月龄标志线，一小格代表一个月（图 9-1）。

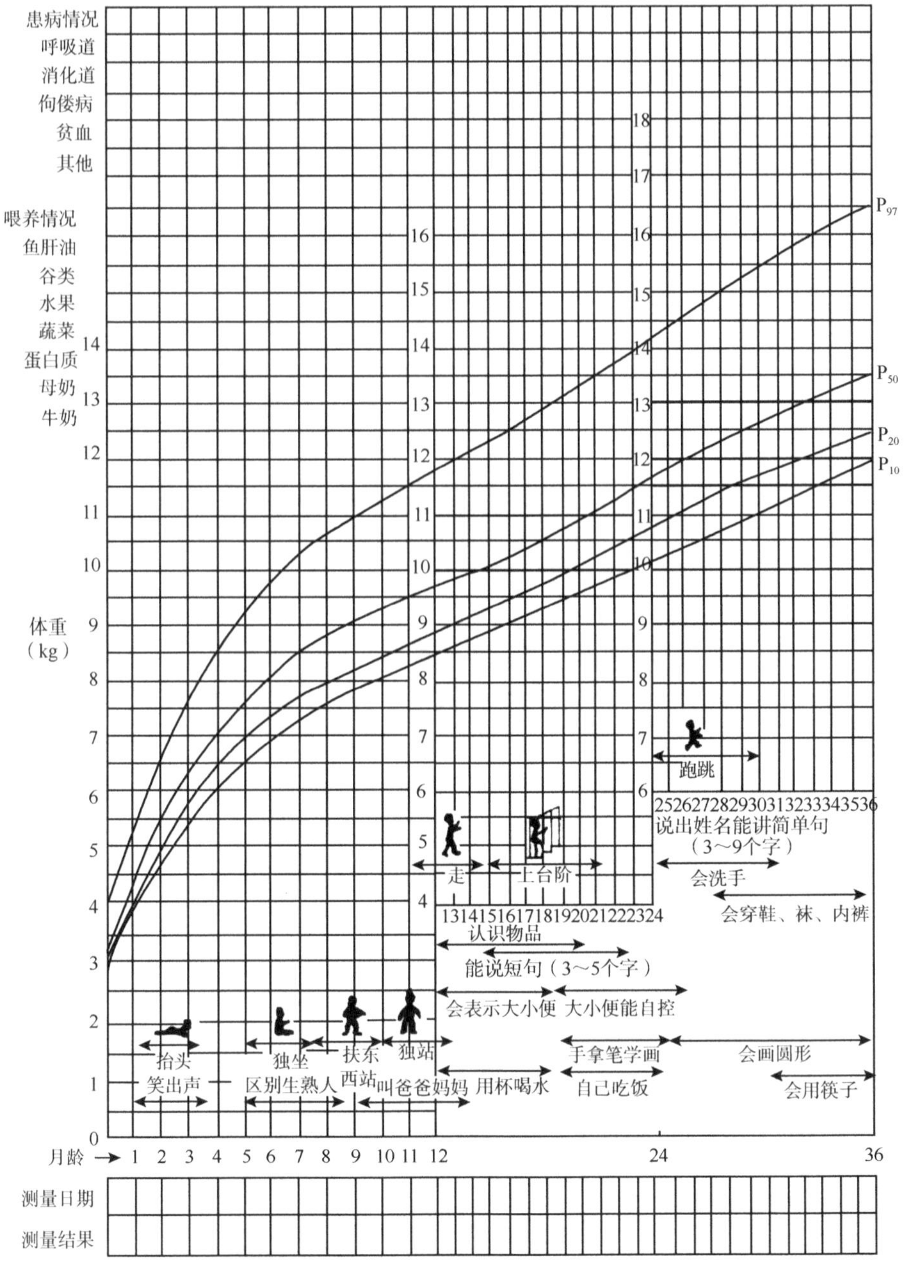

图 9-1　小儿生长监测图

（2）生长监测图中的竖线是体重线，一小格代表 0.5kg。

（3）上面一条是各年龄体重的上限，下面一条是各年龄儿童的体重的下限，两条线之间是各月龄婴幼儿体重的正常范围。如果婴幼儿的体重身长超过上限，有超重肥胖的倾向；婴幼儿的体重低于下限，有消瘦的倾向。一张小儿生长监测图从出生开始到 3 岁，可以连续使用3年。

2. 婴幼儿长牙的正确顺序

一般出生后4～10个月乳牙开始萌出，到2岁半左右乳牙基本出齐，长齐20颗乳牙。婴幼儿的出牙顺序与遗传和营养都有关系，通常婴幼儿是按顺序出牙，出牙时间及顺序见表9-1。

表9-1 乳牙出牙时间及顺序

名称	颗数	萌出时月龄	乳牙总颗数
下中切牙	2	4～10	2
上中切牙、侧切牙	4	6～14	6
下侧切牙	2	6～14	8
第一乳磨牙	4	10～17	12
尖牙	4	18～24	16
第二乳磨牙	4	20～30	20

二、婴幼儿肥胖及营养不良的相关知识

（一）婴幼儿肥胖的相关知识

1. 体重指数　对于婴幼儿体重衡量，目前常用的指标为体重指数，简称BMI，又称为体质指数。具体计算方法是以体重（单位：千克）除以身高（单位：米）的平方，即BMI＝体重/身高^2。

婴幼儿BMI范围及意义如下。

体重过轻：BMI＜18.5（kg/m^2）；

正常体重：BMI＝18.5～22.9（kg/m^2）；

超重：BMI＝23～24.9（kg/m^2）；

肥胖：BMI=25～39.9（kg/m^2）；

重度肥胖：BMI＞40（kg/m^2）。

2. 婴幼儿肥胖的危害

（1）肥胖的婴幼儿学会走路比正常婴幼儿晚，而且因为关节部位负重过大，容易磨损而导致关节疼痛；还容易发育成扁平足，膝内翻或膝外翻及髋关节内翻等畸形。加上肥胖导致行动笨拙，容易发生意外事故。

（2）肥胖可能导致婴幼儿呼吸困难，更加容易发生肺炎、支气管炎，严重的甚至出现睡眠呼吸暂停综合征，睡着后每次呼吸之间的间隔时间延长，造成缺氧，白天嗜睡，精神萎靡不振，口腔畸形。

（3）影响婴幼儿正常的性发育。儿童生长激素分泌低下，性激素分泌紊乱，女童出现性早熟，男童出现生殖器短小。

（4）造成婴幼儿心理损害、肥胖婴幼儿的智商和情商低于健康婴幼儿，其活动、学习、交际能力低，久而久之会出现抑郁、自卑的心理，使婴幼儿对人际关系敏感、性格内向、社会适应能力低，影响婴幼儿心理健康。

3. 预防婴幼儿肥胖

（1）母亲孕期控制体重。母亲在妊娠期间注意饮食和合理运动，控制体重。孕前体重属于正常范围，在孕期的总增重应控制在11.2～15.2kg之间。

（2）进行母乳喂养。纯母乳喂养持续6个月，此后开始添加辅食，并同时持续母乳喂养至2岁或更久。

（3）不强迫婴幼儿多吃。

（4）平衡膳食结构。合理安排婴幼儿饮食结构，控制高热量食物的摄入，少吃高脂、高糖和高盐类的食品，购买婴幼儿食品时应仔细阅读包装上的说明，注意尽量不买标明有糖、盐的食品。每天的饮食结构包含谷物、鱼、肉、蛋、豆、蔬菜、水果、奶及奶制品。

（5）日常饮食规律。婴幼儿成长阶段体能消耗大，易饥，三餐要按时吃。可以在正餐以外，固定的时间给婴幼儿吃一些有营养、低热量的新鲜水果、低糖低盐的面包、小饼干补充能量。

（6）适量补充蛋白。蛋白质摄入过多是引起肥胖的主要原因之一。蛋白质过多会导致婴幼儿身高、体重过度增长，同时刺激脂肪细胞分化过度，在日后发生成人肥胖。从食物中摄取足够量的优质蛋白质，就能满足身体的需要，不要轻易给婴幼儿“补”蛋白粉，鸡蛋、肉等不要超过每次进餐量的1/4。

（7）增加运动锻炼。肥胖不仅与进食量多有关，还与缺乏运动有关。很多婴幼儿吃得多，并且不爱活动就容易发胖。鼓励婴幼儿多进行爬行、玩游戏等，不仅增加运动量，还有利于神经系统发育。对较大的幼儿，要时常鼓励、督促其运动，多外出玩耍、跑跳。

（二）婴幼儿营养不良的相关知识

1. 婴幼儿营养不良分度标准

Ⅰ度　精神状态正常。体重较正常低15%～25%，腹壁皮下脂肪厚度为0.4～0.8cm，皮肤干燥，身高不影响。

Ⅱ度　精神不振，烦躁不安，肌张力减弱，肌肉松弛，体重较正常低25%～40%，腹壁皮下脂肪厚度小于0.4cm，皮肤苍白、干燥，毛发无光泽，身高较正常减低。

Ⅲ度　精神萎靡，嗜睡与烦躁不安交替出现，智力发育落后，肌肉萎缩，肌张力低下，体重较正常低40%以上，腹壁皮下脂肪消失，额部出现皱纹，呈老人样面容，皮肤苍白、干燥、无弹性，毛发干枯，身高明显低于正常，常有低体温、脉搏缓慢、食欲不振、便秘，严重者可出现营养不良性水肿。

2. 婴幼儿营养不良的诱因

（1）长期喂养不当。早产、无母乳或母乳不足，未能合理选择主食，而以米汤、米糊等低蛋白、低热量食物作为主食；或添加辅食不及时， 8～9个月龄应以菜汤拌稀饭作为主食。

（2）骤然断奶。不是有计划、有步骤地为婴幼儿断奶，而是突然断奶，从流质饮食直接改为固体饮食；或原一日六餐减到一日三餐，使小儿肠胃不能适应。

（3）肠胃疾病。长期腹泻，先天性畸形如唇裂、腭裂、幽门狭窄、贲门松弛、过敏性结肠炎、频繁呕吐等，影响食物的消化与吸收。

（4）慢性消耗性疾病。如肺结核因长期发热、食欲不振、消耗增加而致营养不良。

（5）体弱儿。低体重儿、双胎、多胎或因难产及窒息等意外引起的体弱儿容易患营养不良。

（6）呼吸道感染或腹泻、婴儿湿疹。由于这些因素而忌食高蛋白的食品，比如长期不吃鸡蛋、鱼、肉而只吃素食，使优质蛋白质摄入不足；或因湿疹而断奶，改用米糊之类喂养。

3. 婴儿营养不良的预防

（1）提倡母乳喂养：早产儿由于发育不足，喂哺困难，营养素需要相对较高，应强调母乳喂养。如无母乳，可用牛奶等替代品，还要按时添加辅食。

（2）患胃肠疾病时，需补给足够营养，患兔唇、腭裂及幽门痉挛时，应及时治疗。患消化系统以外的疾病时，同样要注意营养，使抵抗力增加，疾病得以早日康复，不致因久病产生营养不良。

（3）饮食调节：轻度营养不良以饮食调节为主，给予高蛋白、高热量饮食，以吃饱为度。中、重度营养不良遵循循序渐进的原则，热能由低开始，逐渐增加饮食；食物种类也逐渐增多；增加饮食量视患儿的食欲和大便情况而定，进食顺利者热量可增加到每日每千克体重 502～586kJ（120～140kcal），营养不良治疗后其热量再调整到正常需要量。

（4）对引起营养不良的原发病进行治疗，及时纠正合并症：此外，可采用中药、针刺、捏脊、口服助消化药物，用以提高患儿的消化能力，增强食欲。

三、婴幼儿体格生长发育的相关知识

（一）体格生长发育指标

婴幼儿生长发育总的特点为：出生后头 2 年身高、体重增长较快，2 岁至青春期以前有较为稳定的增加，青春期快速增长，以后逐渐停止。

体格生长发育有头尾规律，即婴幼儿期头部生长发育领先，随着年龄的增长，头增长不多而四肢、躯干增长速度加快。婴儿期头部高度占全身的 1/4，成人头部高度占身高的 1/8。常用的婴幼儿生长发育指标有体重、身高、头围、胸围。

1. 体重　是反映婴幼儿生长发育的最重要也是最灵敏的指标。因为体重可反映婴幼儿的营养状况，尤其是近期的营养状况。体重可以受多种因素影响，如营养、辅食添加、疾病等。体重在出生头 3 个月增长最快，一般为月增长 0.6～1kg，1 岁后幼儿的体重可用下列公式计算：体重（kg）＝年龄（岁）×2+8。

2. 身高　也是婴幼儿生长发育的重要指标，但它反映的是长期营养状况。主要受遗传、种族和环境的影响较为明显。身高在生后第一年增长最快，平均年增长 25cm。1 岁以后平均身高的公式为：身高（cm）＝年龄（岁）×5+80。

3. 头围　是反映婴幼儿脑生长发育的一个重要指标。头围在生后第一年增长最快。出生时头围平均 34cm，1 岁时平均 46cm，第二年增加 2cm，第三年增长 1～2cm。3 岁时头围平均为 48cm，头围过大则要考虑有无脑肿瘤、脑积水的可能。

4. 胸围　新生儿在出生时，胸围小于头围，随着月龄的增长，胸围逐渐赶上头围。一般在 1 岁时，胸围与头围相等。头胸围交叉时间与婴幼儿的营养状况有关。影响胸围增长的因素有营养状况不良、缺乏体育活动及疾病造成胸廓畸形，如鸡胸、漏斗胸等。1 岁后，胸围增长明显快于头围，胸围逐渐超过头围。到青春期胸廓发育很快，向成人体型转变。

（二）0～3 岁婴幼儿发育指标

1 个月　俯卧位时骨盆抬高，膝多屈曲在腹下方，偶尔伸髋伸膝，额部偶尔抬离床面。扶或坐位时，头偶尔能竖立片刻，手经常呈握拳状，母亲与其对话时能注视母亲面孔。

2 个月　俯卧位时头能间断抬离床面，扶呈坐位时头能支撑片刻，握持反射减弱。当对其说话时能微笑并“咕咕”发音。仰卧位时，能注视移动的悬挂玩具。

3 个月　俯卧位能抬头，上肢可支撑部分体重，下颏与肩可离开床面，面部与床的角度呈 45°～90°。握持反射消失。

4 个月　俯卧位时头及胸能抬离床面，面部与床呈 90° 。扶呈坐位时，头能竖立，不前后倾倒，但向左右倾斜时头仍摇摆不停。仰卧位时两手经常放在眼前，端详并玩着双手，称为“凝视手动作”。会拉衣服盖在脸上，会摇拨浪鼓，会大声笑。

5 个月　扶呈坐位时头不再摇摆不停，仰卧位时手脚可以放到嘴边，手能随意抓东西，能把纸弄皱，洗澡时会拍击水，会对镜中影像笑，会拍打奶瓶。

6 个月　俯卧位时前臂可伸直持重，胸及上腹部可离开床面。能独坐，但两手支撑在前方，两手能握奶瓶，会用手掌抓积木块，当父母要抱他时，会伸直两臂，对陌生人表现出害怕和害羞。

7 个月　可以从仰卧位翻成俯卧位，扶呈立位时能高兴地上下跳，能将积本从一只手倒给另一只手，会咀嚼饼干，叫其名字有反应，能发出“ba”“da”“ka”等音节。

8 个月　能坐得很稳，坐位时会向前弯腰探着身体去拿东西，俯卧位能试着爬，有时会先向后爬，能发出“ba-ba”“ma-ma”等重复音节。

9 个月　扶床能站，会用拇指和其他指前端去拿葡萄干大小的物品，能将手掌蒙在脸上不让洗。

10 个月　灵活爬行，但腹部尚不能离开床面，拉着东西能自己坐起来，能用手指物品，对一些简单的句子有反应。如问他“爸爸在哪？”能朝其爸爸望去，会做表示“再见”摆手动作。

11 个月　扶物站立时能抬起一条腿，爬时脚着地，腹部离开床面，母亲给他穿衣时，能伸臂帮助，但往往将上臂伸到袖子外面，会摇头表示“不”。

1 岁　能手足爬，牵手能行走，会故意往地上扔东西，捡起来后又继续扔，能说二、三个字，能理解较多词汇。

1 岁半　能独立在平地行走，牵一只手能上楼，会独立坐在椅子上，能将三四块方积本搭在一起，会指出身体部位，能适当控制小便，白天基本不尿湿裤子。

2 岁　能独自上下楼，但需要两脚重复踏一个台阶，能跑，拾物站起来不会跌倒，会旋转门把手，转动圆的瓶盖，会洗手、擦手，会穿鞋、袜、裤，能用语言表示喝水、大小便、吃饭等，会用代名词“你”“我”，临睡前排尿后夜晚不再尿床。

3 岁　上楼一步一个台阶，下楼时再一步一个台阶，能单脚独立数秒钟，会骑儿童车，能穿、脱鞋，但有时需要家人帮助分清鞋的左右，会解开衣服前面及侧面的纽扣，需要帮助系扣，会说一些儿歌，可以数 1 到 10 的数，言语内容增多，不停地询问各种问题。

第二节　常见症状护理

技能要求

1. 能为发热婴幼儿进行护理。
2. 能处理婴幼儿便秘。
3. 能为婴幼儿进行皮肤保健与护理。
4. 能为新生儿进行脐部护理。

一、影响体温的各种因素

1. 外在因素　婴幼儿体温受外在环境影响，如天热时衣服穿太多、水喝太少、房间空气不流通、室温过高；婴幼儿进食、哭闹、运动后；傍晚时较清晨高一些。

2. 内在因素　感冒、气管炎、咽喉炎或其他疾病。

3. 其他因素　如预防接种，包括麻疹、霍乱、白喉、百日咳、破伤风等反应。

如果婴幼儿有暂时的、幅度不大的体温波动，只要一般情况良好，精神活泼，没有其他症状和体征，通常也不考虑病态。

二、发热的基本处理方法

在工作中，要学会观察婴幼儿体温，能为发热婴幼儿进行护理。

（一）选择合适的降温方法

婴幼儿发热，临床上常用的降温方法主要有两种：物理降温、药物降温。不管采用何种方法帮助婴幼儿降温，要根据婴幼儿的年龄、体质和发热程度来决定。

新生儿期发热一般不宜采用药物降温。婴幼儿一般感染所致的发热最好先采用适当的物理降温措施，但对麻疹等出疹性疾病的患儿不宜采用冷敷和酒精擦浴降温，以免刺激皮肤，影响皮疹透发，甚至引起酒精中毒。如果使用药物降温，要注意在医生的指导下用药，不能随意增加剂量，以免使婴幼儿出汗过多而引起虚脱、电解质紊乱、肝肾功能损伤等。

（二）家庭物理降温法

温水擦拭或温水浴：用温湿毛巾擦拭婴幼儿的头、腋下、四肢或泡个温水澡，多擦洗皮肤，促进散热。如果婴幼儿的体温超过 39.4℃，可以采取用温水不间断地擦身体降温，并且每隔 10 分钟量一次体温，必要时到医院就诊。

（三）家用药物降温

1. 在医生指导下用药，剂量不能过大。

2. 给发热婴幼儿用药不可操之过急，如果服用一次后，热度不退，再次服药需间隔 4～6 小时。

3. 不宜在短时间内让婴幼儿服用多种退热药，降温幅度不宜太大、太快，否则婴幼儿会出现体温不升、虚脱等情况。

4. 退热药只是在婴幼儿发热时才有退热作用，婴幼儿不发热时，服用退热药并无预防发热的作用。

5. 在给婴幼儿服用退热药后，如果婴幼儿出汗较多，要及时补充水分，以免发生虚脱。

（四）婴幼儿发热时的饮食调理

婴幼儿发热时，身体新陈代谢加快，对营养物质的消耗会大大增加，体内水分也会明显消耗。同时，由于发热，婴幼儿体内消化液的分泌减少，胃肠蠕动减慢，消化功能明显减弱。所以，一定要注意婴幼儿发热时的饮食调理，高热量、高维生素的流质或半流质食物是最佳的选择。另外，少食多餐，婴幼儿每天进食以 6～7 次为宜。

1. 米汤　米汤水分充足，易被消化吸收。

2. 绿豆汤　绿豆具有清热、解毒的作用，既能补充营养，又有利于婴幼儿体内毒素的排出，可以帮助婴幼儿退热。

3. 鸡蛋羹　鸡蛋羹可以补充蛋白质，并且较容易消化吸收。

4. 鲜梨汁　鲜梨汁具有清热、润肺、止咳的作用，适用于发热伴有咳嗽的婴幼儿。

5. 鲜苹果汁　鲜苹果汁中含有大量的维生素 C，可以补充婴幼儿体内的消耗。

如果婴幼儿因为发热而食欲不好，不要勉强喂食，要尽量补充水分。在婴幼儿发热期间，不要随意增加没有吃过的食物，以免引起婴幼儿腹泻。

三、便秘的处理方法和注意事项

便秘是指大肠内积存过多或过久的粪便，水分被过量吸收时，会变得干燥、坚硬、量少，呈栗子状。由于每个婴幼儿排便习惯不同，便秘是没有绝对的日数限制的。出生 1 周内的新生儿，平均每天排便 4 次，而有些母乳喂养的婴儿可以多至 6～7 次，1 岁以上的幼儿每天 2 次都算是正常。除了排便时间，大便质地的软硬、排便时用力程度、疼痛与否等，均可用于判别是否便秘。

婴幼儿多日不排便，肠道中的粪便会发酵，造成腹部膨隆，食欲下降，还会经常哭闹。另外，肠道中积存过久的粪便还会产生毒素，毒素经再吸收进入血液，容易损害肝、肾。更严重的是，长期便秘还会影响婴幼儿的智力发育。

（一）引起便秘的原因

1. 饮食因素　婴幼儿饮食量太少，饮食中糖量不足，大便量少。饮食中蛋白质含量过高使大便呈碱性、干燥，排便次数减少。过量补钙及过多摄入蛋白质营养物如蛋白粉、牛初乳等也会造成便秘。有些婴幼儿不喜欢吃蔬菜是造成便秘的一个主要原因。

2. 排便习惯不良　婴幼儿有便意的时候，有意识抑制便意，时间久了，肠末梢神经对粪便刺激敏感度下降，粪便久存于直肠，水分被吸收变干硬，就会引起便秘。

3. 精神因素　婴幼儿受到突然精神刺激，如惊吓，或生活环境改变等，可出现暂时的便秘现象。

4. 疾病因素　佝偻病、营养不良、甲状腺功能低下的患儿腹肌张力差或肠动力减弱，便秘比较多见；肛裂或肛门周围炎症，大便时肛门口疼痛，婴幼儿因怕痛而不解大便，导致便秘；先天性巨结肠和乙状结肠冗长症的患儿，生后不久便有便秘、腹胀和呕吐；腹腔肿瘤压迫肠腔时大便不能顺利通过，也会引起便秘。

5. 服用药物　婴幼儿因病服用抗生素等药物过多，肠道内益生菌就会减少，肠内环境变差，肠蠕动减慢，pH 上升，肠功能紊乱导致便秘。

（二）婴幼儿便秘的护理和注意事项

了解婴幼儿便秘的原因之后，就可以有针对性地采取措施帮助解决便秘困扰。

1. 喝母乳也会便秘的婴幼儿，母亲的饮食要重新搭配，适当减少蛋白质类饮食，增加谷类食物，吃些蔬菜、水果等高纤维素食物。蔬菜中的纤维可以刺激肠蠕动，促进排便。

2. 奶粉喂养的婴幼儿便秘时，要注意补充足够的水分。6 个月以上的婴幼儿可以喝些橙汁、雪梨汁等果汁。必要时在奶粉中添加益生菌，或者将奶粉换成添加了双歧杆菌 Bb-12 的奶粉。

3. 以肚脐为中心，顺时针方向为婴幼儿按摩腹部，可以帮助排便，而且有助于消化。

4. 养成定时排便的习惯，3 个月以上的婴儿可以开始训练定时排便，幼儿可在清晨或进食后坐便盆，并养成每日定时排便的习惯。

5. 如果婴幼儿已经几天没有排便，并且出现腹痛、腹胀、难以进食、烦躁不安的情况，可以考虑用开塞露、肥皂通便。

6. 如果上述方法依然不能缓解或者纠正便秘症状，应考虑与食物过敏、肠道畸形、肛门狭窄等疾病有关，及时就医确诊。

四、皮肤保健与护理的注意事项

（一）正确清洁皮肤

给婴幼儿清洁皮肤时应使用婴幼儿专用的洗发水和沐浴露，除了能够有效地清除婴幼儿头发和皮肤上的污垢，又能保护婴幼儿的皮肤和头发上的保护层。

（二）皮肤护理措施

婴幼儿的皮肤还没有发育完全，非常娇嫩敏感，而且抵抗干燥环境的能力也较差。应在给婴幼儿清洁皮肤后涂抹专业的润肤油，特别是有皱褶的部位。保证婴幼儿皮肤水分的均衡，同时也要注意婴幼儿是否对润肤油过敏，且不要经常更换润肤油。

婴幼儿皮肤的真皮层非常薄，纤维组织少，皮肤弹性很差，容易因为摩擦受伤。应给婴幼儿使用专门的毛巾进行擦洗。婴幼儿的皮肤免疫系统还没有发育完全，容易出现过敏，如红疹、水疱，甚至是蜕皮。需要给婴幼儿选择温和、无刺激的护肤产品。

五、新生儿脐部炎症的识别与护理

由于脐部的解剖特点易被细菌感染而发生脐炎，因此新生儿脐部护理非常重要。愈合中的脐带残端经常会渗出清亮的或淡黄色黏稠的液体，这是正常现象。脐带一旦被水或被尿液浸湿，要马上应用干棉球或干净柔软的纱布擦干，用 75%乙醇或碘伏消毒。新生儿脐炎多指细菌入侵脐带的残端，并且繁殖所导致的炎症。脐部炎症一旦发生，局部用 75%乙醇涂擦，每日 2～3 次，涂擦的方法是用 75%乙醇浸湿的棉签，以从脐根部到脐带残端再到周围皮肤的先后顺序从内到外环形擦拭。脓液较多、脐部炎症有扩散或者伴有发热等全身症状时，应及时就诊。

（陈　静）

第十章

健康与管理

第一节　预防伤害与急救

技能要求

1. 能发现并处理婴幼儿生活与教育环境中的安全隐患。
2. 能为婴幼儿进行心肺复苏。
3. 能为婴幼儿发生气管异物进行初步处理。
4. 能为婴幼儿被宠物咬伤进行初步处理。
5. 能为婴幼儿触电进行初步处理。
6. 能为婴幼儿脱臼进行初步处理。

一、居家、户外和交通安全的预防与急救知识

（一）居家安全知识

家庭是婴幼儿活动的主要场所，大多数婴幼儿意外事故均发生于家中，尤其是0～3岁的婴幼儿，好奇心强，又不具备判断事物危险性的能力，故需要看护者及时排查家里的安全隐患，防止意外事故的发生。

1. 家里的药物应放在婴幼儿无法打开的瓶子里，最好锁在柜子里。
2. 保持好药品和化学品容器上原有的标签，不要把有毒物质装在曾经装无害药物和食品的瓶子里。
3. 尽可能把药物放在远离婴幼儿食物的地方。
4. 不要到处乱放喷雾剂瓶，因为瓶口可能会被婴幼儿好奇按下，受到伤害。
5. 在有火的地方安放防护栏。
6. 保证婴幼儿接触不到有电线的设备。
7. 用毛巾盖好暖气片或暖气管，或者用家具挡好。教会婴幼儿不能触摸暖气片。
8. 关好所有的上层橱柜，附近不要留有可以爬上去的东西。
9. 不要让婴幼儿接触到针、火柴、打火机、锋利的刀剪等。
10. 家具一定要牢固、稳定，以防婴幼儿把家具弄翻。
11. 门窗上锁，安装安全护栏，窗下不放家具，以防婴幼儿攀爬坠楼。

（二）户外安全知识

婴幼儿活动的公共场所，主要包括居住所在地的物业小区、户外活动的公园、动物园、儿童游乐场、购物的商场或超市、就餐的饭店等。带婴幼儿到公共场所时应照顾好婴幼儿，避免意外发生。应做到如下事项：

1. 防止失散　在人多拥挤的场合不要让婴幼儿离开家长的视线，人多时应拉住婴幼儿的手，避免走失、挤伤。

2. 阻止幼儿在危险场地嬉戏　阻止幼儿在有光滑的地面、台阶、玻璃等材料的场地嬉戏，防止滑倒和被玻璃柜台边角的锐边割伤。幼儿结伴外出时，不要相互追逐、打闹、嬉戏。

3. 阻止婴幼儿攀爬　阻止婴幼儿攀爬自动扶梯和护栏，以防摔倒受伤。

4. 安全乘坐各类运输设备　安全乘坐各类运输设备（如电梯、公共汽车），避免过多的人集中挤在狭小的空间。

5. 严禁婴幼儿在水池边逗留　严禁婴幼儿在水池边逗留，以防溺水。禁止幼儿去危险地带，如泥坑、水井、窑井及粪坑等。

6. 不要带婴幼儿逗弄动物　不要带婴幼儿在动物园的禁入标志前逗弄动物。

（三）交通安全知识

我国 0～14 岁儿童交通伤害位列伤害死亡的第二位，学龄前儿童是发生车祸的高发人群。预防措施：

1. 加强看管，不要让幼儿在人多或车多的公路上独自行走，过马路时要牵着幼儿的手。

2. 不要让婴幼儿爬到停驶的大型车辆下面玩耍。

3. 经常进行安全教育。

4. 乘车时不要把婴幼儿抱在怀里，而是让其坐在汽车里最安全的地方：汽车的后排座位中间的位置。12 岁以下婴幼儿及儿童乘车时必须使用安全座椅或安全增高坐垫，13 岁以前不得坐副驾驶。

5. 关闭车门前一定要看清楚婴幼儿的手是否放在门边。

6. 车窗不能开启超过窗面的 1/4，不要让婴幼儿倾身或把手伸出窗外。

7. 乘坐公共交通工具时，如有安全带，需协助婴幼儿系好安全带。

8. 教育幼儿绿灯亮时车辆、行人通行，黄灯闪烁时车辆、行人在确保安全的原则下可以通行，穿越马路时，不可迂回穿行。

9. 乘坐公共汽（电）车要排队候车，上下车均应等车停稳、先下后上，不要争抢，车停稳后再下车，要从人行道一边的门下车。

二、婴幼儿心肺复苏流程与注意事项

1. 胸外按压　将一只手的两根手指置于两乳头连线下方的胸骨处；按压胸部，按压深度至少为胸部深度的 1/3 或 4cm；每次按压后，须持胸部恢复到正常位置，按压频率为每

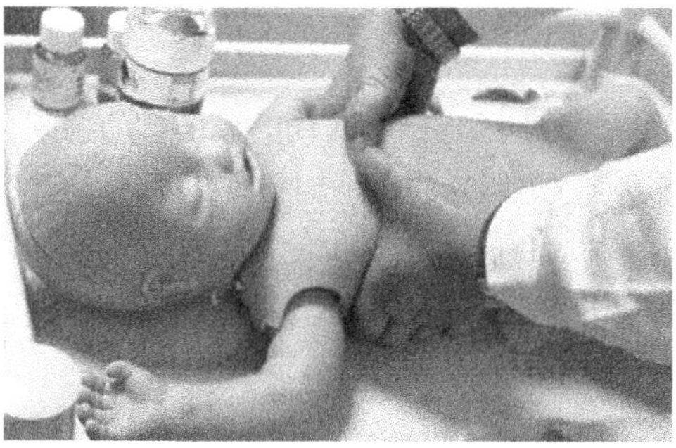

图 10-1 胸外按压部位

分钟至少 100 次，连续做 30 次按压。按压部位见图 10-1。

2. 开放气道 压额头、抬下巴开放气道，如果发现不明物体，用手指将其清除，千万不要用手指盲目寻找。

3. 人工呼吸 进行 1 次正常的呼吸（不是深呼吸），用嘴严密罩住婴儿的口部和鼻部，吹两口气，每次 1 秒，保证每次吹气都应该使婴儿胸部起伏。

4. 继续交替进行胸外按压和人工呼吸，每 30 次胸外按压搭配 2 次人工呼吸。

5. 持续胸外按压和人工呼吸，直至医护人员到场。

三、发生气管异物类型与处理的注意事项

气管异物是指因呼吸道被异物堵塞，出现呼吸困难的紧急状态，多发生在 1 岁以下婴儿，是导致死亡的主要原因。窒息要及时发现、及时抢救，才能避免危险。

（一）常见原因

1. 捂被窒息 婴幼儿的口鼻埋在柔软的被子、枕头或床上的布娃娃下面，引起窒息。

2. 呕吐物、胃食管反流物窒息 容易出现在仰卧位时，如溢奶呛入气管后导致窒息。

3. 食物吸入气管引起堵塞 常见的吸入物有果冻、圆形坚果、糖果等。

4. 气球、塑料袋堵塞口鼻 可发生于无人照料独自玩耍或无效陪伴（如大人在一旁玩手机）的情况下。

（二）表现

1. 无呼吸、呼吸微弱、不会哭闹。

2. 嘴唇、指甲、皮肤呈紫色，手脚冰冷，眼睛呆视，脉搏细微。

（三）急救方法

1. 因捂被引起的窒息 发现时应立即解除捂盖物，将婴幼儿置于空气流通处，检查有无呼吸、心跳。如果呼吸、心跳存在，皮肤逐渐转红，并有了哭声，应在严密观察下立即带去医院检查。如果已无呼吸、心跳，立即呼叫身旁的人协助拨打 120 急救电话，并立即开始人工呼吸和胸外按压，直到专业医护人员到来。

2. 因异物堵塞咽喉引起的窒息 可按下列步骤进行。

（1）若异物进入口腔不深，张口后可以看得见，可把婴幼儿的嘴张开，用示指沿着两颊内侧插入，慢慢把异物抠出来。

（2）若异物进入口腔较深，张口后看不到异物，不要尝试用手去抠，这样反而会把异物塞得更深。如果婴幼儿没有呼吸困难情况，应该立即送到医院去处理。

（3）如果婴幼儿不能发声、不能咳嗽、脸色发紫、几乎无法呼吸，必须尽快实施海姆立克急救法。

1）1岁以下婴儿气管异物的处理：①以育婴员的一手前臂承托婴儿，并使之面朝下，头低于身体，承托之手的拇指和示指固定婴儿下巴两侧，再用育婴员的同侧大腿支撑住手臂。②用另一手的掌根拍击婴儿背部的两肩胛骨之间，每秒1次，连续用力拍打5次。③再将婴儿翻转仰面朝上，躺在育婴员的一只手臂上，使他的头低于身体。用示、中指置于婴儿的胸骨末端，约在乳头连线下一横指处，快速向下按压5次，深度约1cm，速度为每秒1次。④观察异物是否自气管喷出，如果没有，再将婴儿翻转面朝下，用力拍击背部5次，再继续压胸5次。⑤如此反复动作，直至异物排出或急救医师到来。

2）1岁以上幼儿气管异物的处理：①站在幼儿的后方，用两只手臂环住幼儿的腰部。②一手握着拳，另一只手握住此拳头，握拳的拇指靠在幼儿的腹部肚脐上方，胸骨的下方（注意不要压在胸骨和肋骨上）。③用力快速往腹部后上方冲击，连续5次，观察异物是否自气管喷出，如果没有，继续以上动作，直至异物排出或急救医师到达。

（四）预防

1. 婴幼儿最好独自一床睡觉，不要与大人同被睡（同房不同床），尤其对于1岁以下的婴儿，婴儿床上不可放置任何多余的物品，包括枕头、被子、床围、毛绒玩具，否则可能导致婴儿猝死综合征。

2. 3岁以下儿童不能玩含有细小零件的玩具，以免发生窒息意外。

3. 避免吃果冻、圆形坚果（如花生）、糖果等容易造成气道异物阻塞的食物，进餐的时候不能跑跳、大笑。

4. 玩气球、塑料袋时旁边应有大人照料。

四、被宠物咬伤类型与处理的注意事项

家有婴幼儿尽量不要喂养宠物，避免婴幼儿到有饲养动物或流浪动物的地方去。宠物咬伤主要是猫咬伤、狗咬伤。被宠物咬伤后除伤口疼痛、感染外，还有发生狂犬病的风险，应及时正确地处理。

1. 伤口冲洗　由于狂犬病毒在脂溶性溶液中容易灭活，在1%的肥皂水里面仅需1分钟，狂犬病毒就会失去活性。因此，猫狗抓伤咬伤的伤口应该立即使用肥皂或洗手液进行彻底冲洗至少15分钟。但是猫狗爪子及口腔中还有很多的病原微生物，因此需要到医院使用聚维酮碘溶液或苯扎氯铵溶液进行局部清洗，以尽可能减少伤口感染；伤口很深的话，还需要使用生理盐水加压冲洗。对于复杂的伤口，则需要在医院进行局部麻醉后彻底清创。

2. 伤口止血　如果发现伤口出血情况比较严重，特别是较深的穿刺性伤口，在去医院前应该紧急进行止血处理。一般的渗血创面，可以用消毒的纱布局部加压10～15分钟，大部分情况下可以止血，加压过程中不要反复掀开纱布观察伤口，否则可能把伤口血凝块撕开导致再次出血。如果损伤创面比较大，导致大面积出血甚至喷射状出血，应该在持续局

部用纱布压迫止血同时，尽快送至医院急诊科处理。

3. 疫苗接种　婴幼儿被宠物咬伤后，要及时注射狂犬疫苗，以有效地预防发病。

五、触电处理流程与注意事项

触电是一种严重的意外伤害，多数会发生电击性休克和电击伤，严重的会危及生命或造成残疾。

（一）常见原因

1. 电线裸露或家庭中乱接电线，随便设置电源插座，电源无保护盖或位置低。
2. 电器老化、漏电。

（二）表现

1. 触电时间可能非常短暂，触电的婴幼儿可能尚未脱离电源。
2. 发生电击性休克，表现为面色苍白或青紫，没有呼吸，没有心跳或很微弱。
3. 触电处有电击性灼伤，皮肤发红或发黑。
4. 通常真正的伤害比眼睛看到的表面伤害要严重得多。

（三）急救方法

1. 立即切断电源，拔下保险盒或电源插头。
2. 如一时无法将电源切断，可用不导电的物品如木扫把、椅子、毯子、塑胶垫子等物将婴幼儿与电线分离，千万不能直接去拉婴幼儿。
3. 立即观察生命征象，如果没有呼吸心跳或心跳很微弱，应该立即进行口对口人工呼吸和胸外按压，直到呼吸心跳恢复、开始哭泣或医护人员到场。
4. 如果有皮肤烧伤，先将外衣脱去，冲冷水直到疼痛消失。颜面部可以用冷湿毛巾湿敷降温。不要把受伤的皮肤或水泡弄破。
5. 不要在伤口上放冰块、搽牛奶或奶油、油膏、药剂，以免引起伤口感染，也不要盖毛绒的布或有黏性的纱布。如果手指、脚趾灼伤，应该在每个指（趾）间放置纱布或纱条，以避免皮肤粘连在一起。
6. 紧急处理后要尽快送至医院进一步治疗。

（四）预防

1. 室内电源插座应该加盖，并安装在婴幼儿不能触摸到的地方。
2. 家用电器的电源线应该经常检查，发现剥脱或老化的电线应该及时更换。电器漏电要及时修理或更换。
3. 室内不能随意乱牵电线，接线板不能随处放置，避免儿童玩弄。
4. 电（热）加热器应安在婴幼儿够不到的墙上。

六、婴幼儿脱臼处理注意事项

脱臼尤其常见于 5 岁以下的儿童，常在跌倒、被突然用力地牵拽时发生手腕、肘部或者肩部脱臼。随着年龄增长，韧带更紧实，脱臼风险降低。

（一）表现

如果出现以下情况，可能发生了脱臼。

1. 婴幼儿被拉拽过，或者跌倒过，或者翻身的时候手臂压在身下，虽然并没有外伤，但是大哭不止。
2. 当患肢被触碰时，哭得尤其厉害。
3. 无法自己抬起患肢。
4. 患肢关节角度不自然。

（二）急救方法

1. 帮助患儿保持比较舒服的姿势，尽快带到最近的医院检查并由医生来做处理。
2. 如局部肿胀，可保持患肢抬高，局部冷敷，缓解肿胀。
3. 必要时在医生指导下使用止痛药。

（三）预防

1. 放开手，让婴幼儿自己去探索独立走路的感觉。需确保学步环境的安全，保证地上干燥不打滑，没有障碍物、尖锐物品，也可以放置合适的家具作为婴幼儿学步的辅助设置。
2. 在地形复杂，一定需要大人牵着走路的情况下，扶着婴幼儿的大臂，而不是抓住手掌。按照婴幼儿走路的速度一起慢慢走或抱起婴幼儿走。
3. 如果跌倒，立刻蹲下来抱住婴幼儿，或者顺势弯下腰用另一只手搂住婴幼儿的腋下。
4. 玩荡秋千的游戏要把拉手改成搂在婴幼儿腋下。
5. 从安全座椅里抱出婴幼儿时，先把手臂从安全带里放出来，再搂着腋下抱出安全座椅。
6. 给婴幼儿更衣的时候，确保抓住婴幼儿的手臂或者手，再慢慢穿脱袖子。

第二节　健康与指导

技能要求

1. 能根据新生儿的具体情况对家长进行母乳喂养指导。
2. 能通过婴幼儿体重、身高增长、毛发皮肤及睡眠、二便情况异常，发现生长障碍、贫血、肥胖问题并能进行合理膳示指导。
3. 能对婴幼儿常见多发病进行饮食调理。

一、催乳知识

(一)尽早开奶，频繁吮吸

婴幼儿的吮吸可以刺激产妇的乳头，促进产奶。在婴幼儿出生后的 30 分钟至 3～4 天内，吮吸对于产妇产奶非常重要，吮吸得越早、越多，越有利于母乳分泌。吮吸时要注意让婴幼儿含住乳头和乳晕的大部分，这样可以有效刺激乳头上的感觉神经，促进泌乳素分泌，使母乳越来越多。

(二)保持良好的心情

如果精神过于紧张，就会抑制体内泌乳素的分泌，影响产奶。哺乳期间，要尽量保持愉悦的心情，家人也要多给产妇一些正面的支持，协助照顾婴幼儿，不要让产妇劳身又劳神。

(三)防止过度疲劳

建议产妇每天的睡眠时间尽可能保证在 8 小时以上，避免过度疲劳。不过也不建议一直躺在床上，应适当起床活动。

(四)多补水，注意营养搭配

母乳中 80%～90%都是水，哺乳期的产妇多喝水是非常必要的，大概要比平时多喝 1000ml 左右。如果觉得白开水太淡，可以选择牛奶、淡豆浆和淡红豆汤，既能补充水分又不油腻。需要注意的是，猪蹄汤、骨头汤等“产奶汤”，含有较多脂肪和胆固醇，其他的营养成分非常少。为了均衡营养，肉类、蛋奶、蔬菜、水果这些食物也需要补充，建议荤素搭配。

所以对产妇来说，产奶最重要是要保证健康的身体和精神状态，不仅要保证均衡的饮食，多喝水，同时要增加哺乳的频率。而饮食方面，只要每天吃够量就好，多吃的部分也不会帮助产奶。

二、营养不良、贫血、单纯性肥胖的膳食调理知识

(一)营养不良

营养不良是指体重达不到标准的一种营养不良状态。衡量婴幼儿的营养状态不能简单地称一下体重，这是因为瘦高体形和矮胖体形的婴幼儿即使体重相同，营养状态也是明显不同的。所以应该根据婴幼儿的身高来评价其体重，如果达不到正常范围的低值就是消瘦。

1. 常见原因

(1)喂养不当

1)母乳不足时，选用的代乳品不当或代乳品调配不正确(例如未选择配方奶粉、单纯使用米粉喂养、奶粉调配的比例不当、牛奶过稀等)，造成热量和蛋白质供给不足。

2)随着儿童年龄增加，婴幼儿的食物应该由液体食物转变为泥糊状食物，再增加固体

食物，食物品种多样，供给的热能和营养素才能够满足需要。如果供给的食物没有及时增换或食物单调、质量差，儿童的营养得不到满足，就会消瘦。

3）断奶过早或骤然断奶，使婴幼儿不能适应新的食物。

（2）疾病的影响

1）反复生病：婴幼儿在生病（例如一般的感冒、腹泻等）时进食少，病后又未能及时补充营养，导致抵抗力降低，容易造成反复感染，加重营养不良，形成“感染、消瘦、感染”的恶性循环。

2）慢性消耗性疾病：迁延性腹泻、慢性痢疾、肝炎、结核病、肠吸收不良综合征等，均可影响食物的消化、吸收，增加消耗。

3）先天不足：早产、双胎、低出生体重儿等由于先天营养储存不足，生后营养物质的需要量相对较多，但是消化吸收功能又较差，容易发生消化不良，导致消瘦。

4）不良的饮食习惯：进食不专心、饮食不规律、偏食、挑食、吃零食过多等，影响正常的进食和食物的消化吸收。

2. 表现

（1）体重不增为最初表现，继而体重下降，皮下脂肪逐渐减少，首先是腹部，其次为胸背部，继而是臀部、上下肢，最后才是面颊部。

（2）长期消瘦导致身长增长缓慢而变得矮小。

（3）肌肉松弛，皮肤缺乏弹性，毛发干枯，活动减少，致使运动功能下降。

（4）抵抗力降低，反复感染（感冒或腹泻）、贫血、佝偻病。

3. 营养不良的家庭护理与预防

（1）消除病因，及时进行相关疾病的治疗。

（2）消瘦的婴幼儿抵抗力差，一旦生病，病情较重，所以生病时要及时到医院去诊治。

（3）合理安排饮食，辅食多样化。

（4）按时预防接种。

（5）定期进行健康检查，取得医师的医疗保健指导。

（6）体格锻炼，多进行户外活动，合理安排生活起居。

（7）不要盲目喂服“营养药”“增强抵抗力药”等保健药。

（二）贫血

1. 贫血的概念　外周血检查血红蛋白，6 岁以下儿童血红蛋白＜110g/L、6 岁以上儿童＜120g/L 为贫血。儿童的贫血依据其病因，可以分为缺铁性贫血、感染性贫血、溶血性贫血、巨幼红细胞性贫血、再生障碍性贫血等几种，儿童期的贫血主要是缺铁性贫血。

2. 常见病因

（1）先天不足：胎儿从母体获得的铁在妊娠最后 3 个月最多，正常足月儿可以得到 250～300mg，称为“先天性铁储备”，所以 6 个月以内很少发生缺铁。但早产儿、双胎儿的先天铁储备少，出生后容易发生贫血。

（2）铁的摄入量不足：婴幼儿的食物大多数含铁量少，例如，人乳和牛乳含铁量低，婴儿的其他食物中含铁更少，铁的吸收率也很低（如米糊、蛋黄等），所以 6 个月以后婴儿很容易发生缺铁性贫血，较大儿童如果偏食或摄入动物性食物少时，也可致缺铁性贫血。

3. 表现

（1）生理性贫血：婴儿出生后身体内带有从母体获得的铁，到 2～3 个月后就不能满足需要了，如果这时母乳或牛奶中含铁量不足，婴儿就容易发生贫血，此时婴儿面色较白，到 4 个月后添加辅食后，食物中的铁增加，贫血就会得到改善，婴儿面色转红润。由于很多婴儿都有这种表现，于是把这一过程称为“生理性贫血”。实际上这并不是一种正常现象，这一过程应该缩短或不出现为好。

（2）贫血的一般表现：面色苍白，口唇没有血色，精神差，不爱活动，容易疲劳。长期贫血会影响智力发育，导致婴幼儿注意力不集中，记忆力下降。

（3）血红蛋白＜110g/L。

4. 贫血的家庭护理

（1）贫血的婴幼儿，血红蛋白减少，说明身体中铁的储备已被消耗殆尽，应该及时用铁剂治疗，弥补缺铁造成的亏空，同时，补充身体里的铁储备，一般要用铁剂 2～3 个月。

每天遵医嘱给婴幼儿喂服铁剂。婴幼儿不喜欢铁剂的味道，可以把铁剂混入婴幼儿喜欢的食物中喂服。服用铁剂后大便变黑、牙齿沾上黑色等现象都会随着铁剂停用后消失。

（2）应该让婴幼儿多吃一些含铁丰富的食物以预防贫血，如瘦肉、鱼、豆制品、动物血、蔬菜、海苔等。促进铁吸收的食品有含维生素 C 的水果、蔬菜等。

（3）定期给婴幼儿进行健康检查，每半年检查一次血红蛋白，可以早期发现贫血，得到早期治疗。

（三）单纯性肥胖症

肥胖症是指同性别按身高的标准体重超过正常数 20%者。小儿肥胖症主要由于多食和少动引起身体内营养过剩造成的，也称单纯性肥胖。肥胖症可以发生在任何年龄，但最常见于婴儿期，其次是学龄前期和青春前期儿童。

1. 常见病因

（1）摄入过多：长期摄入的能量超过消耗量，以致剩余的能量转化成脂肪积累在皮下，造成肥胖。多见于人工喂养儿和 2 岁后的幼儿。

（2）活动量少：缺少活动，消耗减少，容易造成肥胖；肥胖后更不愿活动，于是加重肥胖。

（3）遗传因素：双亲肥胖者，其子女约 70%有肥胖；双亲一方肥胖其子女约 40%有肥胖；双亲都无肥胖其子女仅 10%有肥胖。有肥胖者的家庭往往有导致肥胖的生活习惯或生活环境。

2. 表现

（1）全身性肥胖，皮下脂肪分布均匀，腹部皮下脂肪双层厚度≥1.5cm。

（2）体重超重，按身高计算体重高于平均数 20%。

（3）食欲好，喜食淀粉类和油脂类食物。

（4）运动或哭闹、用力后气短，于是活动减少或不活动，更加重肥胖。

（5）智力正常，但常有心理障碍、自卑感、不愿合群。

（6）男孩阴茎掩藏于脂肪组织中，外表看阴茎短小。

3. 单纯性肥胖症的家庭护理

（1）控制饮食：保证每日蛋白质、维生素和矿物质的摄入，适当减少热能、高脂肪、高糖类食物的摄入，多选择热量少、体积大的食物，如蔬菜、水果、红薯、南瓜等，避免饥饿感。改变吃零食、糖果、肥肉及睡前吃点心、餐后就睡的习惯。注意儿童在生长发育期，不能采用成人的饥饿减肥疗法。

（2）增加运动：增加被动运动和主动运动，每天至少半小时，运动量逐渐增加并持之以恒。

（3）肥胖应该先到医院儿科检查，查明原因，有无肥胖引起的并发症，遵从医师的指导，进行饮食控制和运动训练。

三、常见多发病上感、咳嗽、消化不良、厌食的饮食调理知识

（一）上呼吸道感染

上呼吸道感染主要指鼻、咽部等上呼吸道黏膜的急性炎症，是婴幼儿的常见病、多发病。常常表现为鼻塞、流涕、咽痛、咳嗽及发热等，如感染蔓延到邻近器官可引发中耳炎、支气管炎、肺炎等。

上呼吸道感染一般情况下可正常饮食，需要保证优质蛋白、维生素等营养物质和能量的摄入，以增强抵抗力，帮助身体恢复，不需要给婴幼儿设置太多食物限制。部分急性扁桃体炎的患儿会因咽喉部疼痛而拒食，故应避免给予热食，以免加重疼痛。

（二）咳嗽

咳嗽是呼吸道非常重要的防御性反射，具有清洁气道的作用，有利于人体清除肺和气道内的黏液和异物。偶尔的咳嗽是正常的现象。急性咳嗽的最常见病因是上呼吸道感染，慢性咳嗽多见于哮喘、支气管炎等。发生咳嗽应及早就诊。

咳嗽期间可正常饮食，或听从医生建议。

（三）消化不良

消化不良主要包括上腹部疼痛、上腹部烧灼感、餐后饱胀及早饱感。进食可能加重疼痛或者不适。消化不良常见的原因是过度进食、进食较多粗粮、高脂饮食、进食辛辣刺激性食物、进食过快、饮食不规律等，儿童情绪焦虑、抑郁等也可能导致消化不良。

经常性的消化不良需要到医院就诊排除器质性疾病，在医生指导下针对病因用药，并注意改善进食环境、调整饮食结构、规范进食时间。

（四）厌食

厌食是指婴幼儿因某些原因引起的食欲降低。如强迫婴幼儿多吃一些大人认为有营养的东西，会使婴幼儿厌食，或在应该开始训练吃辅食的阶段（六个月左右），没有合理训练小孩咀嚼的黄金时期，导致婴幼儿缺乏咀嚼训练，只喜欢吃流质食物，拒绝固体食品。长期厌食多伴有体重不增或减轻，导致营养不良，影响儿童生长发育。

婴幼儿厌食可用下列方法处理。较小的婴儿，首先保证良好的喂食环境。当婴儿喝奶时，关闭有声音的家用电器，周遭的人尽量减少走动，避免让婴幼儿分心，及时根据月龄改变食物的性状。较大婴幼儿则注重饮食的多样性，提高婴幼儿进食的兴趣，切忌逼食，适当表扬。控制零食摄入，不吃口味过重的食物，改善婴幼儿饮食习惯，按时就餐，不边玩边吃。如厌食不能及时纠正，应在医生指导下进行用药。

第三节　心理与行为观察

技能要求

1. 能判断婴幼儿运动、认知、语言、社会性发展的异常情况。
2. 能发现婴幼儿早期发育障碍。
3. 能配合专业医生对有行为问题的婴幼儿进行指导。

一、观察婴幼儿心理行为发育偏离的方法

（一）观察的内容

婴幼儿心理行为发育偏离的观察需从多方面进行，才能使获得的资料更具价值。观察婴幼儿的行为表现是否有特殊的姿势、刻板动作或不随意动作；是否有多动不宁、吵闹不休或呆坐、呆立；行为的统一性如何，注意力是否集中等。观察过程中还应结合婴幼儿的智能、语言、人际关系、情绪、身体发育状况等综合判断。

（二）观察的方法

1. 自然观察　观察者在婴幼儿正常的生活和活动中自然地对其进行观察，记录其行为表现，此法不干扰婴幼儿的行为，观察的结果较真实。

2. 情境观察　观察者按照研究目的控制和改变某些条件，为婴幼儿设置一定的情境，让其在这个特定的情境中承担一定的角色，观察婴幼儿在这种情境中的行为表现。

3. 行为观察　观察者为婴幼儿安排真实的生活情景，有目的地观察婴幼儿在特殊情况下的行为表现。

（三）观察结果的记录

1. 实情记录　对所观察的婴幼儿行为进行描述性的记录，不拘泥于内容和形式，这种记录的方式有很大的随意性，也常有很强的主观倾向性。

2. 项目检核表　将欲观察婴幼儿的各项心理特点或行为特征作为项目列于表上，当所观察的儿童具有某些特点或行为特征时，就在对应的项目前作出标记。

3. 行为评定量表　将所要观察的行为一一列于表上，将被观察的婴幼儿的表现与表中项目相对照，并根据符合程度进行等级评定，通常分为3～7个等级。该记录方法比较省时省力。行为评定表不仅能反映出行为调查表所记录的结果，还能反映出这些行为发生的程度，使观察结果的记录更为客观和可信。

二、心理偏离基础知识

（一）儿童心理健康的概念

儿童心理健康的标志有以下几条。

1. 求知欲强　兴趣广泛，学会观察事物，爱动脑筋，思维敏捷，对新鲜事物反应快，敢于提出自己的见解。

2. 意志力强　不怕困难和挫折，不半途而废，能根据自己的需要控制自己的愿望和行为，能排除外界和内心的干扰，集中注意力进行学习和工作。

3. 活泼乐观　与人交往坦诚、随和，不掩饰自己的喜怒哀乐，乐于接受别人的意见，困难和挫折所引起的不良情绪能很快释放，不淤积在心里。

4. 心态平衡　经常保持欢乐愉快的心态，遇事冷静，情绪很少大起大落，能理智地分析遇到的问题，很少表现出焦虑不安或忧郁。

5. 富于同情心　乐于帮助别人，乐于关心别人，常表现出“利他”和“亲社会”的行为。

6. 人际关系良好　心胸开阔，尊重别人，能与别人和睦相处，积极参加集体活动，适应纪律约束和行为规范。

（二）儿童心理偏离基础知识

神经心理发育包括感知、运动、语言、思维、判断和意志性格等方面，其发展取决于神经系统特别是大脑的成熟程度，故儿童神经心理发育随年龄增长而渐趋成熟。儿童神经心理发育过程中易受体内外各种因素影响，如体内外各种不良因素可使其偏离正常而出现心理行为障碍，表现为情绪障碍（焦虑）、品行障碍（说谎）、睡眠障碍、饮食障碍、排泄障碍、抽动障碍等。

儿童神经心理偏离所包括的范围很广，常见的有注意缺陷-多动障碍、抽动症、智力低下、吮拇指、咬指甲癖、睡眠障碍等。

儿童心理偏离是一种心理发育不健全的现象，这些偏离如程度较严重，持续的时间较长，而不加以纠正，会阻碍他们心理的正常发育，影响身心健康和智力发育，甚至还能造成成年后的心理障碍、社会适应不良和教育困难。

三、孤独症、注意缺陷多动障碍、智力发育障碍、语言发育障碍、感觉统合失调等行为表现及相关知识

（一）孤独症

孤独症又称自闭症或孤独性障碍等，是广泛性发育障碍的代表性疾病。出现下列征象时应予以重视。

3 月龄，对声音没有反应、逗引不发声或不会笑，不注视人脸，不追视移动人或物品。

6 月龄，发音少，不会笑出声。

8 月龄，听到声音无应答，不会区分生人和熟人。

12 月龄，呼唤名字无反应，不会模仿再见或欢迎动作。

18 月龄，不会有意识地叫爸爸妈妈，与人无目光对视。

2 岁，不会说出 3 个物品名称。

3 岁，不会说自己名字，不会假想游戏。

早期、科学、系统、长期的个体化干预对孤独症儿童转归的重要意义。早期干预原则如下：

1. 干预越早越好，确诊患儿立即干预，对可疑的患儿也应及时进行干预。
2. 建议在医生指导下进行科学的、系统性、个体化的干预。
3. 强调和鼓励家庭和抚养人积极参与干预。

（二）注意缺陷多动障碍

注意缺陷多动障碍，也称为多动症，是儿童最常见的一类心理障碍，表现为与年龄和发育水平不相称的注意力不集中和注意时间短暂、活动过度和冲动，常伴有学习困难、品行障碍和适应不良。

1. 多动和冲动症状　过度烦躁不安；当被要求坐着时很难保持；感到坐立不安或不合适地到处乱跑或攀爬；难以安静地玩耍；感觉其总是忙个不停；话多；难以按顺序等候；回答问题过快；打断或介入他人的活动。

2. 注意力缺陷症状　不能密切注意细节，犯粗心的错误；在玩耍、学校或家庭活动时难以保持注意力；即使是与其直接对话时，也似乎没有在听；不能有始有终地完成任务；难以组织安排任务、活动和物品；回避需要付出持续脑力劳动的任务；遗失任务或活动的必需品；易受无关刺激影响而分心；在日常活动中表现出健忘。

出现以上症状时家长要引起重视，及时就医，在医生指导下进行综合性干预。

（三）智力发育障碍

智力发育障碍是指各种原因导致的发育过程中出现智力明显低于同龄水平和社会适应困难，是儿童时期常见的发育性障碍，也是导致儿童终身残疾的主要原因之一。

出现下列表现时家长要引起重视，翻身、坐起、爬行或走路晚；说话晚或说话困难；掌握穿衣和自己吃饭等技能晚；记忆力差；无法把行为和后果联系起来；行为问题，例如，爆发性地发脾气；解决问题或逻辑思考困难。

儿童有明显的智力低下大多数在婴儿期就容易识别，然而轻度智力低下往往在进入小学之后学习困难时才发现。若发现有运动发育落后，对外界反应迟钝，语言发育差，表情呆板或有特殊面容者，应尽早到医院检查，以便及早诊断，作出相应的治疗。

（四）语言发育障碍

语言发育障碍指各种原因引起的理解、表达和交流过程出现障碍，主要包括表达性语言障碍、感受性语言障碍和伴发癫痫的获得性失语等。

言语发育障碍指口头言语发育障碍及言语节律性障碍，主要包括特定言语构音障碍及言语流利障碍（口吃）。

聋哑病主要是由于先天因素或婴幼儿时期各种疾病引起双耳严重耳聋或全聋，因失去听取语言能力，不能学习语言而致哑。主要病因有遗传因素，孕期感染、中毒性疾病，产期损害及出生后各种外、中、内耳疾病，如创伤、肿瘤、药物中毒、感染和中枢径路损害均可导致耳聋，并引起言语功能障碍。

发现语言发育障碍，及时在医生指导下治疗，如言语治疗、心理治疗、药物治疗等，并对患儿的父母进行心理咨询，减轻父母因婴幼儿的言语障碍而产生的紧张心理。

（五）感觉统合失调

感觉统合失调是指外部的感觉刺激信号无法在儿童的大脑神经系统进行有效的组合，使机体不能和谐运作，在不同程度上削弱人的认知能力与适应能力，形成各种障碍最终影响身心健康。

感觉统合失调的儿童可表现大运动发育不协调、平衡感差、喜欢动态的景物、喜欢尖锐的声音等。

对于感觉统合失调的儿童，可进行感觉统合训练，在训练前先由专家测查儿童的感觉统合能力和智力发展水平，然后制订一对一的训练方案，通过一些特殊教具，以游戏的形式对儿童进行一系列的行为和脑力强化训练，使儿童能充分感知各种刺激，在大脑中进行感觉的统合，促进其全面发展，提高注意力、记忆力、自我控制能力、概括推理能力等。

（余晓莹）

第十一章
教 育 实 施

第一节 动 作 发 展

技能要求

1. 能为婴儿做被动操。
2. 能为婴幼儿做主被动操。
3. 能为婴幼儿做模仿操。
4. 能为婴幼儿做手指操。

一、婴幼儿主被动操训练与婴幼儿动作发展的关系

1. 婴幼儿主被动操训练，可直接让婴幼儿被动地改变身体姿势，促进婴幼儿动作由被动向主动发展。

2. 婴幼儿主被动操训练，可促进婴幼儿血液循环与呼吸功能，增加新陈代谢，锻炼骨骼肌肉和身体活动的协调性、灵活性、身体的自控能力。

3. 婴幼儿主被动操训练，通过抚摸、拥抱和一起做运动游戏，可帮助婴幼儿建立安全感和自信感，学会与人交流及与社会合作的技巧。

二、婴幼儿主被动操的要求

1. 婴幼儿主被动操适用于0～1岁的婴幼儿，每天可做4～5次，做时少穿衣服，衣服宽松、质地柔软。

2. 做操时，动作轻柔而有节奏，可配上音乐，也可在户外进行。

3. 做操时，应以婴儿的喜好及能力所及为前提，循序渐进地增加活动时间和活动内容。

4. 做操前拥抱、亲吻婴儿；做操过程中，要用语言和动作适时表扬，增加婴儿的活动兴趣；每次做完操，要拥抱、亲吻婴儿，以示鼓励。

5. 建议父母尽量和婴儿一起锻炼，增进彼此感情。

6. 主动操的活动量较被动操大，应根据婴儿活动量和出汗情况，及时将汗擦干。

三、婴幼儿操训练的方法

1. 婴儿被动操　婴儿被动操，不仅是促进婴儿全身发育的好方法，还是很好的亲子游戏项目。每天坚持给婴幼儿做被动操进行体能锻炼，不但可以促进婴儿的体格发育，还能促进婴儿神经系统的发育。婴儿被动操适用于2～6个月的婴儿，根据月龄和体质，循序渐进，每天可做1～2次，在婴幼儿睡醒或洗完澡，心情愉快的状态下进行。做操时少穿衣服，衣服要宽松、质地柔软，使婴幼儿全身肌肉放松。操作时动作要轻柔而有节律，可配上音乐。

婴儿被动操共8节。上肢运动预备姿势：婴儿仰卧，育婴员双手握住婴儿手腕，把拇指放在婴儿手掌内，让婴儿握拳，两手放在婴儿两侧。

第一节：扩胸运动

（1）两手左右分开，向外平展，与身体呈90°角，掌心向上；

（2）两手胸前交叉；

（3）同（1）动作；

（4）还原。重复两个八拍。

注意事项：两臂分开时稍微用力，胸前交叉时放松。配合婴儿的生理发育特点来做，不要勉强进行。

第二节：伸屈肘关节

（1）向上弯曲左臂肘关节；

（2）还原；

（3）向上弯曲右臂肘关节；

（4）还原。重复两个八拍。

注意事项：屈伸动作要柔和，缓慢。

第三节：肩关节运动

（1）握住小儿左手由内向外做圆形的旋转肩关节动作，重复四拍；

（2）握住小儿右手做同样的动作，重复四拍。

注意事项：动作要柔和，缓慢。

第四节：伸展上肢运动

（1）两手左右分开，向外平展与身体呈90°角；

（2）两手向前平举，两掌心相对，距离与肩同宽；

（3）两手胸前交叉；

（4）两手向上举过头，掌心向上，动作轻柔；

（5）还原。重复两个八拍。

第五节：踝关节运动

（1）预备姿势：婴儿仰卧，育婴员左手握住婴儿的左踝部，右手握住小儿左足前掌；

（2）将婴儿足尖向上屈曲踝关节；

（3）足尖向下，伸展踝关节；

（4）换右足做相同动作。重复两个八拍。

第六节：两腿轮流伸屈

（1）预备姿势：婴儿仰卧，两腿伸直，育婴员双手握住婴儿两腿，交替伸展膝关节，做踏车样动作；

（2）左腿屈缩到腹部；

（3）伸直；

（4）右腿屈缩到腹部、伸直。重复两个八拍。

第七节：下肢伸直上举

（1）预备姿势：将婴儿两下肢伸直放平，育婴员两手掌向下，握住婴儿两膝关节；

（2）将两下肢伸直上举 90°；

（3）还原。重复两个八拍。

第八节：转体翻身运动

（1）预备姿势：婴儿仰卧，育婴员一手扶婴儿胸腹部，一手垫于小儿背部；

（2）帮助婴儿从仰卧转为侧卧；

（3）从侧卧转体到俯卧；

（4）从俯卧再转体到仰卧。重复两个八拍。

2. 婴儿主被动操　婴儿主被动操是在成人的适当扶持下，加入婴儿的部分主动动作完成的。用于 7～12 个月的婴儿。婴儿每天进行主被动操的训练，可活动全身的肌肉关节，为爬行、站立和行走打下基础。

（1）横托抱：打开包被，调整婴幼儿位置，头在育婴员的左手侧，右手握住婴幼儿右手轻轻向上拉，把左手插到婴幼儿头颈下方，右手放到婴幼儿臀背部，托起婴幼儿。注意在进行婴幼儿横托抱时，在可控制的范围内操作，距离床的位置要近一些，做操时两手距离不能太窄，否则达不到锻炼的效果。当婴幼儿的身体下坠时，双手慢慢移向中间，当婴幼儿的身体挺起时，两手迅速移到两边，不要裹着包被做操，这样产生不了对身体的刺激。在这个过程中要注意观察婴儿的身体和情绪变化。

（2）起坐运动：成人双手握住婴儿手腕，拇指放在婴儿掌心，让婴儿握拳，然后轻拉婴幼儿坐起，还原并重复。

（3）起立运动：婴儿俯卧，成人扶肘部，先跪后站。扶婴儿站起后，再由跪到俯卧。

（4）提腿运动：婴儿俯卧，成人双手握住婴儿两腿向上抬起做推车状。随月龄增大，可让婴儿双手支持起头部。

（5）弯腰运动：婴儿站立，成人左手扶两膝，右手扶婴儿腹部，前方放婴儿喜欢的玩具让婴儿弯腰捡起。

（6）挺胸运动：让婴儿俯卧，两手向前伸出，成人双手托住婴儿肩臂，轻轻使婴儿上身抬起并挺胸，腹部不离开桌面，轻轻使婴儿上肢还原成俯卧时状态。

（7）跳跃运动：成人双手扶住婴儿腋下，把婴儿托起离开桌（床）面，让婴儿足尖着地，轻轻跳跃。

（8）扶走运动：成人双手扶住婴儿腋下、前臂或手腕，让婴儿学走。

3. 幼儿模仿操

适宜年龄：2～3 岁。

练习次数：每天 2～3 次，每次 3～5 分钟。

训练方法：

（1）小鸟飞：两臂侧平举，上下摆动，在原地做跑步动作。

（2）开汽车：两臂于胸前模仿司机手握方向盘的动作上下摇动，做开汽车状态，向前走步。

4. 婴幼儿手指操

（1）一二三四五

适宜年龄：12～18 个月。

练习次数：每天次数不限，每次 3～5 分钟。

训练方法：育婴员和幼儿面对面，或者将幼儿平躺放在床上，抓起幼儿的小手，边念儿歌边做动作。

一个手指点点点：伸出一个手指点婴幼儿。

两个手指敲敲敲：伸出两个手指在婴幼儿身上轻轻敲。

三个手指捏捏捏：伸出三个手指在婴幼儿身上轻轻捏。

四个手指挠挠挠：伸出四个手指在婴幼儿身上挠挠。

五个手指拍拍：双手对拍。

一二三四五，五个兄弟爬上山：手指从小腿开始做爬山状。

叽里咕噜滚下来：从婴幼儿胸口往下挠。

（2）手指变一变

适宜年龄：19～36 个月。

练习时间：每日次数不限，每次 5～15 分钟。

练习方法：育婴员和幼儿面对面，边念儿歌边一起做操，最后和幼儿相对击掌 3 次。

轱辘轱辘一：双手握拳，做绕线状伸出右手示指。

轱辘轱辘二：绕线，伸出右手示指、中指。

轱辘轱辘三：绕线，伸出右手示指、中指、无名指。

轱辘轱辘四：绕线，伸出右手示指、中指、无名指、小指。

上上下下：双手在头上、身体下方各击掌两次。

前前后后：双手在身前、身后各击掌两次。

手指变一变：两个人双手立掌相互击掌三次。

（3）小动物做游戏

适宜年龄：18～36 个月。

练习次数：每天次数不限，每次 3～5 分钟。

训练方法：育婴员和婴幼儿面对面坐着，与婴幼儿的小手互相击掌，边念儿歌边做动作。

你拍一，我拍一，小鸡小鸡叽叽叽（双手示指伸出作小鸡嘴状放在胸前）。

你拍二，我拍二，小兔小兔跳跳跳（双手示指、中指伸直做小兔状放到头顶）。

你拍三，我拍三，孔雀孔雀飞飞飞（双手大拇指、示指相碰，其余手指伸直做孔雀状，一只手放头，一直手放腰旁）。

你拍四，我拍四，小狗小狗汪汪汪（双手大拇指放在太阳穴，其余四指并拢做小狗状）。

你拍五，我拍五，螃蟹螃蟹爬爬爬（双手五指伸开放在身体两侧做螃蟹状）。

第二节　语言能力培养

技能要求

1. 能为不同月龄阶段婴幼儿选择适宜的图书或图片。
2. 能与婴幼儿一起玩听说游戏。
3. 能与婴幼儿一起玩节律游戏。
4. 能引导婴幼儿正确表达意愿。

一、选择发展听说能力的图片或图书的要求与注意事项

（一）图片选择的要求及注意事项

1. 为婴幼儿选择发展听说能力的图片，内容应是婴幼儿日常生活中经常看到的人、动物、植物等。

2. 图片最好是实物图，不提倡卡通图，以有利于婴幼儿辨认，并能与实际的物品配对。

3. 1岁以前的婴幼儿选择图片最好没有背景，突出实物或人物的主要特征和动作表情，排除干扰。

4. 图片的分类要清楚，一盒图片最好只有一类的物品，如水果、蔬菜要分开，不能混装。

（二）图书选择的要求及注意事项

1. 图书的内容要符合婴幼儿的认知水平　1岁以前的图书内容以无情节的实物、人物、动作、表情为主，每页以词为单位。1～2岁的图书内容以描述婴幼儿生活中简单的情节为主，每页以简单句为单位；2～3岁的图书内容可以描述以动物为主人公或以人物为主人公的有趣的故事，每页以完整句子为单位。

2. 图书的构图要清晰，线条要简单　1岁以前的图书没有背景，只有人物的动态和表情，以排除其他因素的干扰；1～2岁的图书在主要人物的基础上，可以添加一些小的辅助图，便于培养婴幼儿对细微图的兴趣和观察能力；2～3岁的图书在主要情节图的基础上，可以适当添加简单的背景，便于幼儿理解人物与背景的关系和变化。

二、选择发展听说能力的有声读物的要求与注意事项

（一）有声读物的内容要符合婴幼儿的认知水平

有声读物媒介包括磁带、CD碟片、DVD碟片、电视、电脑等。对于2岁以前的婴幼儿，不提倡其使用DVD碟片、电视、电脑，因为2岁以前的婴幼儿视听神经尚未

发育成熟，对动态的画面和快速的播音无法正常接收，会造成视听疲劳和大脑表象储存困难，影响再造想象的形成，从而影响大脑的发育。2 岁以后的幼儿，也只能极少量地看电视，看电视时，要为幼儿选择画面大、速度慢、内容简单、能理解的内容，每天控制在 5～10 分钟。

（二）选择有声读物的质量要求

选择磁带、CD 碟片时要选择质量好、音质好的，选取音乐时要选择节奏舒缓的、优美的音乐，每次播放的时间不要太长，一般控制在 3～5 分钟即可。

（三）使用有声读物的注意事项

婴幼儿语言的获得是在跟人面对面的交往中学会的。有声读物是单向输入，不能将有声读物作为替代家长与婴幼儿说话交流的工具，长期单一地使用有声读物，会阻碍婴幼儿的语言发展，0～3 岁是婴幼儿语言发展的关键期，在关键期失去交流回应的机会，轻者造成语言交流障碍，重者造成孤独症。

三、进行婴幼儿听说能力游戏的要求与注意事项

（一）婴幼儿听说能力训练的要求

1. 1 岁以前加强听力和发音能力的训练　1 岁以前是婴幼儿听觉神经发育的关键时期，成人可以为其选择一些优美的、舒适的乐曲定期播放。不能用音乐代替与婴幼儿的说话，长时间用音乐碟片练习倾听的婴幼儿，会对人的声音不敏感，影响与人的交往。在婴幼儿情绪好并吃饱的情况下，婴幼儿经常会咿咿呀呀地发音，这时成人要及时回应，使婴幼儿无意识的发音成为有意识的“对话交流”。

2. 坚持与婴幼儿面对面地说话　从新生儿开始，成人就要坚持与婴幼儿说话，要采取面对面的方式，可与婴幼儿保持 20～30cm 的距离，让婴幼儿看清楚成人的脸部表情。婴幼儿理解能力的发展是从看成人的脸部表情开始的。

3. 与婴幼儿的“对话”应当是婴幼儿当下情景中的内容　成人应把说话融入日常生活，边做边说，把自己为婴幼儿做的事情说出来。还可以结合婴幼儿生活中经常接触的事物作为说话的内容。讲话时词汇简单、声音响亮、重复多次、反复刺激，为婴幼儿今后开口说话做准备。

4. 用恰当的方法激发婴幼儿说话的欲望　在满足婴幼儿吃、喝、睡等基本需求后，要因势利导与婴幼儿做发音练习，与婴幼儿面对面进行交流，做一些夸张的口型和动作，让婴幼儿反复进行模仿练习。也可以结合生活情况边做动作边练习发音，如“拍手”“再见”“欢迎”“谢谢”等。

5. 帮助婴幼儿增加词汇量　在日常生活中，引导婴幼儿认识生活物品、花草树木、交通工具、动物。主动告诉婴幼儿想要知道的一切，做到“见啥说啥”。成人说话的语速要慢，语气要加重，反复多次，鼓励婴幼儿把所听到的说出来。

6. 示范发音要规范　当婴幼儿有表达意愿和感情的需求后，会主动积极地说话，开始出现单音重复如“车车”“灯灯”等，以音代物如“嘀嘀”代车，“汪汪”代狗，以词代句如用“抱”代“妈妈抱婴幼儿”等情况。

7. 运用游戏的形式进行听说训练　婴幼儿在游戏的情景中学说话的积极性更高，如在“打电话、我问你答、手指游戏、情景歌谣”等活动中进行语言训练。

8. 选择与婴幼儿发展水平相匹配的儿歌、故事进行练习　成人要选择内容生动、情节简单、语言规范、音节少的儿歌或每页一句话的故事，让婴幼儿边看图边听，进行视听结合，理解内容，在反复多次中熟悉内容，逐渐地表达出来。

（二）婴幼儿听和说能力训练的注意事项

1. 要不失时机地和婴幼儿说话　1 岁以内的婴幼儿具有学习任何一种语言的能力，而这种能力主要是在与人交往的语言环境中获得的。这种语言环境不能由电视机和播放机代替，电视机和播放机的语言是单向输入，而且语速偏快，婴幼儿听得不清楚，更没有可供婴幼儿理解的表情和动作，婴幼儿长时间看电视或听录音机，会造成交往障碍甚至患孤独症。

2. 要用“儿语”的声调与婴幼儿交谈　儿语的特点是发音清晰，吐字缓慢；运用高频语音，带有感情；句子短而重复多；一旦有所应答，应给予强化，形成互相交流。但是，采用儿语的时间不宜过久，婴幼儿掌握了母语的基本语法（主、谓、宾的句型）后，就要让他用规范的语言进行自然的交谈。

3. 要尊重语言发展的差异性　每个婴幼儿开口说话的时间是不同的，最早会说的词、发音的清晰度也是不同的，因此家长不要过分着急，更不要拿婴幼儿与他人相比。说话的早晚与婴幼儿生理发育（脑神经发育、发音器官发育的速度）和后天语言环境的刺激有关。如果 2 岁以后婴幼儿仍不会说话，要及时去医院检查婴幼儿的听力和语言方面的问题。

4. 要注重发展婴幼儿的语言理解能力　语言理解能力是语言表达的基础，尽量把婴幼儿听到的词或说出的词与对应的生活实际相联系，帮助婴幼儿理解语言的含义，加深对词的印象。尽量避免让婴幼儿学习不能理解的语言，如三字经、古诗等。

四、进行婴幼儿节律游戏的要求与注意事项

1. 为婴幼儿选择的节律游戏其节奏要简单明了，速度要慢。

2. 节律游戏可以是拍手、拍肩、拍腿，也可以用简单的节奏乐器进行游戏，如铃铛、串铃、响板、沙锤等，以增加气氛和提高婴幼儿参加活动的乐趣。

3. 婴幼儿进行节律游戏时重在培养婴幼儿的兴趣和节奏感，不要过分追求技能。

第三节 认知能力培养

技能要求

1. 能与婴幼儿一起玩指认、配对、分类、排序的游戏。
2. 能与婴幼儿一起玩数的游戏。
3. 能与婴幼儿一起进行涂鸦、动手能力的创意活动。
4. 能与婴幼儿一起进行周围环境的探究活动。

一、婴幼儿认知游戏的主要分类、作用与特点

（一）认知游戏的主要分类

1. 指认游戏 “摸五官”“认识衣服和裤子”等。
2. 分类游戏 “帮颜色娃娃找家”“找朋友游戏”等。
3. 配对游戏 “找相同游戏”“它爱吃什么”等。
4. 排序游戏 “数字火车游戏”“接着排排看游戏”等。
5. 数的游戏 “唱数游戏”“点数游戏”等。
6. 动手游戏 泥工活动、纸工活动、涂鸦活动等。

（二）认知游戏的作用与特点

1. 可以促进大脑各个感觉通道的建立 婴幼儿在的认知游戏活动中，主要是提高婴幼儿感觉和知觉的能力的活动，婴幼儿依靠眼、耳、鼻、舌、身等感觉器官去收集信息，通过中枢神经系统的作用，变为视觉、听觉、嗅觉、味觉和触觉等知觉，中枢神经系统进一步将知觉整合变为感知。感知觉是婴幼儿思维的基础。

2. 可以促进婴幼儿手眼协调能力的发展 婴幼儿在认知游戏活动中，通过动作与玩具、实物接触，在操作摆弄中认识和了解物体的性能和特点。这样的操作过程，就是手眼协调形成的过程。手眼协调能力是婴幼儿学习的最基本的能力。

二、进行婴幼儿认知游戏的要求与注意事项

1. 认知游戏的内容应符合不同年龄阶段婴幼儿认知的特点 婴儿的认知水平与感觉器官所对应的大脑神经中枢的发育速度有关。比如，视神经发育的关键期是出生至 6 个月，此时进行视觉训练效果最好。听神经发育的关键期是出生至 12 个月，此时进行听觉训练效果最好。

2. 婴幼儿认知游戏应以直接动作为主 婴幼儿的所有认知游戏都应当让其亲手动一动、看一看、摸一摸、闻一闻、听一听，这样婴幼儿才能建立感知觉通道。

3. 在同一个时间，婴幼儿的认知内容只能有一个对象 比如，在认识颜色的游戏中，

一个时间段内，如果让婴幼儿同时认识多种颜色，婴幼儿会无法区分。可以先让其认识红色，在这期间只告诉婴幼儿红色的物品，其他颜色暂时回避。当婴幼儿已经掌握红色的概念后，才能开始认识第二种颜色。

4. 婴动儿认知游戏中相同的内容需要反复进行　婴幼儿的认知游戏是通过各种感觉器官的协调活动实现的，这个过程是各种感觉的统合过程，是培养婴幼儿具备学习能力的过程，是大脑神经建立暂时神经联系的过程。只有当相同的刺激反复多次之后这种联系才能建立。无序杂乱的刺激不能建立大脑神经的联系，学习能力也就无法培养起来。

三、婴幼儿艺术表现游戏的作用与特点

1. 可以培养婴幼儿最初的想象能力　1 岁半～3 岁的幼儿语言和动作能力逐渐发展，开始有表现的欲望。幼儿可以通过吟诵歌谣、表演歌曲等形式进行自我表现，模仿歌谣和歌曲中的角色进行表演，幼儿在有节奏的韵律和动作中进行最初的想象。

2. 可以愉悦身心　幼儿在优美的韵律中感受节奏的美，通过肢体的运动，可以让幼儿充满自信和快乐。

3. 需要成人的鼓励　1 岁左右的幼儿听到音乐会不由自主地扭动身体，此时成人要及时鼓励幼儿，这样可以把幼儿自发的行为转换为与成人的交流行为。

4. 不要求动作的规范　幼儿的艺术表现游戏与成人的艺术表现不同，没有质量的要求，只是为了愉悦身心，训练动作的协调性和激发表现的欲望。所以当幼儿动作不规范时不需要纠正其动作。保护幼儿的表现欲望更重要。

四、婴幼儿艺术表现游戏的方法与注意事项

1. 自由表现法　成人播放歌谣或儿歌，婴幼儿边听边自由地扭动身体，脸上充满喜悦。

注意事项如下。

（1）成人要参与到婴幼儿的活动中，及时鼓励，让婴幼儿自主的表现变成有意识的活动。

（2）每次播放的时间不宜太长，最多不超过 10 分钟，避免其听觉疲劳。

（3）不能让婴幼儿长时间一个人处于听歌谣或儿歌状态，以免造成婴幼儿孤独，导致交往缺失。

2. 模仿表现法　成人和婴幼儿一起听歌谣和韵律，成人做简单的动作，婴幼儿模仿成人的动作进行表现。

注意事项如下。

（1）成人的动作一定要简单，速度缓慢，便于婴幼儿模仿。

（2）婴幼儿的模仿动作不要求精确，只要有模仿的意识就可以了。

（3）不追求模仿的结果，只注重模仿的过程。

3. 自由涂鸦法　提供给婴幼儿一张纸和一支笔，让婴幼儿自由地涂鸦。

注意事项如下。

（1）每次只能提供一张纸和一支笔，让婴幼儿自由地涂鸦。

（2）第一次握笔就要求正确的握笔姿势，如果形成不正确的握笔姿势，以后纠正相当困难。

（3）婴幼儿涂鸦时，成人要及时夸奖，鼓励婴幼儿大胆作画。

（4）不要纠正婴幼儿的涂鸦，这样会让其无所适从，从而失去涂鸦的兴趣。

4. 模仿涂鸦法　成人制订一个命题，如画太阳，成人先示范，让婴幼儿模仿。

注意事项：

（1）命题的内容一定要容易，从最简单的入手，如小雨点。

（2）成人只提供示范，不进行纠正，更不要手把手地教，这样会使婴幼儿失去信心，把笔交给成人画，自己不愿意动手。

（3）不论婴幼儿的作品水平如何，成人都应用极大的热情鼓励和表扬他。

第四节　社会性（情感）能力培养

技能要求

1. 能识别和应答婴幼儿的基本情绪反应。
2. 能引导婴幼儿进行社会性发展游戏。

一、婴幼儿基本情绪情感的特点

（一）由生理的需要引起的情绪变化到与社会性需要引起的情感发展

婴幼儿最初出现的情绪是与生理需要相联系的，随着年龄的增长，婴幼儿的情绪逐渐与社会性需要相联系。

（二）情绪容易冲动

婴幼儿常常处于激动状态而且来势强烈，不能自制，往往身心都受到不可遏制的威力和支配。随着年龄的增长、语言的发展，婴幼儿逐渐学会接受成人的语言指导，调节和控制自己的情绪。

（三）情绪情感不稳定，容易变化

婴幼儿的情绪是非常不稳定、容易变化的，表现为两种对立的情绪在短时间内相互转换。幼儿期情感的稳定性会逐渐增强，但仍受家长和育婴员的感染。所以，家长和育婴员在幼儿面前必须控制自己的不良情绪。

（四）情绪情感外露，控制能力较差

婴儿期不能意识到自己情绪的外部表现，他们的情绪完全表露在外。幼儿期，儿童调节自己情绪的能力已有一定的发展。在正确的教育下，随着幼儿对是非观念的掌握，幼儿

对情绪的调节能力会很快发展起来。

二、识别和应答婴幼儿情绪情感反应的方法、要求与注意事项

（一）注意观察婴幼儿的情绪变化

婴幼儿在学会爬和走以后，成人与婴幼儿间情绪的信号是婴幼儿学习、经验获得和认知发展的媒介。例如，皱眉、纵鼻、噘嘴、哭和笑及身体活跃的感情信息，吸吮、吞咽、睡和醒、呼吸的生理信息，也包括注视、倾听、转向人和物的感官活动。

（二）经常让婴幼儿获得快乐

从出生到 1 岁是婴儿情绪萌发期。经常快乐的婴幼儿会对新鲜事物敏感，趋向于探索外界，为智力发展打下良好基础。如婴幼儿看到新鲜玩具、听到响声就会有追视、趋近和抓握动作。4～9 个月的婴儿会对自己的行为产生快乐，每认识一种新的东西，都会成为学习新知识的动机。除了生理上的满足外，还可以使婴幼儿产生“我能行”的自我肯定，有助于婴幼儿个性的健康成长。

（三）让婴幼儿慢慢学会控制情绪

婴儿出生后 3～4 个月就能察觉成人的表情，此时多与婴儿近距离面对面地交谈，婴儿会表现愉悦的、丰富的面部表情；而缺乏这样刺激的婴幼儿，面部表情单调，反应迟缓。1～2 岁时性格基本定型，要让幼儿学会控制和尽快排除不愉快的情绪。如当幼儿经常把玩具放进嘴里时，如果大人做出反对的表示，并告诉他不能吃，他就不再放进嘴里，并逐渐学会控制自己不发怒，大人通过表达赞扬和反对不断地诱导幼儿形成正确的道德观和价值观。

（四）让婴幼儿学会忍耐和宽容

成人的表情和行为会潜移默化地影响婴幼儿情绪的发展。如当婴幼儿饿了要吃奶，成人要用语言说“等一等，就好了”让他学习等待一会儿；告诉他“粥很烫”，并让他伸手摸摸碗边找到烫的感觉；在婴幼儿刚学走路时摔倒后要鼓励他不哭；在遇到别人抢夺玩具时学会暂时让步；在别的小朋友哭时产生同情心，学会安慰和宽容。

（五）和谐美好的家庭生活是培养良好情绪的环境因素

家庭和睦，成人对婴幼儿温和亲切，会使婴幼儿情绪稳定而获得快乐；家庭不和睦，成人比较急躁，婴幼儿情绪也会比较急躁，容易出现波动。与婴幼儿用互动的方式（说、笑、逗）进行沟通，有利于培养其良好的情绪。

（六）成人的行为直接影响婴幼儿的情绪

成人过多的阻止会限制婴幼儿合理的探索和创造性的发展，使其形成胆小内向的性格，过多的鼓励也会引发婴幼儿做出危险的举动，形成任性的性格。

三、婴幼儿社会性发展的特点与方法

（一）婴幼儿自我意识的发展

婴幼儿自我意识的发展一般需要经历以下 4 个阶段：

1. 认识自己　0～4 个月为“妈妈阶段”。婴幼儿对妈妈的镜像微笑、点头、发出叫声，而不是对自己的镜像感兴趣；5～6 个月为“同伴阶段”，把自己的镜像当作另一个同伴对待，有时伸手到镜子后面去找镜中人；7～12 个月为“伴随行动”，看见镜像中自己张嘴的动作，会跟着学；1 岁以后为认识“自我阶段”，婴幼儿会对着镜像中的自己指眼睛、鼻子，对自己发生兴趣；12～15 个月幼儿能够把自己所做的动作和别人的动作分开，能从照片中认出自己。

2. 认识“我的……”　婴幼儿认识包括认识形容“我”的词，知道自己的名字、认识自己身体的部位、认识自己的玩具和属于自己的东西，会用“我”表示自己，用“我的”表示自己的所属，会用语言表示“我自己来……”。就说明有了一定的独立性，如自己吃饭、自己喝水等。为自己能够独立完成一件事时感到兴奋，如在游戏时能搭起“高楼”，能够获得成功的喜悦。

3. 从别人评价到自己评价　婴幼儿会从别人的语言评价中理解“乖和不乖”的含义，知道发脾气、抢别人玩具、爱哭闹是“不乖”的行为，从别人的评价中逐渐学会简单的判断。2 岁以后能够分辨“好人”与“坏人”，学会评价别人“乖”与“不乖”；3 岁左右常以别人对自己的评价来估量自己，“如妈妈说我是个好孩子”“我会讲故事”，并能够从小伙伴对自己的态度中了解自己，同时会把自己的行为与小伙伴的行为做比较，增进自我意识的发展。

4. 自我表现与克服害羞　自我表现是婴幼儿的天性，如果及时得到表扬和肯定，就能够帮助婴幼儿建立信心，感受获得成功的快乐。婴幼儿出现认生、害羞后要及时加以引导，使之逐渐习惯与陌生人相处，减少焦虑情绪，否则会成为一种习惯而妨碍正常的自我表现。

培养方法：

（1）抱着婴幼儿同陌生人说话，甚至让陌生人抱一抱。

（2）婴幼儿学会称呼大人后，鼓励婴幼儿与陌生人打招呼，每次称呼都要给予表扬。

（3）鼓励婴幼儿经常表演儿歌、唱歌、搭积木、拼图等，每次要给予称赞，鼓舞信心。

（4）经常带婴幼儿到街心公园参与同伴的活动，与同伴一起背诵儿歌、做游戏等。

（二）亲子关系的建立

亲子关系的建立是婴幼儿人际关系的第一步。

1. 指导母亲在喂奶时与婴幼儿进行交流。在喂奶时可以一边喂，一边抚摸，也可以将婴幼儿的手放在母亲的乳房或脸上，同时用亲切的语言与其交流，或者哼一些好听的歌曲，让婴幼儿感受到关爱。

2. 用眼睛互相注视进行交流。经常和婴幼儿进行眼对眼的接触，最佳距离为 20cm，一边说话，一边慢慢移动面部，让婴幼儿的头和眼睛随着转动。经常对婴幼儿进行语言刺激，可以促进婴幼儿大脑的发育。

3. 经常给婴幼儿更多的爱抚、亲吻和拥抱，是培养亲子关系的有效方法。

4. 训练婴幼儿与成人合作玩游戏。经常和婴幼儿嬉戏玩耍，共同做拍手游戏，如唱“你拍一，我拍一”等儿歌，并做出各种动作让婴幼儿模仿，多给婴幼儿提供学习的机会。注意观察婴幼儿的各种表情和动作，对婴幼儿的要求做出积极的回应，使之得到最大的满足。

（三）玩伴关系的建立

婴幼儿在与同伴交往的过程中，能学会微笑、表达、合作等社会交往能力，学会交换与等待。

1. 为婴幼儿提供与同伴一起玩的机会，如到邻居家串门或到公园散步寻找年龄相同的伙伴。

2. 安排两个人合作的游戏，如让一个婴幼儿做一个动作或发出一种声音让另一个进行模仿，从互相配合中体会如何与人合作。

3. 让婴幼儿学会分享食物和玩具。经常讲小动物分享物品的故事，在婴幼儿情绪好的时候，拿出两块糖，告诉他一块给小朋友，一块留给自己。让婴幼儿与同伴一起玩玩具，共同分享快乐。

4. 指导婴幼儿玩“角色游戏”，如当医生给别人看病，当售货员卖东西等。

5. 帮助婴幼儿准备与同伴一起玩的玩具，如积木、图书、水盆等。

6. 在与他人交往时，训练和鼓励婴幼儿做完整的自我介绍，并且能够倾听他人的介绍，这有利于增进其交往能力。

四、促进婴幼儿社会性发展游戏的方法、要求与注意事项

（一）应答游戏

1. “宝宝笑一个”　建立笑的条件反射。

适宜年龄：1～3 个月。

练习次数：每天 2～3 次。

训练方法如下。

（1）父母在婴儿面前走过时要轻轻抚摸或亲吻婴幼儿的鼻子或脸蛋，并笑着对他说：“宝宝笑一个”。

（2）也可用语言或带响的玩具引逗婴儿，或轻轻挠他的肚皮，引起他挥手蹬腿，发出笑声。

（3）注意观察哪种动作能引起婴儿大笑，经常有意重复这种动作，使婴幼儿高兴而大声地笑，这种条件反射是有益的学习，可以逐渐扩展，使婴儿对多种动作都大声快乐地笑。这是良好性格的开端。

（4）当婴儿哭的时候，注意是否饿了、尿湿了、身体不舒服，如果是因为寻找父母而哭，父母要面带微笑对婴儿说：“宝宝想妈妈啦，妈妈在这”，边说边爱抚他，婴儿感到舒适、愉快、安全，很快就能安静下来。

2. 抚摸妈妈脸，用动作认识妈妈

适宜年龄：2～4个月。

练习次数：每天2～3次。

训练方法如下。

（1）妈妈要经常俯身面对婴儿，朝他微笑，对他说话，做各种面部表情。

（2）拉着婴儿的手摸妈妈的耳朵、脸，边摸边告诉他“这是妈妈的脸”，然后发出“咩咩”的声音，使婴儿高兴，并对妈妈的脸感兴趣。

（3）妈妈和婴儿同时照镜子，看他的反应如何。

（二）与婴幼儿的交往游戏

1. “藏猫猫”游戏　培养寻找人的意识。

适宜年龄：3～5个月。

练习次数：每天2～3次。

训练方法如下。

（1）育婴员用毛巾把脸蒙上，俯在婴儿面前，然后让婴儿把育婴员脸上毛巾拉下来，并笑着对他说“喵”。

（2）玩过几次后婴儿会把脸藏在衣被里和父母做“藏猫猫”游戏。

2. “模仿面部动作”游戏　注视大人的面部表情，学习模仿张口、闭口动作并发“啊”的音，动唇训练。

适宜年龄：3～6个月。

练习次数：每日2～3次。

训练方法如下。

（1）和婴儿面对面，反复做张口闭口动作并发“啊”的音，引发婴儿的注意和模仿。

（2）当婴儿会做张口闭口的动作，可以再进行圆唇发“呜”的音等。

3. “挥手拱手”游戏　学习与人交往的最初形式。

适宜年龄：6～9个月。

练习次数；随机。

训练方法如下。

（1）经常将婴儿右手举起，不断挥动，让婴儿学习“再见”动作。

（2）成人离家时要对婴儿挥手，并说“再见”，反复练习。

（3）在婴儿情绪好时，帮助婴儿将两手握拳对齐，然后不断摇动，学做“谢谢”动作。

（4）每次给婴儿食品或玩具时，先让他拱手表示谢谢，然后再给他。

4. “认识自己”游戏　初步认识自己，对自己感兴趣。

适宜年龄：6～9个月。

练习次数：随机。

训练方法如下。

（1）每天抱婴儿照镜子2～3次，让婴儿认识自己，边看边告诉婴儿镜中人，如“这是宝宝”“这是妈妈”。

（2）还可给婴儿戴上彩色的帽子、好看的围巾、头花、纸制眼镜等。让婴儿发笑。

（三）与成人合作游戏

1. “小摇船”游戏

适宜年龄：13～15 个月。

练习次数：随机。

训练方法如下。

（1）活动准备：一曲轻松优美、节奏鲜明的轻音乐。

（2）家长跪在垫子上，双手搂着面对自己的幼儿，并与幼儿保持一定的距离，随着音乐边念儿歌边摇晃身体：第 1 遍音乐，左右摇动身体；第 2 遍音乐，前后摇动身体；第 3 遍音乐，家长将幼儿抱起，平托在双臂上，随意摇动；第 4 遍音乐，家长用双手夹住幼儿的腋窝将其悬在空中，随意摇动；音乐结束时，转一个圈，将幼儿放下。

（3）强调家长的动作要轻柔，身体要随音乐有节奏地摆动。

（4）儿歌“小摇船，轻轻摇，摇得婴幼儿咪咪笑”。

2. “小背篓”游戏

适宜年龄：13～15 个月。

练习次数：随机。

训练方法如下。

（1）家长跪坐在垫子上，把幼儿背在背上，育婴员念儿歌，家长随儿歌做不同动作。

（2）“小背篓圆溜溜，妈妈背着走一走”，育婴员背着幼儿慢走；说“快快走”，育婴员背着幼儿快走。

（3）说“跳一跳”，育婴员背着幼儿微微跳一跳。说“弯弯腰”，育婴员背着幼儿做微微弯腰动作。

（4）“高高兴兴就到家，”家长把幼儿放下。

（5）背起和放下幼儿时要注意安全。在背上做各种动作幅度不要太大。

3. “婴幼儿华尔兹”游戏　让幼儿放松，感受 3/4 节奏的优美。

适宜年龄：16～18 个月。

练习次数：随机。

训练方法如下。

（1）活动准备：选一首 3/4 节奏的优美舒缓的乐曲。

（2）家长和幼儿面对面自然抱好，音乐响起时先站在圈上听音乐，体验节奏的快慢，然后慢慢地随着节奏做前进步、后退步、旋转步的动作，家长要用目光与幼儿进行情感交流。

4. “滚红球”游戏　认识红色的物品，体验亲子合作游戏的快乐。

适宜年龄：25～30 个月。

练习次数：随机。

训练方法如下。

（1）活动准备：红色的大波波球。

（2）育婴员出示红色的大波波球，问“这是什么颜色的球？”让幼儿模仿说“红色的球”。

（3）育婴员请家长配合玩球滚来滚去，并念儿歌“红红的球，圆又圆，滚来又滚去”。

（4）幼儿坐在家长的前方，背对家长，与育婴员面对面，育婴员将球滚给幼儿，幼儿在妈妈的协助下，将球再滚给育婴员。

5. “转转转”游戏　通过旋转锻炼幼儿身体保持平衡的能力，感受身体旋转时的快乐。

适宜年龄：30～36 个月。

练习次数：随机。

训练方法如下。

（1）活动准备：呼啦圈。

（2）家长和幼儿一起钻进圈内，用手握着圈，面对面站着，身体可往后略微倾斜。

（3）在原地慢慢旋转让幼儿体验旋转的乐趣。

附儿歌：呼啦圈，圆又大，妈妈带我玩一玩，站在里面转一转，好像转椅转起来。

（张兴平）

第四部分

高级育婴师

（三级）

第十二章
生活照料

第一节　喂养技能要求

技能要求

1. 能发现哺乳期各阶段出现的问题。
2. 能指导婴幼儿龋齿的预防和处理。

一、哺乳期常见问题

（一）哺乳期母亲和小儿常见问题

1. 母亲常见问题

（1）母亲不宜哺乳的情况

1）患严重的心脏病、肾病等疾病的母亲哺乳可能增加身体的负担，导致病情恶化，因此不宜哺乳。

2）各型传染性肝炎的急性期、活动期肺结核、患流行性传染病时不宜哺乳，应以配方奶代替喂哺，可定时用吸奶器吸出乳汁，以防乳汁蓄积。

3）患有疱疹者不宜哺乳。

4）吸毒者不宜哺乳。

5）需要进行化疗或放疗的母亲，不宜哺乳。

（2）乳头皲裂：由于哺乳期未能认真做好乳房保养或未能掌握正确哺乳技巧，易导致乳头皲裂。如果发生乳头皲裂，要做好乳房局部清洁、护理，每次喂奶后可用羊脂油涂抹，保持乳头的柔润。要纠正婴儿的吸吮姿势，避免由于不正确的吸吮姿势造成反复的乳头皲裂。注意穿戴棉制的宽松内衣和乳罩并继续坚持哺乳。如因乳头皲裂的疼痛影响哺乳时，可使用吸奶器吸出乳汁喂给婴儿，待皲裂好转后继续让婴儿以正确方式吸吮。

2. 小儿常见问题

（1）胃-结肠反射：由于小儿大脑皮质功能发育不完善，进食时常引起胃-结肠反射，多生便意，所以喂奶时会出现边吃奶边排大便的现象，这属于正常现象，不必特别处理。

（2）黄疸：新生儿生理性黄疸是新生儿胆红素代谢特点，是正常新生儿在生长发育过程中的一种生理现象，大多在出生后2～3天出现，4～5天时最严重，足月儿黄疸一般在7～

10 天消退，早产儿的生理性黄疸会持续较久，一般在 2～4 周消退。此外，生理性黄疸一般是轻度黄疸，新生儿也无其他不适症状。具体处理方法如下：出生后适当提早、合理喂养，增加喂奶的量和次数，使新生儿排便排尿增加，以促进体内胆红素的排出，有利于生理性黄疸的减轻和消退。

仔细观察新生儿是否确实有效地吸吮到乳汁，双侧乳房都要有足够的被吸吮时间。如果新生儿在出生后 24～48 小时不能频繁地吸吮时，母亲应当把乳汁挤出来用小杯或滴管喂奶（不建议用奶瓶），直到新生儿可以直接在乳头上吸吮为止。

（3）符合下列情况之一考虑为病理性黄疸：①黄疸较深，连同足底、手心的皮肤也发黄；②皮肤呈黄绿色，伴大便色泽变淡或呈灰白色如油灰状，同时小便深黄；③生理性黄疸消退后，又重新出现皮肤黄染，应到医院就诊。

（4）溢奶：溢奶也称为漾奶。喂奶后不久就有少量的奶漾出即漾奶。如果喂奶后有大量的奶瓣吐出即吐奶。溢奶是一个自然现象，特别是在生后 6 个月内。溢奶可以采取下述方法处理：每次喂奶后竖抱婴儿，让婴儿头靠母亲肩部趴着，轻拍背部，排出吞咽下的空气（打嗝）。头不要向下低垂，避免婴儿哭闹，加重漾奶。婴儿期不少疾病都伴有呕吐，因此，发现呕吐应防止误吸呕吐物，并且及时就诊。

（5）便秘：母乳喂养的婴儿很少会发生便秘情况，一般多见于人工喂养的婴儿，但由于个体的差异，有些母乳喂养的小儿会两天排一次大便，如大便是黄软的，且有规律属于正常现象。但母乳不足，婴儿吸吮次数较少（每日少于 8 次），又没有及时补充水与饮食时，母乳喂养的婴儿也会发生便秘。

（二）哺乳期各阶段出现的问题

1. 初乳期　产后最初 1～3 天，乳汁分泌较少，而乳汁分泌量的多少与哺乳时吸吮刺激有关，因为新生儿的吸吮动作母亲可反射产生更多的垂体催乳素和缩宫素，从而使乳汁分泌和排出。所以，新生儿娩出后半小时内，母亲开始哺乳，按需哺乳。随着吸吮刺激的增加，母乳分泌会越来越多。

2. 过渡乳期　产后 7～14 天血液循环及泌乳量快速增加，母亲乳房突然感觉充盈，即生理性乳胀，引起的乳房疼痛。

此时母亲应饮食清淡，让婴幼儿勤吸吮，当乳腺畅通后，可以在每次婴幼儿吸奶前热敷一下，这样奶水会更加通畅。乳腺通了后，要勤吸、勤喝水、勤喝汤。这时，刺激越多奶水也越多。如果太长时间胀奶，容易产生积块，可以每 3 个小时用吸奶器抽吸一次乳汁。母亲的身体适应泌乳过程后，肿胀程度会相应减轻。

3. 成熟乳期　产后 14 天后，母乳内含有婴儿所需要的全部营养物质，一般情况下，纯母乳喂养的婴幼儿不需要额外喂水，在一些特殊情况下，比如婴儿发生高热、腹泻发生脱水情况时，或服用了磺胺类药物，或盛夏婴儿出汗多时，需另喂些温开水以补充体内丢失的水分。6 个月后，婴儿能量需求增多，需逐步添加其他辅食。

母亲上班后可以做“背奶妈妈”。上班前喂一次婴幼儿，上班期间定时将母乳挤于瓶中，并置于装入冰块的包里，将母乳保存好带回，以供次日喂养婴幼儿。

4. 晚乳期　产后 10 个月后母乳的量及乳汁中所含的各种营养成分都很少。随着婴儿月龄的增长和牙齿的萌出，婴儿对各种营养素的需求在逐渐增加，对食物的质和量也不断提出新的要求，因此，可根据个人情况，选择合适的断奶时间。婴幼儿断奶最好是在春季或秋后的凉爽季节，因为此时不仅气候宜人，蔬菜水果的种类也很丰富，婴幼儿更容易适应。

突然断奶可能会给母子双方带来失落感，因此，可采取逐渐断奶的方法，即每天逐渐减少喂奶次数，直到完全断掉母乳。在逐渐减少母乳的同时，母亲可给婴幼儿喂食配方奶或者添加粥等辅食，让婴幼儿慢慢适应其他食物。

二、婴幼儿龋齿的相关知识

龋齿是牙体硬组织发生的慢性、进行性破坏的一种疾病，通常称作“蛀牙”。

龋齿早期可能没有任何症状，但是随着发展可能出现：容易食物嵌塞、口内或口周不适、咬物困难、对食物刺激敏感、口腔异味、牙齿上出现白垩色或黑褐色斑块。严重龋齿会导致疼痛甚至是牙齿拔除。如果不进行治疗，细菌会通过牙根进一步感染，形成脓肿，感染可能会扩散到身体其他部位。

预防龋齿首先要保持良好的口腔卫生习惯：每天使用含氟牙膏刷牙两次，并且使用牙线或间隙刷清洁牙齿邻面一次。饮食上要限制零食、含糖和酸性的饮料的摄入。对于窝沟较深的牙齿可以考虑进行窝沟封闭，以减少细菌的聚集。有条件的情况下可定期进行口腔检查，在医生的指导下预防和修复龋齿。

三、食物过敏的相关知识

食物过敏是食物中的某些物质（通常是蛋白质）进入人体后引起的一种异常变态反应。常见过敏原有鸡蛋、羊奶、豆奶、鱼、有壳海产品、花生、坚果及小麦。

婴幼儿肠道本身的发育不成熟，或因肠道感染后继发的肠道屏障功能的减弱，牛奶、羊奶或母乳中的大分子蛋白质容易透过肠道屏障引起机体发生过敏反应。有过敏家族史的婴幼儿，发生过敏的概率会增加。

纯母乳喂养的婴幼儿也会发生牛奶过敏，可能与母亲在怀孕或哺乳期期大量进食鸡蛋、牛奶或有壳海鲜等食物蛋白有关，这些食物过敏原通过胎盘或乳汁传递给婴幼儿，导致婴幼儿过敏。食物过敏需要及早诊断，及时治疗，若不及时干预，常常会影响生长发育，如体重不增、营养不良等。

1. 食物过敏的表现

（1）吃奶后口周发红或水肿。

（2）头部和面部皮肤出现湿疹，特别是口周或肛周出现湿疹或红疹，伴瘙痒。

（3）持续腹部胀气、腹泻、反复呕吐、无故拒奶、大便有血丝。

（4）反复咳嗽、气喘、烦躁不安、频繁哭闹。

（5）体重增长不理想。

2. 食物过敏的预防

（1）避免进食能引起过敏的食物。

（2）可继续母乳喂养，母亲避免过敏饮食。

（3）人工喂养儿，需换用特殊配方奶粉，如深度水解配方奶粉或氨基酸配方奶粉。

第二节　进餐与食品制作

技能要求

1. 能进行营养气氛的创设和营养行为的指导。
2. 能培养良好的饮食习惯。

体现营养结局的指标是健康水平和生长发育状况，由营养素、营养行为和营养气氛的综合作用决定。

一、营养行为与营养气氛的相关知识

（一）营养行为

营养行为是指母亲喂养婴幼儿的行为方式和婴幼儿自己摄取营养的行为方式。不良营养行为可能会造成婴幼儿在成长至儿童期乃至成人期时出现行为偏差，故应对营养行为进行指导。

1. 喂养婴幼儿时营养行为方式　哺乳后，母亲应帮助婴幼儿排出吃奶时吞下去的空气。刚刚结束运动、处于愤怒、抑郁状态的母亲进行母乳喂养，婴幼儿会出现哭闹、烦躁不安；进食速度快，大口吃食（即单位时间内吃的块数多），咀嚼少，偏爱某种食物的行为方式易导致婴幼儿肥胖；长期饥饿、半饥饿，会导致婴幼儿生长激素分泌减少，导致生长迟缓。造成生长激素分泌损伤导致生长迟缓。

2. 切勿强填硬塞食物　婴幼儿在正常情况下知晓饥饱，家长应多尊重婴幼儿的意愿，不要强迫婴幼儿进食，或者大声责骂，以免产生逆反心理，过于强求还容易导致婴幼儿消化不良。

3. 避免暴食　家长要适当控制婴幼儿的饮食，避免其暴食。如婴幼儿遇到可口、好吃的饭菜就多吃，这样会加重消化负担，影响肠胃的蠕动和消化。食物长时间停留在胃里发酵腐败，会出现打嗝、呕吐等症状，这样既不利于婴幼儿吸收营养，又对身体有害。

（二）营养气氛

营养气氛又称营养环境，婴幼儿的营养环境主要是由家长提供的，包括烹调过程与进食过程。家长的营养观念、喂养行为，婴幼儿本身的进食行为，进食环境，摄食时的情绪，膳食习惯，烹调水平与习惯都会直接影响婴幼儿的营养结局。

家庭进食或集体进示指家庭成员或朋友围桌而坐，愉快交谈，祥和进食。这个过程可让婴幼儿受到适度摄食、细嚼慢咽等正确进食习惯的熏陶，同时可帮助婴幼儿养成人际交流、社会性合作性的习惯。

良好的营养气氛包括：

1. 创设良好的进餐环境，保持环境安静、整洁，桌椅应适应婴幼儿的进餐特点。

2. 进食环境不能太嘈杂，以免影响进食情绪。

3. 进食位置要固定，不要边走路边进食，吃饭时要看好婴幼儿，以免发生意外，特别是开始训练婴幼儿使用筷子时。

4. 进食时不要同婴幼儿说笑和打闹，这容易使食物误入婴幼儿气管，引起呛咳，严重时还会堵塞气管，导致生命危险。

进餐是婴幼儿每日生活的重要环节，在组织进餐的过程中要注意环境创设，以保证婴幼儿在最好的生理、心理状态下进餐，吃饱吃好，健康成长。

二、婴幼儿饮食习惯养成教育相关知识

1. 餐前准备

（1）饭前洗脸，洗手，围上围嘴。

（2）餐前更换纸尿裤，提醒幼儿上厕所。

（3）吃饭前避免过度兴奋或剧烈运动。

（4）餐前半小时不吃零食，以免影响食量。

（5）每天定时、定点、定量喂饭，有利于营养的充分吸收。

（6）饭前保持良好情绪，避免哭闹，用温和的语言告诉婴幼儿餐具、食物及有关动作名称。

2. 辅助婴幼儿进食

（1）给婴幼儿选择合适的餐具。

（2）让婴幼儿与家人一起共餐，通过模仿来学习吃饭。

（3）婴幼儿刚开始学用小勺吃饭时，家长要协助其正确握持。

（4）婴幼儿开始学习吃饭时，自己只能吃几口，主要靠家长喂食。

（5）在练习过程中，婴幼儿可能会把饭洒到身上，育婴员及家长要有耐心。

（6）应让婴幼儿多练习自己吃饭，不要随意终止。

（7）吃饭时间不要太长，一般在 30 分钟左右。

（8）当婴幼儿能独立吃几口食物时，要及时给予鼓励，这样可以增加婴幼儿自己吃饭的信心。

（9）进餐过程要保持婴幼儿情绪愉快，让其专心进食，细嚼慢咽。

（10）不要让婴幼儿边吃边玩，不挑食。

（11）对于挑食或者偏食的婴幼儿要多讲解食物的营养对生长发育的益处，让婴幼儿乐于接受养成不挑食的习惯。

（12）婴幼儿拒食时要查明原因，不要强喂，采取适当的措施，保证婴幼儿吃饱。

（13）一次不要给太多食物，吃完再添加，避免浪费食物。

3. 餐后整理

（1）餐后要擦手擦嘴。

（2）2～3 岁的婴幼儿吃饭动作逐渐协调，可独立吃饭，可以学习做简单的家务，如主动放好餐具、桌椅等。

（3）餐后要对碗筷进行清洁消毒，可用流动自来水冲洗，再煮沸消毒 10 分钟，或用消毒柜消毒。

4. 婴幼儿使用餐具的训练　3～4 个月时可以训练其抱奶瓶喝奶，6～8 个月时可自行拿饼干进食，9～10 个月时可捧杯喝水，1 岁半时可自己拿勺吃饭，2 岁以后可以学用筷子吃饭。

第三节　营养配餐与食谱编制

技能要求

1. 能制订 4～6 个月婴儿一周食谱。
2. 能制订 7～12 个月婴儿一周食谱。
3. 能制订 13～18 个月幼儿一周食谱。
4. 能制订 19～24 个月幼儿一周食谱。
5. 能制订 25～36 个月幼儿一周食谱。
6. 能列出适合婴幼儿的食疗食谱。

一、婴幼儿消化系统功能的基本特点

婴幼儿消化系统有如下特点。

1. 新生儿唾液腺发育不完善，唾液分泌量少，故口腔黏膜干燥。婴幼儿口腔黏膜柔嫩，血管丰富，加之婴幼儿不懂得保护口腔，所以容易损伤和出血。

2. 胃容量小，胃液分泌量比成人少，婴幼儿胃液中胃酸和胃蛋白酶的含量均不及成人，故每日进食次数要比成人多。

3. 婴幼儿肠黏膜上皮细胞所分泌的免疫球蛋白 A（IgA）低，所以易患细菌性或病毒性肠炎。

4. 婴幼儿肠道长度与身高比例相对地比成人长，这样有利于增加肠道消化和吸收食物的面积，以满足婴幼儿生长发育的需要。但婴幼儿的肠壁薄，黏膜脆弱，肠液中的各种酶含量较成人低，对完成消化吸收功能不利。同时肠系膜长而薄弱，容易被牵长，因此发生肠套叠、肠扭转的机会比成人高。

5. 婴幼儿神经系统功能发育不完善，肠道运动及分泌消化液的功能易受内外因素的影响，在其他系统出现问题时，如上呼吸道感染、肺炎等呼吸系统疾病可影响婴幼儿消化功能，造成食欲不振、呕吐和腹泻。

二、营养素的相关知识

营养素指食物中具有特定生理作用，提供机体生长、发育、维持机体活动和体质健康、繁殖及正常代谢所需的物质。缺少这些物质，将导致机体发生相应生理不良变化的各种物质称为营养素，包括蛋白质、脂肪、碳水化合物、矿物质（微量元素）、维生素、水、膳食纤维等。

（一）蛋白质

蛋白质是构成人体的主要材料，蛋白质参与调节各种生理功能，并能增强机体抵抗力。婴幼儿缺乏蛋白质，可造成生长发育迟缓或停止，免疫力下降，严重者会引起营养不良，甚至死亡。过量的蛋白质对婴幼儿也有危害，易引起消化不良、增加肝肾负担，造成形体消瘦和免疫力下降等。中国营养学会推荐，蛋白质摄入量：婴儿为 1.5～3g/（kg · d），1 岁为 35g/d，2 岁为 40g/d，3 岁为 45g/d。

食物来源有两种，一种来源于动物蛋白质，如肉（畜、禽）、鱼、蛋、奶制品；另一种来源于植物蛋白质，如豆制品及粮食谷物类食物。

（二）脂肪

脂肪是体内能量的重要来源，同时也是体内重要的储能物质。维生素 A、维生素 D、维生素 E、维生素 K 都必须溶解于脂肪才能被吸收利用。脂肪还可改善食物口味，促进食欲；同时还可延长食物在胃中停留的时间，起到明显的耐饥作用。婴幼儿脂肪供给不足，则能量摄入不足，可发生营养不良、生长发育迟缓和各种脂溶性维生素缺乏症；若供给过多，易引起消化不良、肥胖等。中国营养学会推荐，0～6 个月婴儿的脂肪摄入量应占总热的 45%～50%，6～12 个月为 35%～40%，2～6 岁为 30%～35%。具体的量大致为婴幼儿每日 4～6g/（kg · d）。

食物来源有两种，一种来源于动物性脂肪，如牛油、奶油等；另一种来源于植物性脂肪，如植物油，包括菜油、花生油、芝麻油等。

（三）糖类

糖类是为机体提供能量的主要来源，糖类提供的能量能维持机体正常生理功能。糖类摄入不足的婴幼儿可表现为疲乏、无力、体温较低，严重者还可导致生长发育迟缓、智力低下等。糖类摄入过多，可导致小儿身体虚胖和免疫力低下；吃糖太多易发生龋齿，甚至影响食欲，从而影响小儿的生长发育。婴幼儿时期的糖类摄入量应占总热能的 55%～60%。

食物主要来源：谷类（如水稻、小麦、玉米、大麦、燕麦、高粱等）和薯类食物。

（四）矿物质（微量元素）

人体所需矿物质种类很多，婴幼儿最重要的矿物质有钙、磷、碘、锌等。4 月龄以前的婴儿应限制钠的摄入，以免增加肾负荷并诱发成年高血压。婴儿出生时体内的铁储存量大致与出生体重成比例。足月儿平均身体的铁储存量可满足其 4～6 月龄内生长发育的需要。铁缺乏是婴儿最常见的营养缺乏症。为了预防铁缺乏，应常规地给使用配方食品喂养的婴儿补充铁剂。

（五）维生素

维生素参与机体许多重要的生命过程，是维持机体生命不可缺少的重要物质，正处于生长发育旺盛时期的婴幼儿对各种维生素需要量较大，应当注意补充。婴幼儿缺乏维生素D时，骨样组织钙化不良，骨骼生长障碍、变形从而导致佝偻病的发生。维生素D摄入过多，会在体内蓄积引起中毒。

维生素D有外源性和内源性两种，外源性维生素D来源于食物，如鱼肝油、蛋黄、动物肝脏、乳制品等。内源性维生素D由皮肤中的7-脱氢胆固醇经日光中紫外线照射后合成，是维生素D的主要来源。因此，应带婴幼儿进行适当的户外活动，多晒太阳，以增加维生素D的合成。

（六）水

水是生命的源泉，是人体最重要的营养素。摄水量过少，可影响食物的消化、营养物质的吸收，甚至导致婴幼儿脱水，造成水、电解质紊乱及酸中毒；摄水量超过正常需要量，可发生水中毒。母乳喂养的婴幼儿一般在6个月前不需要过多的补充水分，6个月后的婴儿，每日需水量为每千克体重120～160ml。

水还可以来源于各种流质食物，如奶、米汤、稀饭等。

（七）膳食纤维

膳食纤维是一种不能被人体消化吸收的食物营养素，与人体健康密切相关。膳食纤维能促进胃肠蠕动，刺激消化液的分泌，有助于食物的消化、营养物质的吸收；能吸附肠腔内的有害物质，吸收并保持大量水分，使粪便体积增大、变得松软易于排出，达到清洁、排毒、防治疾病的目的。开始添加辅食后，膳食纤维需求量每天约为0.5g。

膳食纤维主要来源于玉米、燕麦、小麦、高粱、大米、水果、蔬菜、大豆等。

三、平衡膳食的原则

平衡膳食是指选择多种食物，经过适当搭配做出的膳食，这种膳食能满足婴幼儿对能量及各种营养素的需求，因而称平衡膳食。平衡膳食遵循以下原则：

1. 一日膳食中食物构成要多样化，营养素应品种齐全，包括蛋白质、脂肪及糖类、维生素、矿物质、水及纤维素等。粗细混食，荤素混食，合理搭配，从而供给婴幼儿必需的热能和各种营养素。

2. 各种营养素的量必须满足婴幼儿生长发育需要，不能过多，也不能过少。如矿物质（微量元素）长期过多地沉积在人体，可能会引发某种疾病，最常见的就是过度补钙导致肾结石。

3. 营养素之间比例应适当。如蛋白质、脂肪、糖类供热比例为 1∶2.5∶4，优质蛋白质应占蛋白质总量的 1/2～2/3，动物性蛋白质占 1/3。

4. 科学的加工烹调食物，加工与烹调中应尽量减少食物的营养素的损失，并提高消化吸收率。

5. 用餐定时定量，且热能分配比例适宜，养成良好的饮食习惯。

四、婴幼儿食谱编制及注意事项

（一）不同月龄婴幼儿食谱编制

1. 4～6 月龄的婴儿一周参考食谱（表 12-1）

表 12-1 4～6 月龄的婴儿一周参考食谱

时间	星期一	星期二	星期三	星期四	星期五	星期六	星期日
7：00～7：30	母乳/配方奶 120ml	母乳/配方奶 120ml	母乳/配方奶 120ml	母乳/配方奶 120ml	烂米粥一匙，母乳/配方奶 120ml	母乳/配方奶 120ml	母乳/配方奶 120ml
10：00	橘子汁 90ml，浓缩鱼肝油 1 滴	番茄汁 90ml，浓缩鱼肝油 1 滴	山楂汁 90ml，浓缩鱼肝油 1 滴	苹果汁 90ml，浓缩鱼肝油 1 滴	梨水 90ml，浓缩鱼肝油 1 滴	胡萝卜水 90ml，浓缩鱼肝油 1 滴	白菜水 90ml，浓缩鱼肝油 1 滴
12：00	母乳/配方奶 120ml	母乳/配方奶 120ml	母乳/配方奶 120ml	母乳/配方奶 120ml	母乳/配方奶 120ml	母乳/配方奶 120ml	母乳/配方奶 120ml
14：30	母乳/配方奶 120ml	母乳/配方奶 120ml	母乳/配方奶 120ml	母乳/配方奶 120ml	母乳/配方奶 120ml	母乳/配方奶 120ml	母乳/配方奶 120ml
16：00	蛋黄 1/5 个，加浓米汤 1～3 汤匙，浓缩鱼肝油 1 滴	烂米粥一匙，浓缩鱼肝油 1 滴	面片汤 2 汤匙，浓缩鱼肝油 1 滴	豆浆（煮沸加些许白糖），浓缩鱼肝油 1 滴	蛋黄 1/5 个，加浓米汤 1～3 汤匙，浓缩鱼肝油 1 滴	鱼肉末 3g 与烂米粥 1 匙一起喂，浓缩鱼肝油 1 滴	鱼肉末 3g 与面片汤 2 汤匙一起喂，浓缩鱼肝油 1 滴
18：00	母乳/配方奶 120ml	母乳/配方奶 120ml	母乳/配方奶 120ml	母乳/配方奶 120ml	母乳/配方奶 120ml	母乳/配方奶 120ml	母乳/配方奶 120ml
20：00	母乳/配方奶 120ml	母乳/配方奶 120ml	母乳/配方奶 120ml	母乳/配方奶 120ml	母乳/配方奶 120ml	母乳/配方奶 120ml	母乳/配方奶 120ml

4～6 个月的婴儿以母乳喂养为主，如母乳不足或没有母乳，可酌情选择适合婴幼儿的配方奶粉。蛋黄刚开始添加时给 1/5 个，一周后逐渐增为 1/4 个、1/3 个，6 个月可逐渐增为全蛋黄。浓缩鱼肝油逐渐增为 2～3 滴/次，2 次/日。每样辅食添加时遵循由少到多、由稀到稠，由一种到多种、逐渐适应的原则。

2. 7～12 个月婴儿一周参考食谱（表 12-2）

表 12-2　7～12 个月的婴儿一周参考食谱

时间	星期一	星期二	星期三	星期四	星期五	星期六	星期日
6：30	母乳/配方奶 210ml，面包 1 片	母乳/配方奶 210ml，馒头 1 片，果酱少量	母乳/配方奶 210ml，豆沙方糕半块	母乳/配方奶 210ml，小蛋糕 1 片	母乳/配方奶 210ml，麦片 15g	母乳/配方奶 210ml，面包 1 片	母乳/配方奶 210ml，营养米粉 15g
9：00	母乳/配方奶 150ml，饼干 1 块	母乳/配方奶 150ml，饼干 1 块	母乳/配方奶 150ml，小蛋糕半块	母乳/配方奶 150ml，苹果半个	母乳/配方奶 150ml，香蕉半个	母乳/配方奶 150ml，苹果半个	母乳/配方奶 150ml，饼干 1 块
12:00	鸡蛋碎菜面：面条 25g，鸡蛋 1 个，青菜 25g，食油 3g，盐适量	荠菜肉末馄饨：面粉 25g，肉末 25g，荠菜 25g，麻油 2g，盐适量	烂米饭 25g；蒸带鱼：带鱼 5g；炒胡萝卜泥：胡萝卜泥 50g，食油 3g，盐适量	稠米粥 25g；土豆肉末：肉末 25g，土豆泥 25g，胡萝卜泥 10g，食油 3g，盐适量	小馄饨：面皮 25g，肉末 25g，葱 1g，麻油 2g，盐适量	烂米饭 25g；番茄炒肉末：番茄 25g，肉末 25g，食油 3g，盐适量	番茄蛋花面：面条 25g，鸡蛋 1 个，番茄 25g，食油 3g，盐适量
15:00	母乳/配方奶 150ml，苹果半个	母乳/配方奶 150ml，小蛋糕半块	母乳/配方奶 150ml，饼干 1 块	母乳/配方奶 150ml，熟山芋 50g	母乳/配方奶 150ml，桃子 2 片	母乳/配方奶 150ml，饼干 1 块	母乳/配方奶 150ml，苹果半个
18:00	烂米饭 25g；豆腐肉末：肉末 25g，豆腐 25g，食油 3g，盐适量	烂米饭 25g；番茄炒鸡蛋：番茄 25g，鸡蛋 1 个，食油 3g，盐适量	烂米饭 25g；肉末蒸蛋：鸡蛋 1 个，肉末 25g，食油 3g，盐适量	烂米饭 25g；虾仁蒸蛋：鸡蛋 1 个，虾仁 10g，食油 3g，盐适量	烂米饭 25g；青菜猪肝泥：猪肝泥 25g，青菜 25g，食油 3g，盐适量	菠菜蛋花面：面条 25g，鸡蛋 1 个，菠菜 25g，食油 3g，盐适量	烂米粥 25g；蒸鲳鱼：鲳鱼 25g；炒青菜：青菜 25g，食油 3g，盐适量
21:00	母乳/配方奶 210ml	母乳/配方奶 210ml	母乳/配方奶 210ml	母乳/配方奶 210ml	母乳/配方奶 210ml	母乳/配方奶 210ml	母乳/配方奶 210ml

3. 13～18 月龄幼儿一周食谱（表 12-3）。

表 12-3　13～18 月龄幼儿一周参考食谱

时间	星期一	星期二	星期三	星期四	星期五	星期六	星期日
6：30	配方奶或 5% 加糖牛奶 210ml，小肉包：面粉 15g，肉 10g	配方奶或 5% 加糖牛奶 210ml，鸡蛋面饼：鸡蛋 1 个，面粉 15g，油 2g，糖 5g	配方奶或 5% 加糖牛奶 210ml，牛奶麦片粥：鸡蛋 1 个，麦片 15g	配方奶或 5% 加糖牛奶 210ml，面包 1 片，果酱适量	配方奶或 5% 加糖牛奶 210ml，馒头 1 片，鸡蛋半个，油 2g	配方奶或 5% 加糖牛奶 210ml，豆沙方糕半块	配方奶或 5% 加糖牛奶 210ml，小蛋糕半个
9：00	配方奶或加糖牛奶 100ml，饼干 1 块	配方奶或加糖牛奶 100ml，饼干 1 块	配方奶或加糖牛奶 100ml，饼干 1 块	配方奶或加糖牛奶 100ml，饼干 1 块	豆浆 100ml 饼干 1 块	配方奶或加糖牛奶 100ml，饼干 1 块	配方奶或加糖牛如 100ml，饼干 1 块
12:00	软饭 30g；土豆肉末：肉末 25g，土豆泥 25g，胡萝卜 10g，食油 4g，盐适量	青菜鸡丝面：面条 20g，鸡丝 25g，青菜 30g，胡萝卜 10g，油 4g，盐适量	荠菜肉末馄饨：面粉 30g，肉末 25g，荠菜 25g，麻油 2g，盐适量	软饭 30g；炒猪肝：猪肝 25g，胡萝卜 15g，卷心菜 25g，油 4g，盐适量	软饭 30g；番茄鱼片：青鱼 25g，番茄 50g 鸡蛋半个，油 4g，盐适量	青菜蛋花面：面条 30g，鸡蛋 1 个，肉末 10g，青菜 4g，油 4g，盐适量	软饭 30g；黄芽菜妙鸡肝：鸡肝 25g，白菜 25g，胡萝卜 15g，油 4g，盐适量

续表

时间	星期一	星期二	星期三	星期四	星期五	星期六	星期日
15:00	赤豆粥：米15g，赤豆3g，糖5g	小菜包：面粉15g，青菜5g，豆腐干 5g，麻油2g	小蛋糕1个，苹果片100g	青菜蛋花面：面条15g，青菜10g，鸡蛋1个	营养奶糊：奶糊20g	蒸南瓜：南瓜50g	蒸鸡蛋：鸡蛋 1 个，麻油 2g，盐适量
18:00	软饭25g；番茄炒蛋：鸡蛋 1个，番茄30g，油4g，盐适量；苹果1个	软饭25g；炒鱼片：青鱼25g，油3g；紫菜豆腐汤：豆腐25g，紫菜 1g，盐适量；猕猴桃1个	软饭25g；炒鳝丝：鳝丝25g，胡萝卜25g，土豆丝25g，油4g，盐适量；香蕉1个	软饭25g；虾仁蒸蛋：虾仁10g，鸡蛋 1个，麻油2g，盐适量；橘子1个	软饭25g；青菜肉丸：猪肉末25g，青菜30g，油4g，盐适量；苹果1个	软饭 25g；清蒸鲳鱼：鲳鱼30g；土豆胡萝卜泥：土豆25g，胡萝卜25g，肉末10g，油4g，盐适量，香蕉1个	软饭25g；洋葱牛肉：牛肉末25g，卷心菜25g，洋葱 10g，油4g，盐适量；橘子1个
21:00	配方奶或 5%加糖牛奶210ml	配方奶或 5%加糖牛奶210ml	配方奶或 5%加糖牛奶210ml	配方奶或 5%加糖牛奶210ml	配方奶或 5%加糖牛奶210ml	配方奶或 5%加糖牛奶210ml	配方奶或5%加糖牛奶210ml

4. 19～24个月幼儿一周食谱（表12-4）

表12-4　19～24个月幼儿一周食谱

时间	星期一	星期二	星期三	星期四	星期五	星期六	星期日
6：30	配方奶或5%加糖牛奶210ml；小肉包：面粉15g，肉10g	配方奶或 5%加糖牛奶210ml；鸡蛋面饼：鸡蛋 1个，面粉15g，油2g，糖5g	配方奶或 5%加糖牛奶210ml；鸡蛋麦片：鸡蛋 1个，麦片15g	配方奶或 5%加糖牛奶210ml；鸡蛋面饼：鸡蛋1个，面粉 15g，油2g，糖5g	配方奶或 5%加糖牛奶210ml，面包1片，果酱少量	配方奶或5%加糖牛奶210ml，豆沙方糕半块	配方奶或 5%加糖牛奶210ml；小菜包：面粉20g，青菜10g，香菇2g，油1g
9：00	母乳/配方奶150ml，饼干1块	母乳/配方奶150ml，饼干1块	母乳/配方奶150ml，小蛋糕半块	母乳/配方奶150ml，苹果半个	母乳/配方奶150ml，香蕉半个	母乳/配方奶150ml，苹果半个	母乳/配方奶150ml，饼干1块
12:00	烂米饭35g；溜鱼片：青鱼片 30g，油3g，盐适量。蘑菇青菜：青菜30g，蘑菇25g，油3g，盐适量	鳝丝面：面条35g，鳝丝30g，胡萝卜丝15g，油3g，盐适量	荠菜肉末馄饨：面皮35g，肉末30g，荠菜 30g，芝麻油2g，盐适量	烂米饭 35g；丝瓜肉末：肉末 25g，丝瓜50g，油 4g，盐适量	青菜碎肉面：面条35g，青菜25g，鸡蛋1个，胡萝卜丝 15g，芝油3g，盐适量	烂米饭35g；蒸鲳鱼：鲳鱼30g；炒波菜：菠菜30g，油3g，盐适量	烂米饭35g；蛋饺：肉末25g，鸡蛋半个；豆腐肉：豆腐50g，肉末 10g，油4g，盐适量
15:00	小馄饨：面粉20g，猪肉10g，糖5g	果酱面包半个	豆沙包1个：面粉20g，豆沙5g，糖5g	红枣粥 20g，去核红枣10g，糖10g	蒸鸡蛋：鸡蛋1个，食油2g，盐适量	营养奶糊20g，蛋黄 1个	青菜碎肉面：面条15g，青菜10g，鸡蛋半个，油2g，盐适量

续表

时间	星期一	星期二	星期三	星期四	星期五	星期六	星期日
18:00	烂米饭 30g；红烧狮子头：猪肉 30g，菠菜蛋花羹：鸡蛋半个，菠菜 25g，芝麻油 2g，盐适量	烂米饭 30g；豆腐肉末：肉末 30g，豆腐 50g，油 3g，盐适量	烂米饭 30g；炒虾仁：虾仁 30g，胡萝卜 25g，土豆 25g，油 4g，盐适量，橘子 1 个	烂米饭 30g；红烧带鱼：带鱼 30g，青菜豆腐干：青菜 30g，豆腐干 10g，油 4g，盐适量	软米饭 30g；炒鸡肉肉末：鸡肉末 30g，胡萝卜丁 30g，土豆 15g，油 4g，盐适量	猪肝面：面条 35g，青菜 25g，猪肝 30g，油 3g，盐适量，苹果 1 个	烂米饭 30g；炒虾仁：虾仁 30g，胡萝卜 25g，土豆 25g，油 4g，盐适量，橘子 1 个
21:00	配方奶或 5% 加糖牛奶 210ml	配方奶或 5% 加糖牛奶 210ml	配方奶或 5% 加糖牛奶 210ml	配方奶或 5% 加糖牛奶 210ml	配方奶或 5% 加糖牛奶 210ml	配方奶或 5% 加糖牛奶 210ml	配方奶或 5% 加糖牛奶 210ml

5. 25～36 月龄幼儿一周食谱（12-5）

表 12-5　25～36 月龄幼儿一周食谱

时间	星期一	星期二	星期三	星期四	星期五	星期六	星期日
6：30	配方奶或 5% 加糖牛奶 210ml；鸡蛋麦片：鸡蛋 1 个，麦片 20g	配方奶或 5% 加糖牛奶 210ml；面包夹鸡蛋：面包 20g，鸡蛋 1 个	配方奶或 5% 加糖牛奶 210ml；鸡蛋面饼：鸡蛋 1 个，面粉 25g，油 2g，糖 5g	配方奶或 5% 加糖牛奶 210ml；豆沙包：面粉 20g，豆沙 5g，糖 5g	配方奶或 5% 加糖牛奶 210ml；馒头夹小红肠：面粉 5g，小红肠 1 根	配方奶或 5 加糖牛奶 210ml；小笼包：面粉 25g，猪肉 15g，葱 1g，油 3g	配方奶或 5% 加糖牛奶 210ml；鸡蛋葱油饼：鸡蛋 1 个，面粉 25g，葱 1g，油 3g，盐适量
9：00	豆浆 100ml，饼干两块	配方奶或 5% 加糖牛奶 100ml，饼干两块	豆浆 100ml，饼干两块	配方奶或 5% 加糖牛奶 100ml，饼干两块	豆浆 100ml，饼干两块	配方奶或 5% 加糖牛奶 100ml，饼干两块	豆浆 100ml，饼干两块
12:00	烂米饭 40g；炒鸡丁：鸡肉 35g，花菜 25g，胡萝卜 15g，黑木耳 2g，油 5g，盐适量；紫菜虾皮汤：紫菜 1g，虾皮 1g，芝麻油 2g	蘑菇虾仁面：面条 40g，蘑菇 25g，胡萝卜 15g，小豌豆 15g，虾仁 35g，油 5g，盐适量，香蕉 1 个	烂米饭 40g；炒猪肝：猪肝 35g，黄芽菜 25g，木耳 2g，油 4g，盐适量；紫菜豆腐汤：豆腐 25g，紫菜 1g，芝麻油 2g	荠菜肉馄饨：面粉 40g，青菜荠菜 35g，猪肉 35g，芝麻油 3g，盐适量	烂米饭 40g；茭白鳝丝：鳝丝 35g，茭白 25g，油 4g；油焖茄子：茄子 50g，青菜 25g，油 3g，盐适量	饺子：面粉 40g；猪肉 35g，卷心菜 25g，胡萝卜 15g，芝麻油 3g，盐适量	烂饭米 40g；罗宋汤：土豆 25g，牛肉 35g，胡萝卜 15g，卷心菜 25g，番茄酱，油 4g 适量
15:00	小馄饨：面粉 25g，猪肉 15g	红小豆粥：米 25g，红小豆 4g，糖 5g	蒸红薯 25g	糖芋头：芋头 25g，糖 5g	肉饼：面粉 25g，猪肉 10g，油 2g	糖饼：面粉 25g，糖 5g	薄片糕：米粉 25g，糖 5g

续表

时间	星期一	星期二	星期三	星期四	星期五	星期六	星期日
18:00	烂米饭 35g；红烧带鱼：带鱼 35g，炒素卷心菜 25g，胡萝卜 15g，土豆 25g，豆腐干 20g	烂米饭 35g；洋葱牛肉末：牛肉 35g，洋葱 20g，油 3g；青菜肉汤圆：猪肉末 10g，青菜 25g，芝麻油 2g，盐适量，香蕉 1 个	烂米饭 35g；萝卜烧肉：猪肉 35g，萝卜 50g，酱油适量；炒青菜：青菜 35g，油 3g，盐适量，橘子 1 个	烂米饭 35g；虾仁炒蛋：鸡蛋 1 个，虾仁 10g，油 5g；肉末豆腐羹：豆腐 50g，肉末 10g，芝麻油 2g，盐适量，桃子 1 个	烂米饭 35g；荷包蛋：鸡蛋 1 个，油 3g；菠菜鱼丸汤：鱼丸 25g，菠菜 5g，芝麻油 2g；梨 1 个	烂米饭 25g；青菜 30g，肉末 35g，油 4g；番茄蛋汤：番茄 25g，鸡蛋 1 个，油 3g，苹果 1 个	烂米饭 35g；糖醋鲳鱼：鲳鱼 35g，油 2g；土豆胡萝卜泥：土豆 25g，胡萝卜 25g，肉末 10g，油 4g；盐适量，香蕉 1 个
21:00	配方奶或 5% 加糖牛奶 210ml	配方奶或 5% 加糖牛奶 210ml	配方奶或 5% 加糖牛奶 210ml	配方奶或 5% 加糖牛奶 210ml	配方奶或 5% 加糖牛奶 210ml	配方奶或 5% 加糖牛奶 210ml	配方奶或 5% 加糖牛奶 210ml

（二）婴幼儿食谱编制注意事项

1. 饮食要多样化　婴幼儿对单调食物容易产生厌倦。为了增进婴幼儿的食欲和避免偏食，保持充分合理的营养，在条件允许的情况下，应使食物品种丰富多样，色、香、味俱全，主食粗细交替，辅食荤素搭配，每天加 1～2 次点心。对于婴幼儿不喜欢的食物，可在烹调上下功夫，如婴幼儿不吃胡萝卜，可把胡萝卜末掺在肉内，做成丸子或做成饺子馅，逐渐让婴幼儿适应。这样，既可以增进婴幼儿的食欲，又可达到平衡膳食的目的。

2. 不宜食用过咸食物　婴幼儿肾脏发育还不成熟，若吃食物过咸，钠离子在体内潴留，容易发生高血压，特别是父母有高血压病史的婴幼儿更应注意。1～2 岁的幼儿，食物中尽量放很少的盐。

3. 切忌盲目食用营养素强化食品　市场上供应的婴幼儿食品中，经过强化的食品很多。出于全面补充营养的目的，家长经常会给婴幼儿购买某些强化食品。家长在选购强化食品前，应仔细阅读食品外包装上所标明的营养素含量，如几种食品中所含强化营养素一致，就只能选购一种，必要时家长应征求医生或专家的意见，漫无目的地食用可能会使婴幼儿发生中毒的危险。

4. 不宜长期大量食用膨化食品　长期大量食用膨化食品会造成幼儿体内脂肪积累。

5. 不宜食用补品　补品中含有激素和微量活性物质，对儿童正常的生理代谢有影响。

五、婴幼儿食育理论

婴幼儿食育，即指通过饮食教育及饮食相关过程对婴幼儿进行的各方面教育。

饮食教育，指通过各种各样的活动来促进人们学习与饮食相关的知识，养成有关饮食的正确判断能力，使其能够实践健康的饮食生活，从而实现健康的目的。通过在饮食相关过程中进行德智体美劳等各方面教育，可以达到以下目的：

1. 对各种食材、食物、调料有最直接的认知和营养价值教育。

2. 让婴幼儿了解植物的生长过程，学会尊重食物，从而养成健康的饮食习惯。

3. 学会食物分类，了解各种食材，并学会跟大人一起合作。

4. 在烹饪过程中感受到参与和成功的喜悦。

5. 厨房里有危险用具，如炉子、菜刀等。大人们要正确示范，提示其危险性。

6. 了解什么食物有益，什么是不健康的食物，学会健康饮食知识。

7. 培养生活情趣，学会分享食物。

食育的过程可以锻炼婴幼儿的社交能力、责任感、生存能力、审美能力、决策能力等，还可以让婴幼儿拥有一个健康、快乐的值得回忆的童年生活。

六、婴幼儿食疗的相关知识

食疗又称食治，是在中医理论指导下利用食物的特性来调节机体功能，使其获得健康或愈疾防病的一种方法。婴幼儿的内脏很娇嫩，通过食疗可保护婴幼儿的胃肠功能。

（一）常用食疗食谱

1. 肉末青菜汤

（1）适用于夜间多汗，通宵啼哭的婴幼儿，可增加营养，促进发育。

（2）原料：瘦肉 50g、胡萝卜 1 个、青菜 50g、猪肝 50g、大肉骨 1 块、猪油 10g，清水、精盐适量。

（3）做法：将瘦肉洗净剁成末；胡萝卜洗净切成小段，加水煮烂成泥，青菜洗净切碎煮软，放入细孔漏筛，用匙刮挤，取出筛下面的菜泥；猪肝切成小块，包以纱布挤出肝泥；肉骨打断后放水中煮出骨汤备用。将以上肉末、胡萝卜泥、肝泥，放入骨汤内，加盐、油煮沸而成。

2. 莲子山药粥

（1）适用于消瘦、食欲不振的脾胃虚弱患儿。

（2）原料：莲子 30g，山药 80g，粳米 50g。

（3）做法：将莲子去心，与山药、粳米、水共煮成粥食用。

3. 梨粥

（1）适用于厌食、口干、大便燥结患儿。

（2）原料：鲜梨 3 个，粳米 100g。

（3）做法：将梨洗净，连皮切碎，去核，加水适量，用文火煮 30 分钟，捞出梨块，加入淘洗干净的粳米，按常规方法煮成粥食用。

4. 白菜绿豆饮

（1）适用于感冒，发热口渴、小便短赤患儿。

（2）原料：大白菜根数个，绿豆 30g，白糖适量。

（3）做法：先将绿豆洗净，放入锅中加水，用中火煮至半熟，再将白菜根洗净，切成片，加入绿豆汤中，同煮至绿豆开花、大白菜菜根烂熟，即成白菜绿豆汤，饮时加入白糖调味即可。

（二）食疗中注意事项

1. 热而软的饮食　小儿饮食宜热宜软。热指小儿吃进去的食物要温热，禁忌冰镇食品，如冷牛奶、冷水果等。有的小儿吃饭时间过长，导致食物变凉也不适宜。软指食物的质地要松软，易于消化吸收。不吃油炸食品和过于粗糙的食物，如炸鸡腿、油爆虾及芹菜、笋、咸菜等硬而难消化的食品，腌制食品也会损伤胃黏膜。

2. 培养良好的饮食习惯　饮食要合理卫生，营养供给要充足，比例恰当，控制饮食量，避免过多或不足。定时饮食，心情愉悦、宽松的进餐环境，不要边吃边玩，也不要边吃边背书或被批评。每两餐之间有适当间隔，少吃零食，让消化道有一个休息的过程。

3. 纠正不良生活习惯　幽门螺杆菌感染多是通过家长传染的，传播途径为口对口传染。为减少其传播的机会，婴幼儿最好与家人分食用餐，以防交叉感染。家长要建立良好的喂养习惯，纠正婴幼儿咬手指、异物的坏习惯，避免细菌侵入胃中。

第四节　环境创设与清洁消毒

技能要求

1. 能针对常见传染病对婴幼儿生活环境进行预防性消毒。
2. 能对患传染病的婴幼儿的衣服、被褥、便器、用品进行消毒。
3. 能处理患传染病的婴幼儿的排泄物。

一、预防性消毒的相关知识

预防性消毒是指未发现传染源的情况下，对可能被病原体污染的物品、场所和人体进行的消毒措施。如托幼机构使用的餐具、毛巾、玩具、便器、餐桌等，均应按要求进行日常预防性消毒。

预防性消毒的目的是切断传染病的传播途径，是预防传染病的重要环节。

二、传染病消毒的相关知识

传染病消毒也称为疫源性消毒，是对有传染源（病者或病原携带者）存在的地区进行的消毒，以免病原体向外传播。

疫源性消毒可分为随时消毒、终末消毒。

随时消毒是指及时杀灭并消除由污染源排出的病原微生物而进行的随时的消毒工作。

终末消毒是指传染源住院隔离，痊愈或死亡后，对其原居住地进行的彻底消毒，以期将传染病所遗留的病原微生物彻底消灭。注意：疫源性消毒需根据传染病的病种确定消毒方法和消毒浓度。

三、针对常见传染病进行婴幼儿生活环境的预防性消毒方法

1. 呼吸道疾病的经常性预防性消毒方法

（1）做好日常清洁和消毒工作，消灭蚊蝇，减少疾病传播机会。

（2）保持室内空气新鲜。

（3）做好饮食卫生工作。

（4）培养婴幼儿良好的个人卫生习惯，勤洗手。

（5）合理安排婴幼儿的一日生活。

（6）为婴幼儿准备平衡的膳食，以保证他们健康成长。

2. 发现流行性感冒患儿后对婴幼儿生活环境的预防性消毒方法

（1）立刻隔离患儿。

（2）及时、彻底地开窗、通风换气 15 分钟以上，或按保健医生要求对空气进行消毒。

（3）在保健医生的指导下定期使用紫外线灯照射消毒。

（4）使用药物对室内空气消毒。

过氧乙酸消毒：用 0.2%～0.5%的过氧乙酸对环境进行喷洒，每立方米喷 30ml，之后门窗关闭 30 分钟，再开窗通风。

漂白粉澄清液消毒：1%～3%的漂白粉澄清液喷雾，喷到地面湿透为止。

3. 发现水痘患儿后对婴幼儿生活环境的预防性消毒方法

（1）立刻隔离患儿。

（2）对班级、活动室、寝室的空气和物品进行消毒。

开窗通风 3 小时，家具、玩具及图书采用擦拭和日晒的方法消毒，衣物、被单、褥单及其他物品采用煮沸或消毒液浸泡的方法消毒。

4. 发现腮腺炎患儿后对婴幼儿生活环境的预防性消毒方法

（1）立刻隔离患儿。

（2）发现患儿后，班级开窗通风 15 分钟以上。

（3）患儿的食具、毛巾要分开并煮沸消毒，衣物煮沸消毒，被褥日晒消毒。

5. 发现病毒性肝炎患儿后对婴幼儿生活环境的预防性消毒方法

（1）患儿应立刻进行隔离治疗。

（2）对其生活环境进行消毒。幼儿食具、水杯、毛巾、衣物煮沸或消毒液浸泡消毒，便盆用消毒液浸泡，被褥日晒消毒。婴幼儿的大小便、呕吐物用干漂白粉以 5∶1 的剂量充分搅拌，放置 2 小时后倒掉。配合保健医生令接触幼儿服用或注射预防药物。

6. 发现痢疾患儿后对婴幼儿生活环境的预防性消毒方法

（1）发现痢疾患儿后，立刻进行隔离治疗。

（2）患儿使用过的食具可用漂白粉澄清液浸泡消毒，便盆应用消毒液浸泡消毒，痢疾患儿的粪便用漂白粉进行消毒。

（3）接触患儿后应立即用肥皂洗手。

四、对传染病婴幼儿的物品进行消毒的方法及其排泄物的处理方法

衣服：煮沸消毒。

被褥：在紫外线照射下，翻晒6小时。

食具：在保健医生指导下，用煮沸法或漂白粉澄清液浸泡法进行消毒。

便盆：根据传染病的不同，可对患儿使用过的便盆用漂白粉澄清液或来苏水进行浸泡。

呕吐物或大小便用生石灰或漂白粉乳液按5∶1比例进行搅拌，放置2小时后倒掉。痰盛于蜡纸盒内焚烧。

（杨　静）

第十三章
保健与护理

第一节　婴幼儿神经、心理发育

技能要求

1. 能针对婴幼儿动作、认知、语言、情绪和社会性异常表现制订指导方案。
2. 能识别婴幼儿的心理发育状况。

一、婴幼儿神经发育的相关知识

新生儿出生时脑重350～400g，是成人脑重的1/4。婴儿期脑重增长速度最快，6个月时为出生时的两倍，相当于成人脑重的一半，第一年婴儿脑重接近成人的60%，第二年年末为出生时的3倍，约为成人脑重的75%，到6岁左右，儿童脑重接近成人的90%。新生儿大脑体积只有成人的1/3，但已有和成人相同的脑细胞数，其后大脑的生长主要是以下几方面：①神经细胞体积的增大；②与之相连的突触数量的增加；③形态发育的成熟；④结构功能不断完善。

新生儿出生时就具有一些先天性（非条件）反射，如觅食、吮吸、拥抱、握持等，随着大脑皮质及感觉器官的发育，形成各种各样的反射，使婴儿能更好地适应环境。随着年龄的增长，大脑皮质高级神经系统发育的成熟，先天性反射一般在生后3～4个月消退。若还存在可能是脑发育异常。2个月左右开始形成与视觉、听觉、味觉、嗅觉、触觉等感觉相关的条件反射。3～4个月出现兴奋性和抑制性的条件反射。2～3岁条件反射完善，智力发展趋于复杂。

婴幼儿神经心理发育可反映在日常行为中，通过观察婴幼儿动作、认知、语言、情绪和社会性等可分析出婴幼儿神经、心理发育的一般规律，因此，在日常生活中，育婴员、父母一定要注意观察婴幼儿的日常行为。

（一）婴幼儿的视觉发育

足月分娩的新生儿，眼睛已经具有光觉反应，照强光可引起皱眉、闭目等反应。但眼底尚未发育成熟，视力非常差，只可见模糊的黑白影像。随着年龄增长，婴幼儿的视力不断发育，直到6岁时视力才充分发育完全。

在视力发育过程中出现下列情况应引起重视：对物体注视短暂，对细小物体无兴趣，不辨认亲人及日常事物，眼球震颤，斜视。此时应及早就医，以便尽早发现婴幼儿的视力问题。

表 13-1 视觉发育

1 个月后	可凝视光源，开始有头眼协调
3～5 个月	头眼协调后，喜看自己的手
6～9 个月	深度视觉发育，能看到小物体
1.5 岁	已能区别各种形状
2 岁	能区别垂直线与横线
6 岁	视觉发育已经完善

（二）婴幼儿的听觉发育

听觉发育和婴幼儿的语言发育直接相关（表 13-2），听力障碍如果不能在语言发育的关键期内（6 个月内）得到确诊和干预，则可因聋致哑。

表 13-2 听觉发育

新生儿	生后 3～7 日听觉已相当良好
3～4 个月	头可转向声源，听悦耳声微笑
7～9 个月	能确定声源，对语气敏感
13～16 个月	可寻找不同响度的声源，听懂自己的名字
4 岁	听觉发育已经完善

（三）婴幼儿的味觉和嗅觉发育

出生时婴幼儿的味觉发育已完善，对甜、酸等不同味道可产生不同的反应。4～5 个月时对食物的微小改变已经很敏感，是味觉发育的关键时期，应适时添加各种辅食，使婴幼儿习惯不同味道的食物。出生时嗅觉发育已经成熟，3～4 个月时能区别愉快与不愉快的气味；7～8 个月时能对芳香气味有反应。

（四）婴幼儿的运动能力

新生儿大脑皮质兴奋性低，神经活动过程弱，除了吃奶以外，大部分时间都在睡觉，以后随着神经系统的发育，运动能力也开始发育并逐渐增强。运动不是孤立的能力，它与其他能力的发育有直接、间接的关系。

1. 大运动发育迟缓临床判断（表 13-3）

表 13-3 大运动发育可疑迟缓的临床判断

4 个月	不能抬头
8 个月	不能翻身和独坐
13 个月	不能独自站
15 个月	不能独自走

2. 精细运动发育迟缓（表 13-4）

表 13-4 精细运动发育可疑迟缓的临床判断

6 个月	不能伸手抓物
9 个月	不能物体换手
12 个月	不能拇指示指取小丸

（五）婴幼儿语言的发育

婴幼儿语言的发育与大脑、咽喉部肌肉的正常发育及听觉的完善有关，要经过发音、理解和表达 3 个阶段（表 13-5）。促进语言发育的条件是充分的语言和环境的刺激及其临床判断（表 13-6）。

表 13-5 语言发育阶段

新生儿	已会哭叫，咿呀发音
6 个月	能听懂自己的名字
10～13 个月	能说简单的单词，如“妈妈”“再见”
1.5 岁	能用 15～20 个字，能指认并说出家庭主要成员的称谓
2 岁	能指出简单的人、物品和图片
3 岁	能指认许多物品名，并说出 2～3 个字组成的短句
4 岁	能讲述简单的故事情节和背儿歌

由此看出，7～24 个月是语言理解的关键期，2～3 岁是语言表达的关键期。

表 13-6 语言发育可疑迟缓的临床判断

14 个月	不会说单词
24 个月	不会组合两个不同音节的词语
30 个月	不会说短语

（六）婴幼儿社会性发展

1. 自我意识的发展 表现为：①自我认识，先认识自己身体的各个部分，然后知道自己的名字，对“我”字的掌握；②自我情感体验，包括自尊、自信、自我价值感、成就感、自我效能感等，如 3 岁幼儿对自己能力的认识和自信，常要求独立做一些事情；③自我控制与调节；④自我管理。

2. 社会交往 表现在母婴交往、父婴交往、同伴交往等方面。

个人—社会能力发育口诀：二笑、六认生、九月做再见、一岁示需要、两岁做游戏、三岁会穿衣。个人—社会能力的发育及临床判断见表 13-7。

表 13-7　个人—社会能力的发育可疑迟缓的临床判断

1～2 个月	不能逗笑
5～8 个月	不怕生
7～11 个月	不会做再见
10～14 个月	不会表示需要
1～1.5 岁	不会自发乱画
1.5～2.5 岁	不会与同伴交往
2.5～3 岁	不会穿衣

个人—社会能力与遗传因素如智力、个性、遗传性疾病等及环境因素、文化背景、教养态度、家庭及社会影响、疾病、营养等有关。父母要多鼓励、尊重婴幼儿，营造良好的家庭环境，训练婴幼儿的说话能力，创造社交机会，鼓励婴幼儿和同龄人交往。

二、婴幼儿心理发展相关知识

婴幼儿时期是儿童生理心理发展最迅速的时期，个体的各种心理活动包括感知觉、注意、学习、想象、思维、言语、情感等都是在该阶段发生或发展。人的各种心理能力、基本情绪和情感获得等都是在这一阶段初步形成。

通过学习不同时期婴幼儿心理发展特点，可识别婴幼儿的心理发育状况。

1. 言语的形成　成人间的言语交流潜移默化地影响着婴幼儿的言语萌芽与发展。在 2～3 年的时间里，婴幼儿不仅能理解成人对他的言语，且能运用口语比较清楚的表达自己的想法，同时能根据成人的言语指示调节自己的行为。

家长应高度关注婴幼儿言语的萌芽，正确示范，创设良好的语言氛围。家长可以在婴幼儿晚上睡觉时讲一个睡前故事，这样能更好发展婴幼儿各方面的能力，如思维、想象、语言等。

2. 思维的萌芽　思维是高级的认识活动，是智力的核心。婴幼儿思维的发生，意味着儿童的认知过程已基本形成。

（1）0～1 岁：思维发展的准备期（感觉、知觉能力体验），是指婴幼儿在语言的参与下，开始产生萌芽状态的思维现象。

（2）1～3 岁：思维发展的低级阶段，又称感知动作思维，是指婴幼儿思维过程离不开直接感知的事物和操纵事物的动作的思维方式。婴幼儿只有在直接摆弄具体事物的过程中才能思考问题。

3. 自我意识的萌芽　自我意识是个体对自己所作所为的看法和态度。掌握名词“我”是自我意识的萌芽重要的标志，2 岁左右，幼儿知道“我”和他人的区别，在语言上逐渐分清“你”“我”。

4. 记忆能力的发展　1 岁前记忆能力比较差，5～6 个月时可以识记自己的妈妈，但保持的时间很短。在反复出现的情况下，可以逐步认识周围所熟悉的事物，保持对事物的记忆，此时不会说但会指认。1～2 岁，随着年龄增长，活动范围扩大，认识事物增多，婴幼儿可以记住更多的事物。但是这时的记忆无意识性很大，主要凭借兴趣认识并记住自己喜欢的事物，记忆过程缺乏明确目的。2 岁左右，可以有意识回忆以前的事件，不过这种能力还很弱。这种能力的出现和发展与言语的发展密切相关。比如回忆起前天晚上月亮很明亮，但首先要知道月亮、明亮。

5. 想象能力的发展　想象是对已有的表象进行加工改造，建立新形象的心理过程，是一种带有创造性地分析综合活动。3 岁前的婴幼儿缺乏创造性的想象能力，内容也比较简单，一般是他所见到的成人或其他婴幼儿的某个简单行为的重复，属于再造想象的范围。

（1）0～1 岁：没有想象能力，周岁之前虽然可以重现记忆中的某些事物，但还不能算是想象。

（2）1～2 岁：个体生活经验不足，大脑已存表象有限，言语发展程度低，表象的联想活动比较差，只能够把生活中的某些简单行动反映在自己的游戏中，所以是低等、单一、萌芽状态的想象。例如，把饼干放到娃娃嘴里，抱娃娃睡觉等。

（3）3 岁左右：3 岁以前的婴幼儿想象经常缺乏自觉的、确定的目的，只是零散、片段的东西。随着经验和语言的发展，可以产生带有简单主题和角色的游戏，能够反映婴幼儿模仿成人社会生活情节的想象活动，如戴听诊器模仿医生给“病人”看病，拿件小衣服装“妈妈”给“婴幼儿”穿衣服等。

6. 注意特性的发展　注意是一种行为心理特征，而非独立的心理过程。可分为无意注意和有意注意。无意注意是指事先没有预定的目的，也不需要意志努力的注意，具有随机性；有意注意是指主动地服从于一定活动任务的注意，需要一定的意志努力，具有主动性。0～3 岁无意注意占主导地位（表 13-8）。

表 13-8　注意特性的发展

年龄	注意力保持时间
3 个月	对感兴趣的事物有敏感反应
5～6 个月	注意较稳定但时间短暂
1 岁半	5～8 分钟
1 岁 9 个月	8～10 分钟
2 岁	10～12 分钟
2 岁半	10～20 分钟

7. 人际交往关系的发展变化　儿童的人际交往关系主要有亲子关系、玩伴关系、群体关系，0～3 岁的婴幼儿人际交往关系主要以前两种为主。

（1）0～1 岁：主要是亲子关系，即婴儿同父母的交往关系。体肤接触、感情展示、眼神交流、行为表现、言语刺激，这些都会对婴儿的成长产生深刻的影响。人一生中的亲子关系的好坏取决于亲子互动是否成功，同时人一生的幸福指数高低也与亲子关系和谐程度成正比。

（2）1 岁以后：1 岁以后的幼儿随着动作能力、言语能力的发展，活动范围的扩大，开始表现出强烈的追求小玩伴的愿望，于是出现玩伴关系。玩伴关系在人的一生中作用至关重要。它既不排斥亲子关系，也不能被亲子关系替代。一个人如果没有玩伴或者朋友，就不会有健康的心灵。

（3）3 岁：以前建立的玩伴关系常常是一对一的活动，要建立群体关系还有一定困难。

8. 情绪和情感的发展　0～3 岁婴幼儿的情绪和情感对其生存和发展起着至关重要的作用，也是激活心理活动和行为的驱动力。良好的情绪和情感体验会激发婴幼儿积极地探索欲望与行动，寻求更多刺激，获得更多的经验。

0～3 岁婴幼儿的情绪和情感的最大特点是：冲动、易变、外露，年龄越小越明显。婴儿的情绪更多受外在环境因素的影响，而不是被稳定的主观心态来左右。婴幼儿情绪的发生和发展见表 13-9。

表 13-9　婴幼儿情绪发生时间表

情绪类别	最早出现时间	诱因	经常出现时间	诱因
痛苦	1～2 天	机体生理刺激	1～2 天	同前
厌恶	1～2 天	不良（不适应）刺激	1～2 天	同前
微笑反应	1～2 天	睡眠中的机体过程节律反应	1～3 周	同前或触及面额
兴趣	4～7 天	适宜光、声刺激	3～5 周	适宜光、声或运动物体
愉快（社会性微笑）	3～6 周	高频语声和人的面孔刺激	2.5～3 个月	人面孔刺激或面对面玩耍
愤怒	4～8 周	持续痛刺激	4～6 个月	同前及身体活动持续受限制
悲伤	8～12 周	持续痛刺激	5～7 个月	与熟人分离
惧怕	3～4 个月	身体突然从高处降落	7～9 个月	陌生人或新奇的较大物体刺激
惊奇	6～9 个月	突然出现新奇性刺激	12～15 个月	同前
害羞	10～12 个月	熟悉环境中陌生人接近	12～15 个月	同前

9. 意志力的发展　意志力是指一个人自觉地确定目的，并根据目的来支配、调节自己的行动，克服各种困难，从而实现目的的品质。良好的意志力是一个人成才的不可缺少的重要因素。因此，我们对婴幼儿进行早期教育时，必须重视意志力的培养，将智力开发与意志力培养一起抓，使婴幼儿从小具有良好的意志品质。

（1）意志力的发展有助于促进婴幼儿的安全和健康。自制力是意志力的一个重要方面，自制力的发展能够使婴幼儿明白“什么该做”“什么不该做”，从而减少冒风险的概率。

（2）意志力的发展有助于婴幼儿社会性的发展。能够约束自己的行为、自制力和自觉性较强的婴幼儿更受同伴的欢迎，也更容易地融入一个新的集体。

（3）意志力的发展有利于婴幼儿德育的发展。对规则的认识与行为表现，是婴幼儿道德发展的重要标志，而对规则的认识或行为表现也是意志力发展及培养的重要方面。

（4）意志力的发展有利于婴幼儿形成良好的行为习惯。良好行为习惯的养成常常需要自我意识去认识、自身意志能力去坚持。

10. 气质特征的发展　婴幼儿气质特征是儿童个性发展最原始的基础，其具有先天性，父母无法选择。但在气质基础上，婴幼儿个性的形成受后天环境、教育条件的影响极大。充分了解婴幼儿的气质特征，并有针对性地采取良好的、适宜的环境刺激，再给予相应的教育，会促进婴幼儿良好气质特征的发展。

三、影响婴幼儿心理健康的因素

1. 早期经验对婴幼儿心理健康的影响　早期经验的获得对个体一生的发展具有重要的作用。婴幼儿经常从父母那里得到抚爱，就会比较温和、友爱，形成信赖感。如果婴幼儿失去母亲的积极关注与照料，母爱被剥夺或遭受虐待，会对婴幼儿的心理健康产生直接的不良影响。

2. 情绪对婴幼儿心理健康的影响　良好的情绪是婴幼儿保持身心健康和行为适应的条件，有助于婴幼儿的行为适应。相反，消极的情绪则会使婴幼儿的心理失去平衡，如果消极的情绪强度过大或持续时间过长，还可能导致婴幼儿神经活动功能失调及机体的某些病变。

3. 应激事件对婴幼儿心理健康的影响　家庭中发生的一些生活事件可以直接或者间接地损害婴幼儿的心理健康，如父母死亡、离异、分居、长期争吵或冲突，会导致婴幼儿强烈的心理和生理应激反应，出现许多身心症状，甚至危及婴幼儿成年后的心理健康。

第二节　常见症状与护理

技能要求

1. 能为婴幼儿常见病进行护理。
2. 能为婴幼儿慢性病恢复期进行护理。
3. 能为传染病期婴幼儿进行护理。
4. 能为残障婴幼儿进行护理。

0～3 岁婴幼儿的免疫系统还未完善，易被病毒和细菌入侵，出现各种疾病，并且病情变化快。婴幼儿发病后，应及时到医院进行就诊，由专业医护人员进行护理，但在恢复期，育婴员、家长应在专业人员指导下学会护理方法。

一、婴幼儿呼吸道疾病的相关知识

（一）上呼吸道感染

上呼吸道感染是婴幼儿常见疾病，俗称“感冒”，是指鼻、咽和喉部的呼吸道炎症，临床诊断的“急性扁桃体炎”“急性咽炎”“急性鼻咽炎”都属于上呼吸道感染。大多由病毒引起，少数为细菌或肺炎支原体引起。本病有各种诱发因素，如免疫功能、营养状况和环境影响等。轻度症状表现为低热、流涕、鼻塞、轻咳、打喷嚏、腹泻或呕吐等，鼻黏膜充血水肿，分泌物增多，咽部稍红，颈部或颌下淋巴结可轻度肿大，精神状态良好，自然病程在 3～7 天。重度表现为体温高，常在 39℃以上，精神较差、头痛、阵咳、咽痛、呕吐、乏力、畏寒、食欲下降等，有明显的咽部充血，扁桃体红肿，颌下淋巴结肿大、压痛。炎症还可波及中耳、鼻窦和气管，引起中耳炎、鼻窦炎和气管炎，有时还会伴有腹痛。如果上呼吸道感染严重或腹痛剧烈没有好转，应及时就医。

（二）气管炎、支气管炎

婴幼儿气管炎、支气管炎常继发于上呼吸道感染后，发病可急可缓。症状轻者无明显病容，重者发热38～39℃，偶达40℃，婴幼儿可表现为神软乏力，睡眠食欲差，甚至发生呕吐、腹泻、腹痛等消化道症状。年长儿诉头痛及胸痛。咳嗽一般延续7～10天，有时迁延2～3周，或反复发作。如不经适当治疗可引起肺炎，应及时就医。

（三）肺炎

婴幼儿肺炎是婴幼儿时期的常见病，我国北方地区以冬春季多见，是婴幼儿死亡的常见原因。肺炎是由病原体感染、吸入羊水及过敏反应等引起，可分为细菌性肺炎、病毒性肺炎、支原体肺炎、衣原体肺炎、真菌性肺炎等类型。主要临床表现为发热、咳嗽、呼吸急促、呼吸困难及肺部啰音等。应及时就医。

（四）哮喘

婴幼儿哮喘是常见的肺部疾患，表现为反复发作性咳嗽、喘鸣和呼吸困难等，严重危害婴幼儿健康。不少哮喘患儿由于治疗不及时或治疗不当最终发展为成人哮喘而迁延不愈，肺功能受损，部分患儿甚至完全丧失体力活动能力。严重哮喘发作若未能得到及时有效治疗，可以致命。

二、婴幼儿呼吸道疾病的护理要求及注意事项

1. 发病后做好呼吸道隔离。注意室内清洁卫生，开窗通风，保持室内空气新鲜，室内温度25～27℃为宜。
2. 加强营养，给予易消化饮食，多饮水。
3. 减少活动，注意休息。
4. 衣被包裹不宜过厚，以免影响机体散热，导致体温进一步升高。
5. 注意监测体温，体温超过37.5℃，进行温水（32～34℃）擦浴。擦浴部位：腋窝、颈部、腘窝、腹股沟等大血管搏动处，避开耳后、耳郭、胸前区、腹部、足底等对冷刺激敏感部位。如体温进一步增高，及时就医。
6. 合理喂养患儿，及时添加辅食，加强营养。
7. 做好预防措施，多进行户外活动，增强体质，提高呼吸系统的抵抗力。在呼吸道感染的高发季节，尽量少到公共场所。气候骤变时及时增减衣物，注意保暖避免着凉，也要避免过多出汗。

三、婴幼儿消化道疾病的相关知识

1. 腹泻　腹泻是婴幼儿时期的一种肠道功能紊乱，以腹泻、呕吐为主的综合征，夏、秋季节高发，与感染及消化功能紊乱有关。临床主要症状为大便次数增多、排稀便和水电

解质紊乱。腹泻导致脱水，婴幼儿可出现精神疲乏、无力、腹胀等。腹泻时应注意婴幼儿腹部保暖，并及时就诊治疗，不及时治疗可危及婴幼儿生命。

2. 呕吐　呕吐是婴幼儿时期常见的临床症状。不同年龄、不同疾病均可引起呕吐。人工喂养引发呕吐的原因可能与奶水温度过凉或过热、对奶粉过敏等有关。单纯呕吐是把进食过多的生、冷食物及腐败食物吐出来。呕吐严重时，患儿出现口渴、尿少，精神萎靡不振，口唇红，呼吸深长，脱水，酸中毒等临床表现，应及时就诊。

3. 腹痛　引起婴幼儿腹痛的原因很多，几乎涉及各科疾病，常见的婴幼儿腹痛原因有消化不良、肠痉挛症、肠道蛔虫症、结肠过敏、便秘、上呼吸道感染后引起的肠系膜淋巴结炎、乳糖不耐受症等。如腹痛伴随呕吐、腹泻或血便、黄疸等症状者，应及时就医。

4. 消化不良　主要是由于婴幼儿胃肠功能紊乱，胃酸分泌减少引起。单纯性消化不良的表现是一天腹泻 10 次以下，大便黄色或带绿色，水分不多，腹部胀气，偶有呕吐，有时低热，患儿食欲不振但精神尚好。中毒性消化不良者病情较严重，发病突然，高热，每天排便一般在 10 次左右或更多，大便常呈水状或蛋花汤状，呕吐频繁，每天可在 10 次以上，造成严重脱水，甚至抽搐、意识消失，如不及早治疗，可造成死亡。

5. 肠痉挛　多见于 2～4 个月的婴儿。是由于肠壁平滑肌强烈的收缩而引起的阵发性或间歇性腹痛。病因有肠道气体产生过多、肠道动力增高、胃肠道激素、饮食因素等。婴幼儿表现为阵发性哭闹、腹胀、肠鸣音加剧，可因肛门排气或排便而缓解，可能是肠痉挛。如持续哭闹，应及时就医。

四、婴幼儿消化道疾病的护理要求及注意事项

1. 调整饮食　除急性期外，不宜过度限制饮食。

2. 配合医护人员治疗　及时纠正水、电解质紊乱及酸碱失衡。

3. 控制感染　严格执行消毒隔离措施，包括患儿排泄物、用物及标本的处置。护理患儿前后认真洗手，防止交叉感染。

4. 做好臀部护理　婴幼儿选用柔软布类尿布，勤更换，每次便后用温水清洗臀部并擦干；局部皮肤发红处涂以 5%鞣酸软膏或 40%氧化锌油并按摩片刻，促进局部血液循环；皮肤溃疡者局部可增加暴露或用灯泡照射，以促进愈合；避免使用不透气塑料布或橡皮布，防止尿布皮炎发生。

5. 注意腹部保暖。

6. 严密观察病情。

五、慢性病、传染病、残障特殊婴幼儿护理要求与注意事项

（一）慢性病婴幼儿护理及注意事项

婴幼儿常见的慢性病有心脏病、癫痫、气喘、发育迟缓等。婴幼儿慢性病多在家进行休养，护理及注意事项如下。

1. 卧床休息，注意保持患儿情绪稳定。

2. 合理喂养，及时添加辅食，补充足够的蛋白质和微量元素。选择易消化吸收的食物。有水肿者适当限制摄水量，给予无盐或低盐饮食，少量多餐。

3. 观察生命体征及病情变化，有异常及时就医。

4. 注意皮肤清洁，防止压疮，预防感染。

5. 保持大小便通畅。

6. 服用各种药物时，注意观察毒性反应，如恶心、呕吐、视物模糊等。如出现异常，立即停药，并及时就医。

7. 及时增减衣物，如家庭成员中有上呼吸道感染时，应采取隔离措施；少到公共场所；在传染病好发季节，应及早采取预防措施；一旦患儿出现感染时，应积极控制感染。

8. 注意心理护理。对患儿要充满爱心，尊重他们，切勿歧视打骂。

9. 要密切关注患儿病情变化，多与医生进行沟通交流。

（二）传染病婴幼儿护理及注意事项

婴幼儿常见传染病有流行性感冒、流行性腮腺炎、水痘、麻疹、肺结核、伤寒等。

1. 对呼吸道传染病婴幼儿护理及注意事项

（1）卧床休息，及时隔离，注意保暖。

（2）居室定期通风。保持室内空气新鲜，室内温度保持在 18～23℃，湿度保持在 50%～60%。

（3）保持皮肤、口腔清洁。

（4）监测体温，如发现婴幼儿高热持续不退或热退后体温又上升，要立即就医。

（5）注意观察病情，如果婴幼儿出现烦躁不安、剧烈的头痛、呕吐、惊厥、嗜睡、颈项强直等现象时，有并发脑炎的可能，要立即就诊。

（6）少食多餐，进食流质、半流质饮食，多喝开水。

2. 对消化道传染病婴幼儿护理及注意事项

（1）卧床休息，保持大便通畅。体温超过 38.5℃，给予降温处理。

（2）保持皮肤和口腔黏膜清洁，保证充分水分、盐分和维生素。

（3）注意胃肠道隔离消毒，避免交叉感染。

（4）饮食易消化，少量多餐，腹泻严重者要禁食，防治脱水。

（5）如有腹痛、便血等，立即就医。

（6）注意个人卫生，饭前便后要洗手，不饮生水，不吃不洁食物。

（三）残障特殊婴幼儿护理及注意事项

（1）保持营养、水及电解质的平衡。

（2）加强护理，防止意外的发生。

（3）提高生活自理能力，避免过多依赖别人的帮助，树立自立、自强的性格。

（陈　静）

第十四章
健康与管理

第一节　预防伤害与急救

技能要求

1. 能为骨折婴幼儿进行初步处理。
2. 能为溺水婴幼儿进行初步处理。
3. 能为中毒婴幼儿进行初步处理。

一、婴幼儿骨折

婴幼儿骨骼柔韧，加之骨骼表面覆盖的软组织较厚，故出现的骨折通常不是完全性骨折，而是“青枝骨折”。“青枝骨折”是指骨头像青嫩的树枝一样折而不断，仅仅是骨皮质受损，因为骨骼变形不明显，所以确诊骨折较为困难。

（一）常见原因

1. 各种跌落伤。
2. 强大的暴力打击（如车祸伤）。

（二）表现

1. 已经能够语言表达的幼儿能描述患处疼痛，而年龄太小的尚不能表述自己感觉的婴儿则需要由看护者根据体征的要点进行辨别。
2. 哭闹不安、患处局部肿胀、不愿移动患处、触碰患儿患处时疼痛感加剧、哭闹加剧。

（三）急救措施

1. 看护者保持镇静，安抚患儿，拨打急救电话 120。
2. 尽量控制患儿不要乱动，以免骨折部位移位。
3. 使用硬板、杂志或卷起的报纸做成简易夹板，以纱布或绷带固定，伤处制动。
4. 如看护者不会使用固定法或周围无固定物，可将患儿骨折部位置于一支撑物上，使之减少受力和移动。

5. 使用凉水浸润并拧干的毛巾或包裹冰棒的厚毛巾在患处进行冷敷，可起到减轻疼痛的作用。

6. 如果受伤部位是开放伤口并且正在出血，或者为完全性骨折并且骨头已刺穿皮肤，应紧紧按压出血部位压迫止血，并用干净（最好是无菌）的纱布覆盖伤口。

（四）注意事项

1. 骨头已经刺穿皮肤的完全性、开放性骨折，不要试图把露出的骨头按回皮肤下面。

2. 即使婴幼儿在伤后可以正常活动，也不能排除骨折，只要怀疑骨折存在，就应该立即就诊。

3. 骨折后的婴幼儿必须由专业医生严密观察 24～48 小时。

二、婴幼儿溺水

溺水是造成婴幼儿死亡的最常见原因。对于年龄比较小的婴儿，溺水容易发生在家里的浴盆或马桶等看起来没什么危险的地方，而对于年龄较大的婴幼儿，溺水更容易发生在天然水域或者泳池。

婴幼儿若不小心跌倒在水里，很容易溺水。在 4～6 分钟内，实施心肺复苏术可为抢救赢得时间，尽快挽救脑细胞在缺氧状态下发生的坏死。

（一）常见原因

1. 洗浴过程中、独自在浴室玩耍时无人看护。

2. 独自或与伙伴在野外或游泳池游泳时无人看护或看护不当。

（二）表现

1. 婴幼儿面向陆地、嘴巴在水平线上下、头部往后仰、身体直立、动作像在爬楼梯、眼神呆滞无法集中。

2. 救起后无呼吸或呼吸心跳微弱，神志不清，脸色青紫或苍白，口中有污水或有泥土、草渣等杂物。

（三）急救方法

1. 婴幼儿被从水中抱出时大声哭泣，说明没有生命危险，暂可安心，立刻换掉湿衣服，为身体保温。

2. 如果没有反应，判断呼吸状况。轻拍婴幼儿足底或肩膀并呼唤他，判断其有无意识；让婴幼儿平躺在桌面或硬板上，用 5～10 秒时间判断其有无呼吸及心跳（即胸部是否起伏，大动脉是否有搏动），如果没有反应，马上叫人拨打 120 急救电话，如果四周无人，可在做心肺复苏术（详见第十章第一节）的同时，利用电话免提功能，拨打 120 急救电话。

（四）注意事项

1. 真正的溺水是无声的。溺水者只会忙于呼吸，没有办法呼救，所以没有呼救声并不代表危险没有发生，只要发现以上提到的溺水迹象，看护者宁愿判断错误也要立刻将婴幼儿带离水域。

2. 溺水最大的误区是“控水”，看护者把溺水的婴幼儿倒背着控水的做法是错误的，“倒背法”只能把胃里的水控出来，而且“倒背法”还有可能导致溺水者胃中的物质沿食道流出，堵塞气道，使溺水者无法正常呼吸。

3. 婴幼儿发生溺水后，即使已经采取急救措施并成功获救，看护者仍应带婴幼儿去医院进行全面的检查和治疗，以确定其呼吸系统和神经系统没有受到损害。

三、婴幼儿中毒

婴幼儿因其对新鲜事物充满好奇、模仿性强、没有判断能力等心理行为特点，容易出现接触、误吸甚至误食有毒物质的情况，导致皮肤烧伤、毒气中毒、消化道灼伤等，但只要及时发现、干预和有效治疗，大部分中毒是可逆转的。

（一）常见原因

看护者没有谨慎地将有毒物质放于婴幼儿接触不到的地方，婴幼儿因为好奇而触摸、误吸、误食毒物。

（二）表现

1. 大量流口水，恶心呕吐，腹部痉挛疼痛，呼吸困难。

2. 呼吸中带有异常的气味，嘴唇灼伤，嗜睡，易激惹，惊厥，意识丧失。

（三）急救措施

1. 立即拨打120急救电话。

2. 皮肤烧伤者立即脱去衣物，用流动水持续冲洗患处皮肤15分钟以上。

3. 毒气中毒者立即开门、开窗通风，或将其抱到户外空气新鲜处，如已停止呼吸，立即行心肺复苏术，直到婴幼儿恢复自主呼吸或医护人员到场。

4. 误食毒物进入消化道者，立即嘱其吐出嘴里的残留物，或用手抠出并收集留存以便由专业医生判别毒物成分，如婴幼儿已经出现意识丧失或呼吸停止，立即采取急救措施并拨打急救电话寻求医疗急救指导。

（四）注意事项

1. 皮肤灼伤时不要在患处表面涂抹任何物质。

2. 误食有毒物质时千万不要采取催吐措施，强酸、强碱等成分的毒物在催吐过程中会对消化道造成更严重的伤害。

第二节 健康与指导

📖 **技能要求**

1. 能发现婴幼儿口腔发育异常（唇腭裂、高腭弓、诞生牙）、龋齿、视力异常或听力异常。
2. 能识别婴幼儿不同体质及辨体施养。
3. 能为婴幼儿进行初步推拿。

一、婴幼儿口腔发育异常、龋齿、视力异常、听力异常

（一）唇腭裂

唇腭裂是口腔颌面部常见的先天性畸形，表现为唇裂与腭裂同时发生。唇裂俗称“兔唇”，是发生在上唇和腭部的单侧或双侧裂隙。腭裂俗称“狼咽”，是胎儿在发育过程中面部结构未完全融合的结果。

多数唇腭裂是由遗传和环境因素共同所致，但导致其发病的具体原因尚不明确。平均每700个新生儿中就有1个患病。通常是一种孤立性出生缺陷，少数情况合并其他遗传性疾病。

唇腭裂不仅严重影响面部美观，还因口、鼻腔相通，直接影响患儿发育，经常导致上呼吸道感染，并发中耳炎和听力损失。婴儿因吸吮困难可能出现喂养困难、口腔疾病、发音困难等表现。

通常通过产前超声检查可发现唇裂，但腭裂较难显示。出生后通过常规查体可诊断。唇腭裂可以被矫正，多数患者可通过一系列手术恢复功能，容貌尽可能接近正常。

（二）高腭弓

高腭弓属于发生在人面部的一种缺陷，是由面部胶原组织肽链、弹性蛋白等受损而导致的，可通过手术治疗矫正。

（三）诞生牙

诞生牙是指婴儿出生时就已经萌出的牙齿，也叫出生牙，属于正常乳牙过早萌出。由于萌出太早，多数牙根尚未发育，容易松动。如果有因极度松动影响婴儿的哺乳或因脱落而有被婴儿吸入气管的危险，应及时拔除。

（四）龋齿

儿童龋齿即牙齿表面开始有无光泽的白色斑块或因着色而呈现黄褐色，若未及时治疗，则会慢慢形成龋洞，此时会对外界刺激如冷、热、甜、酸和食物嵌塞等比较敏感，遭受刺激容易感到酸痛。龋齿会影响牙颌系统的发育，造成后天畸形。龋齿引发的牙齿其他炎症可导致剧烈疼痛，甚至会导致面部畸形，因牙疼导致不敢细细咀嚼食物，会加重胃的负担，引起胃痛等。

儿童龋齿预防方法：

（1）从小养成良好的卫生习惯，如饭后漱口，乳牙萌出后就开始刷牙，睡前不吃糖和零食。

（2）儿童食物要多样化，以提供牙齿发育所需要的丰富营养物质。还要注意多让儿童咀嚼韧性大的食物，如蔬菜等。

（3）应用含氟牙膏，有利于抵抗龋齿。

（4）定期检查口腔，早期发现龋齿，早期治疗。

（五）视力异常

新生儿、婴幼儿视力异常表现见表 14-1。

表 14-1　不同年龄婴幼儿视力异常表现

年龄	视力异常表现
新生儿	总是眼泪汪汪
	整个婴儿期眼睛或眼皮发红并且出现大量眼屎
	非常畏光
	瞳孔白色
3 个月左右	没有正常的注视和追视
	眼球震颤
	长时间盯着强光看
	经常揉眼
	明显的内斜视，幅度比较大
2～3 岁	看近处时出现内斜视
	间歇性交替外斜视

若出现上述表现，应及时就诊。

（六）听力异常

新生儿、婴幼儿听力异常表现见表 14-2。

表 14-2　新生儿、婴幼儿听力异常表现

年龄	听力异常表现
3 个月以下	对突如其来的巨大声响没有反应
3～12 个月	对出现的声音不会寻找声源
1 岁以上	不会跟随大人指示去做
	吐字不清、说话费力、语言混乱
	失语

若发现异常，应仔细观察婴幼儿的表现，及时去医院就诊检查，可行脑干诱发电位检查明确听力情况。若是出现明显听力障碍应及早人工干预，以免影响语言的发育，可佩戴助听器或是行人工电子耳蜗植入术。

二、不同体质辨识及喂养指导知识

通俗讲，体质就是个体的偏性，如有些婴幼儿受凉后容易咳嗽，而有些婴幼儿受凉却容易发热，这就是不同的体质所致，虽然感受了相同的邪气，但是由于体质的不同，出现的症状也不同。

1. 正常体质　这种体质的婴幼儿生长发育良好，智力发育正常，精神状态好，毛发润泽，皮肤柔嫩，面色红润有光泽，唇色红润，精力充沛，活泼强健，语声清晰，哭声洪亮和顺，睡眠安静，无盗汗、自汗，大便每天 1 次、成形不干燥，小便正常，舌体正常，舌淡红、苔薄白，脉滑或缓。因从小机体就有较好的自我调节能力，对自然环境适应力强，疾病少，恢复快。

调理方法：喂养时按时添加辅食，饮食量按期增加。

2. 脾虚质　这种体质的婴幼儿由于各种因素导致脾胃虚弱，对外界适应力差，较易引起各种胃肠道疾病和呼吸道疾病。表现为经常出现食欲不佳，进食后消化不良，口气秽臭，进食量少，神疲懒言，哭声较低，身体虚胖，安静少动，面色苍白或萎黄，自汗乏力，动则汗多，大便稀溏，或夹不消化食物残渣，每日 2～3 次，小便量多或正常，舌色淡，舌体胖有齿痕，苔薄白，脉细。生长发育出现虚胖型的形体。

调理方法：健脾益气。可以多吃具有益气健脾效果的食物，如黄豆、白扁豆、香菇、大枣等。

3. 热滞质　这种体质的婴幼儿由于脾胃亏虚或饮食不节，积滞日久化热。表现为平素喜食肥腻、辛辣、煎炒等食品，尤其进食“燥热”食物后，易出现不适。唇红，面色偏红，或有低热，烦躁多啼，夜卧不安，或睡中头汗出，不耐热，口臭，口渴喜冷饮，大便干燥，小便黄，舌质红，苔黄厚或腻，脉滑数。整体形体偏瘦。

调理方法：清热消滞，可多吃一些滋润的食物，如银耳、黑芝麻、百合、山药和沙参等。少吃辛热、燥烈的食物如羊肉、辣椒、胡椒等。

4. 积滞质　由于饮食不当、调理不及时，内有积滞，而影响到脾胃的运化导致的一种消化不良的综合症状。表现为积滞蕴结脾胃，脾胃运化功能受阻，引起形体消瘦的一系列积滞症状，如食欲不振，饮食量较少，饮食不慎则觉明显不适。面色苍白或萎黄，有时可见吐乳或酸馊食物残渣，腹部胀满，大便不调、酸臭或便秘，或夹有食物残渣，舌色淡，舌体胖有齿痕，苔白厚，脉细。形体偏瘦。

调理方法：健脾消滞，可吃山楂、萝卜等。

5. 特禀体质　特禀体质是一种特殊的体质，即会对一般人没有反应的事物产生反应，如鼻塞、打喷嚏、流鼻涕等表现。

调理方法：饮食需要清淡、均衡，注意荤素的搭配，少吃辛辣、生发的和容易过敏的食物。

三、小儿推拿手法及辨证知识

（一）小儿推拿手法

1. 小儿常用的推拿手法有以下几种。

（1）推法：用拇指和示、中两指指面沿同一方向运动，称为推法。推法主要包括直推、旋推、分推三种。直推是在表皮进行操作，不推挤皮下组织，直推法常用于线状穴位；旋推也只是作用于表皮，不得带动皮下组织，旋推法主要用于手部面状穴位；分推可行如直线也可弯曲如弧线。

（2）拿法：拿法是用拇指和食、中两指相对用力，提拿一定部位和穴位做一紧一松的拿捏，拿法动作要缓和而有连贯性，不要断断续续，用力要由轻到重，不可突然用力，拿法刺激较强，常配合其他手法应用于颈项、肩部、四肢上的穴位和肌肉较丰满的部位。

（3）按法：按法是用手指或手掌按压小儿的一定部位或穴位，逐渐用力向下按压，主要包括拇指按法、中指按法和掌按法三种形式。按法是一种刺激较强的手法，常与揉法结合应用组成按揉复合手法，按揉就是先按后揉或者边按边揉。

（4）揉法：以手指指腹，作用于一定部位或穴位上，按顺时针或逆时针方向旋转揉动，揉法与按法相近，只是揉法在按压的时候，手指发生位移。

2. 小儿保健基本手法

3 岁以内的儿童保健推拿的作用最为显著。经常为婴幼儿做保健推拿，能增进婴幼儿食欲、增强抵抗力、减少疾病的发生，使婴幼儿健康成长。常用保健基本手法为摩腹 3～5 分钟、按揉足三里穴 50～100 次、捏脊 3 遍。

注意事项：一般早上或饭前进行，每日 1 次。急性感染病期可暂时停止，病愈后再进行。可用润肤油作为介质。

（二）辨证知识

小儿推拿之前，医生要辨证小儿的病症，再根据小儿病症表现选择推拿方法。

小儿疾病的常见症状为泄泻、呕吐、厌食、发热、咳嗽等，可按照中医儿科学辨证。小儿疾病发病急、变化快，治疗不当或不及时会影响疾病的预后转归，故推拿疗法应由专业医师执行，且必要时需配合内治法协同治疗。

第三节　心理与行为观察

技能要求

1. 能针对婴幼儿发展水平制订个性化指导方案。
2. 能配合专业医生对婴幼儿常见心理与行为发育偏离进行矫正、训练与家庭指导。

一、婴幼儿气质类型知识

气质是人的心理活动稳定的动力特征，表现在心理活动的强度、速度、灵活性及指向性上。气质只表现个人特点，并无好坏之分。心理学根据情绪和活动发生的强度与速度方面的特点，把气质划分为以下三种类型。

1. 容易型　婴幼儿生活规律性好、性情开朗、易适应环境、对事情的反应比较随和。父母常觉得省心。

2. 困难型　婴幼儿好动，动作多而频率相对较快，精力旺盛。对某一事物专注性只能保持几秒钟，注意力易分散。父母常常觉得疲惫不堪，更容易斥责、惩罚甚至打骂婴幼儿，也更容易引起婴幼儿的哭闹、逆反。

3. 迟缓型　迟缓型气质的婴幼儿比较安静，不好大哭，也较少大笑，行为抑制，社交能力差，接受和适应新东西较慢，但做事情认真、思想集中、不露声色。

二、婴幼儿个性化指导原则、内容

个性化指导就是根据每个婴幼儿的特点与需要，制订的适合婴幼儿个性的、能够促进婴幼儿发展的方案和策略。

1. 指导原则　气质没有好坏之分，不同气质的婴幼儿有不同优点，要了解婴幼儿的气质类型，才能更好地进行指导。

2. 指导内容

（1）容易型：对待容易型气质的婴幼儿，育婴员不能因为其“好带”“随和”就漫不经心，可能会延误其心理行为发展，导致一些心理行为偏离的发生，因此对于容易型气质婴幼儿，平时不仅关心他的身心发育情况，对婴幼儿的情绪波动也应引起重视并查问，引导其向更积极和稳定的方向发展。

（2）困难型：面对这类婴幼儿时父母应为婴幼儿提供耐心的、循序渐进的、重复的指导，育婴员的观点要保持一致，不要经常斥责和惩罚。

（3）迟缓型：迟缓型气质的婴幼儿适应新环境能力低、速度慢的特点容易让父母走向两种极端，一种是把婴幼儿的逃避反应看作“胆怯”“无能”，因而强迫婴幼儿去迅速适应新环境，这样的结果会让亲子关系日益紧张，并影响婴幼儿心理行为发育；另一种是因为担心婴幼儿的这种行为，采取过度保护措施，企图不让他们去适应新环境，这样反而会阻碍婴幼儿心理行为的发育。对于迟缓型气质婴幼儿，育婴员要多创造机会让其尝试，并积极暗示和鼓励。

三、矫正和训练的方法

（一）容易型

训练方法：

1. 每天至少 1 小时的高质量陪伴，增加父母与婴幼儿的亲密感。在陪伴过程中，父母与婴幼儿间会出现肢体接触，比如亲子阅读时，婴幼儿会很自然地靠近父母的身体，同时把手放在父母的膝盖上，同样父母的身体也会自然而然地朝向婴幼儿的方向。

2. 在陪伴中应以婴幼儿的兴趣为主导，父母在婴幼儿主导的游戏中跟随，在适当的时候给予适度的引导。比如当婴幼儿想要独自玩耍的时候，父母在一旁不打扰，当婴幼儿需要帮助的时候，父母及时给予回应。

（二）困难型

训练方法：

1. 让好动的婴幼儿释放能量

（1）让婴幼儿做自己能做的事情，如吃饭、穿衣、自己大小便、帮助父母拿袜子、鞋子、梳子、毛巾等。婴幼儿一开始做不好时，父母要耐心引导，还要多给予表扬和鼓励。

（2）父母可以每天抽出时间和婴幼儿一起做游戏、玩玩具、涂鸦，结束后让婴幼儿自己收拾玩具、纸、笔等，并放到指定地点，既培养婴幼儿做事有始有终的好习惯，又让婴幼儿有释放精力的机会。

（3）必要时父母可以定期带婴幼儿参加感觉统合训练课程，有利于婴幼儿大脑皮质协调性的发育。

2. 及早养成生活的节律性

（1）做好喂养：婴幼儿 1 岁后尽可能饮食规律、多样化，每日保证肉、蛋、奶、水果、蔬菜的摄入，荤素搭配，营养均衡，控制零食，少吃不健康的食物。

（2）规律性运动：帮助、引导婴幼儿每晚睡觉前慢运动 20～30 分钟。

（3）保证睡眠：早睡早起，晚上睡前进行亲子阅读，既能稳定婴幼儿睡前情绪，又能促进亲子关系。

（4）规律性大便：养成每天大便一次的习惯，最好有固定的大便时间。

（三）迟缓型

训练方法：

1. 给婴幼儿制造预先体验的机会　例如，家里有亲戚拜访，可以先向婴幼儿介绍亲戚的情况、亲戚和父母的关系，指导如何礼貌接待亲戚，预先设计好交流用语等，这样婴幼儿提前熟悉了即将发生的事件，在大脑中有了印象。当亲戚来到家中时，父母要鼓励幼儿与亲戚接近和互动，及时表扬婴幼儿的每一个进步。

2. 引导婴幼儿多尝试、多表达　5～7 个月的婴儿常有怕生的表现，见到陌生人会大哭，不愿意陌生人触碰自己，这是正常的。但 1 岁以后幼儿仍然很害怕陌生人、陌生环境，或对新的事物总是高度警惕，不敢接近，总爱黏着父母等，这提示为迟缓型气质。

（1）有意识带婴幼儿与同龄婴幼儿或稍大些的婴幼儿一起玩耍。

（2）引导和鼓励婴幼儿与其他婴幼儿交换玩具或物品，让婴幼儿体验交换的乐趣。

（3）引导和鼓励婴幼儿在人多的场合说话、表演，给婴幼儿表达自我的机会，增强婴幼儿的自信心。

总之，婴幼儿的成长绝大部分取决于其自身特点与早期环境的相互作用，而父母的教养方法和态度正是早期环境的重要组成部分。婴幼儿的气质虽然无好坏之别，但父母的态度却可以左右其气质。

（余晓莹）

第十五章
教育实施

第一节　动作发展指导

技能要求

1. 能针对婴幼儿发展水平选择适宜教案，并实施婴幼儿粗大动作、精细动作游戏。
2. 能创设情境，引导婴幼儿发展粗大动作、精细动作。
3. 能观察、记录和评析婴幼儿的动作能力。

一、实施婴幼儿粗大动作游戏和精细动作游戏

（一）针对婴幼儿发展水平选择适宜教案，实施婴幼儿粗大动作游戏

1. 案例 15-1

婴儿 A，男，2 个月，会俯卧抬头 90°，不会翻身。根据该婴儿粗大动作发展的情况，设计粗大动作训练游戏。

游戏名称：悬吊被单内侧翻。

游戏目标：体验侧翻的感觉。

游戏准备：铺上地毯的场地，被单一条。

游戏方法如下。

（1）育婴员向家长介绍活动目标。

（2）将婴儿仰卧在被单上，育婴员和家长各拉住被单的两个角，同方向将被单一侧抬高，然后换方向抬高。反复进行几次。

2. 案例 15-2

婴儿 B，男，9 个月，会匍匐爬行，不会四点定位，不会从卧位坐起。根据该婴儿粗大动作发展的情况，设计粗大动作训练游戏。

游戏名称：爬过去、按一下。

游戏目标：学习四点定位，推拉腹爬，练习朝目标爬行。

游戏准备：按拨器人手一个。

游戏方法如下。

（1）育婴员向家长介绍活动目标及方法。

（2）婴儿俯卧，进行四点定位练习。

（3）家长和育婴员配合，两人同时握住婴儿双侧肘关节与小腿。做互相推拉动作，从而促进腹爬动作的出现。

（4）离婴儿眼睛 2m 处放按拨器，家长按响玩具，鼓励婴儿爬到按拨器处。

（5）当婴儿爬到时，家长让婴儿用示指按按钮、拨玩具。

（6）第 2 次让婴儿爬时，玩具的距离放置远一些。

3. 案例 15-3

幼儿 C，男，14 个月，幼儿会独自行走，不会拉车倒退走。根据该幼儿粗大动作发展的情况，设计粗大动作训练游戏。

游戏名称：爬楼梯。

游戏目标：学习四肢爬楼梯，练习动作的协调性。

游戏准备：软包楼梯与软包斜坡组合。

游戏方法如下。

（1）育婴员介绍活动目标，提出要求。

（2）由家长逗引幼儿爬楼梯并从斜坡上滑下，游戏反复进行。家长要做好安全保护工作。

4. 案例 15-4

幼儿 D，男，24 个月，幼儿会跑，不会双脚向上跳。根据该幼儿粗大动作发展的情况，设计粗大动作训练游戏。

游戏名称：兔子跳。

游戏目标：在成人的帮助下练习跳的动作，为自主跳动作准备。

游戏准备：兔子头饰，兔子跳音乐。

游戏方法如下。

（1）育婴员向家长介绍活动目标及方法。

（2）育婴员出示兔子头饰，引发幼儿学习兔子跳的欲望。

（3）育婴员示范兔子跳的动作。

（4）家长和幼儿面对面手拉手，做向上跳的动作，兔子跳音乐做背景。

5. 案例 15-5

幼儿 E，男，31.5 个月，会跑，会双脚向上跳和向前跳，但不会走平衡木，不会独脚站立。根据该幼儿粗大动作发展的情况，设计粗大动作训练游戏。

游戏名称：公鸡走路。

游戏目标：练习在直线上用足尖走路，训练平衡能力。

游戏准备：贴有直线的场地，“大公鸡”歌曲磁带，公鸡头饰。

游戏方法如下。

（1）育婴员向家长介绍活动目标，并用公鸡走路的游戏示范在直线上用足尖走路。

（2）家长和幼儿一起练习用足尖走路，家长指导幼儿。

（3）配上歌曲，家长和婴幼儿一个跟着一个在直线上走。

（二）针对婴幼儿发展水平选择适宜教案，实施婴幼儿精细动作游戏

1. 案例 15-6

婴儿 F，男，3.5 个月，会看手玩手，但不会伸手拍。根据该婴儿精细动作发展的情况，设计精细动作训练游戏。

游戏名称：玩悬挂玩具。

游戏目的：发展触觉和手眼协调能力。训练手的抓握技能。

游戏准备：音乐健身架一个。

游戏方法如下。

（1）育婴员向家长介绍活动目标并示范。

（2）育婴员拉动健身架的音乐开关，引起婴儿的注意。

（3）育婴员握着婴儿的手去拍打、触摸健身架上的玩具；鼓励婴儿自己去拍打、触摸健身架上的玩具。

（4）由家长和婴儿一起玩，引起婴儿的主动性动作。

2. 案例 15-7

婴儿 G，男，剖宫产，10.5 个月，会将小丸放入瓶中，不会按开关。根据该婴儿精细动作发展的情况，设计精细动作训练游戏。

游戏名称：拨珠子。

游戏目标：训练用示指拨珠子的动作，感知红色。

游戏准备：五色拨珠器每人一个。

游戏方法如下。

（1）育婴员向家长介绍活动目标及玩法。

（2）家长和婴儿面对面坐着，家长示范用示指拨红色的珠子，让婴儿模仿，家长可以手把手指导婴儿用示指一个一个地拨红色的珠子。

3. 案例 15-8

幼儿 H，男，35 个月，会用手握笔，不会双手配合粗针穿珠。根据该幼儿精细动作发展的情况，设计精细动作训练游戏。

游戏名称：四片拼图。

游戏目标：学习拼不规则四片拼图，进一步理解奶牛的外形特征，提高手眼协调能力。

游戏准备：“四片拼图——奶牛”每人一块。

游戏方法如下。

（1）育婴员向家长介绍活动目标，出示四片拼图——奶牛的拼图，让幼儿观察，说名称，模仿叫声。

（2）家长和幼儿面对面，先让幼儿观察奶牛的外形特征，然后才开始拼图。

4. 案例 15-9

幼儿 I，男，36 个月。折纸有边角，但画圆圈时画得很小，不敢大胆画。根据该幼儿精细动作发展的情况，设计精细动作训练游戏。

游戏名称：圆形想象画。

游戏目标：学习由圆形添画成各种物品，培养幼儿的手指控制能力和思维的想象力。

游戏准备：水彩笔，图画纸，圆形物品实物如手表、钟、气球、汽车车轮等。

游戏方法如下。

（1）育婴员向家长介绍活动目标。逐一出示各种圆形物品，让幼儿说出名称，让幼儿说出这些东西都是什么形状的，还见过哪些东西是圆形的。

（2）提供水彩笔、图画纸，让幼儿先画出圆形，再添画成各种圆形物品。

（3）展示幼儿的作品，让幼儿介绍画的是什么。

二、选择与改编婴幼儿粗大动作、精细动作游戏的要求与注意事项

1. 内容要符合婴幼儿粗大动作、精细动作发展的年龄特点。
2. 方法要简单有趣。
3. 形式要重复性强，简单动作反复多次。
4. 方法要示范在先，模仿在后。
5. 要重视婴幼儿参与的过程和练习的次数，不要过于强调结果。

三、观察、分析和记录婴幼儿动作能力发展的方法

1. 对婴幼儿的动作能力发展的观察是在与婴幼儿的动作游戏过程中自然状态下进行的。
2. 对婴幼儿的动作能力发展观察的目的是准确地了解婴幼儿动作发展的水平。
3. 根据游戏的计划，事先拟定观察记录的项目，做到有目的的观察。
4. 依据婴幼儿动作发展月份指标，对观察到的婴幼儿的动作发展情况进行分析评价，计算出动作领域的发育年龄。
5. 根据婴幼儿的动作发育年龄，制订和设计动作领域的游戏方案。

第二节　语言能力培养

技能要求

1. 能为不同年龄阶段婴幼儿选择和改编适宜的语言游戏。
2. 能创设情境，发展婴幼儿的听说能力。
3. 能观察、记录和评析婴幼儿的语言能力。
4. 能指导婴幼儿进行早期阅读。

0～3 岁是婴幼儿语言发展最快，也是最关键的时期。从出生时起，婴幼儿就已经开始接收来自世界的声音，并开始学会辨别声音，随之听、说、阅读能力逐渐发展。

一、不同年龄阶段婴幼儿适宜的语言游戏

1. 教婴儿发声

适宜年龄：8 个月。

准备：无。

目的：帮助婴儿练习发音，提高婴儿的语言能力。

游戏方法：父母经常带婴儿外出游玩，比如到公园，介绍这是花、草、小鸟，小鸟发出“喳喳”的叫声，小狗发出“汪汪”的叫声。如果遇到同龄的婴儿，要积极引导他们交流玩耍。同时还可以教婴儿发出弄舌和咳嗽的声音，还可以训练婴儿发出“da-da”的声音。

2. 简单表达自己

适宜年龄：1 岁～1 岁半。

准备：一些日常生活中婴幼儿容易理解的对话内容。

目的：锻炼幼儿的应答能力，让幼儿学会正确表达自己的要求。

游戏方法：日常生活中，制造和幼儿对话的机会，引导幼儿对答。比如，把幼儿的玩具拿到他面前，问他“这是你的玩具吗？”引导幼儿回答“是”或者“不是”。倒一杯水到幼儿面前，问幼儿，“要喝水吗？”引导幼儿回答“要”或者“不要”。可以教幼儿在回答的同时配合点头或摇头的动作，每次练习三、四遍，直到幼儿能用“是”或“不是”进行回答。

3. 这是什么？

适宜年龄：1 岁半～2 岁。

准备：家里的日用品，婴幼儿的玩具等。

目的：丰富幼儿的词汇量，促进幼儿语言能力的发展。

游戏方法：把事先备好的物品全部摆到幼儿面前，然后对幼儿说“这些都是你认识的东西对不对？”“你知道它们都叫什么名字吗？”接着逐一拿起每一样物品，问幼儿，“这是什么？”让幼儿做回答，如果幼儿能回答出来，夸赞他，如果回答不上来，没有关系，温柔地告诉他“这是××”并重复几遍，让他能够模仿育婴员的口型把物品的名称说出来。别忘了在教幼儿说出名称的同时，为他介绍各种物品的用途和使用方法。

4. 填歌词

适宜年龄：2 岁～2 岁半。

准备：家长先和幼儿一起唱儿歌，做一些热身运动。

目的：锻炼幼儿的语言记忆能力和节奏感。

游戏方法：挑选幼儿熟悉的儿歌唱给他听，留出每句歌词的最后一个词，让幼儿来补充，如一闪一闪亮——（晶晶），满天都是小——（星星）等，可以一边唱，一边玩打击乐器或可以敲打的玩具，加强幼儿对音乐与动作关系的认识。

5. 词语接龙

适宜年龄：2 岁～2 岁半。

准备：父母和幼儿以及更多家庭成员围成一个圈坐下。

目的：丰富幼儿的词汇量，锻炼幼儿的语言反应能力。

游戏方法：先告诉幼儿游戏规则，就是用前一个词的后一个字作为下一个词的前一个字，当然，幼儿可能还不能完全理解，没有关系，给他做一下示范（比如说“上学—学校……”）然后游戏开始，如果到幼儿这里说不出来，旁边的家长可以帮助，然后继续往后进行，以便幼儿能够学到更多的词汇。

6. 我来问你来答

适宜年龄：2 岁半～3 岁。

准备：多和幼儿说话，调动幼儿的积极性。

目的：丰富幼儿的认知，锻炼幼儿的语言表达。

游戏方法：育婴员先描述一个现象，然后再以问句的形式让幼儿表达下一个相类似的现象。例如：“锅是用来做饭的，那碗是干什么用的呢？”“头上戴的是帽子，脚上穿的是什么？”“飞机在天上飞，轮船在哪里游？”“爸爸妈妈去上班，爷爷奶奶去哪里？”注意问题要在幼儿的认知范围内，同时要让幼儿用完整、确切的句子回答，如碗是用来吃饭的；脚上穿的是鞋子；轮船在海里游；爷爷奶奶去公园等。幼儿回答得好，应给予表扬。

二、婴幼儿听和说游戏的要求与注意事项

1. 加强婴幼儿听力与发音能力的训练。让婴幼儿在情绪兴奋时做听和说游戏。

2. 与进行认知活动相结合。把说话融入日常生活中，边做边说，把自己正为婴幼儿做的事情说出来。

3. 用恰当的方式激发婴幼儿说话的需求，让婴幼儿反复进行模仿和训练。

4. 成人要多听婴幼儿发音和说话，用规范的语言做出示范，但不要刻意纠正婴幼儿不正确的发音，避免婴幼儿出现语言障碍。

5. 选择与婴幼儿年龄相匹配的故事和儿歌进行训练。

6. 丰富婴幼儿的生活。尽量扩大婴幼儿认知和交往的范围，适时地教会婴幼儿相应的词语。

7. 满足婴幼儿的求知欲。育婴员或父母要多花时间陪伴婴幼儿，多讲故事，多念儿歌，指导婴幼儿看图画、听音乐。

8. 创设情境，发展婴幼儿的听说能力。创设出可见的、摸得着的情景，具体的实物能有效地刺激和激发婴幼儿的想象和联想，如唱儿歌“小白兔，白又白，两只耳朵竖起来”，同时能带上小兔帽子，表演出两只耳朵竖起来，让婴幼儿更直观地体会情境。

三、观察、记录和评析婴幼儿听说能力发展的方法

1. 对婴幼儿的听和说行为的观察是在与婴幼儿的自然交往状态下进行的。

2. 对婴幼儿的听说行为观察的目的是准确了解婴幼儿听和说能力的发展水平。

3. 依据婴幼儿语言发展月份指标，对观察到的婴幼儿听和说的发展情况进行分析评价，计算出语言领域的发育年龄。

4. 根据婴幼儿语言领域的发育年龄，制订和设计语言领域的游戏方案。

四、婴幼儿阅读的要求与注意事项

不同年龄阶段的婴幼儿有不同阅读行为特征，应分阶段进行指导婴幼儿阅读，介入指导的时间越晚，年龄阶段的特征就越往后推迟。为婴幼儿选择发展听说能力的图书时，图书的内容情节应简单，构图清晰，线条简单，色彩丰富，图书的内容要符合婴幼儿的认知水平。

第三节　认知能力培养

技能要求

1. 能为不同年龄阶段婴幼儿选择和改编适宜的认知游戏。
2. 能创设情境，训练婴幼儿认知能力。
3. 能观察、记录和评析婴幼儿的认知能力。

一、选择与改编婴幼儿认知游戏的要求与注意事项

育婴员要学会创设情境，针对婴幼儿的发展水平选择和改编认知游戏，训练婴幼儿认知能力。在游戏中的要求与注意事项如下。

1. 适度帮助，尽量不给答案。

2. 多次重复，强化记忆，有时可能需要重复十几遍甚至几十遍才有效果。

3. 要一件事一件事地教，避免混淆。

4. 使用简洁、规范的语言，如不要把汽车说成“嘀嘀”，把电灯说成“亮亮”等。

5. 对同一类东西要提供不同的样品。如吊灯、台灯、壁灯、路灯、车灯等，使婴幼儿从具体到抽象，逐步理解“词”的概括作用，发展思维能力。

6. 认知能力要注重训练过程，不要过分追求训练结果。

7. 挑选婴幼儿最感兴趣的东西激发其好奇心，让婴幼儿多说、多听、多看、多摸。

二、观察、分析和评析婴幼儿认知能力发展的方法与要点

1. 在日常生活中观察、分析婴幼儿认知能力发展的情况。

2. 对婴幼儿认知能力发展的观察、分析要事先拟定观察的内容和项目，有目的地进行观察和分析。

3. 依据婴幼儿认知发展月份指标，对观察到的婴幼儿认知发展情况进行分析评价，计算出认知领域的发育年龄。

4. 根据婴幼儿认知领域的发育年龄，制订和设计认知领域的游戏方案。

第四节　社会性（情感）能力培养

技能要求

1. 能为不同年龄阶段婴幼儿选择和改编适宜的社会性游戏。
2. 能创设情境，培养婴幼儿良好的情绪、情感。
3. 能观察、记录和评析婴幼儿情绪、情感的发展。
4. 能创设情境，培养婴幼儿亲社会性行为。

一、亲子游戏与婴幼儿情绪、情感和社会性行为发展的关系

1. 良好的亲子关系是婴幼儿情绪、情感和社会性行为发展的前提　婴幼儿自出生起，就开始了与父母的交往，最初主要是父母对婴幼儿的各种本能反射作出应答性反应，随着婴幼儿认知能力的发展，与母亲交往活动的增加，社会性相互作用开始产生，大约在 6 个月以后，婴幼儿与父母建立了一种稳定的亲子关系，婴幼儿形成了依恋。根据心理学家鲍尔比（J.Bowlby）和安斯沃斯（M.Ainsworth）的研究，婴幼儿依恋的发展大致可划分为以下四个阶段。

第一阶段：无差别的社会反应阶段（出生至 3 个月），这期间婴儿对人的反应是无差别的，对所有人的反应几乎都是一样的。

第二阶段：有差别的社会反应阶段（3～6 个月），这期间婴儿对他人的反应有所选择，对母亲和照料者更为偏爱，对陌生人的积极反应减少，但也不怕生。

第三阶段：特殊的情感联结阶段（6 个月至 2 岁），此时期婴幼儿出现了明显的对母亲的依恋，形成了专门的对母亲的情感联结，特别愿意和母亲在一起，开始主动追随依恋对象，对陌生人表现紧张、恐惧甚至哭泣。

第四阶段：目标调整的伙伴关系阶段（2 岁以后）。从这时起婴幼儿开始认识、理解母亲的情感、需要和愿望，把母亲作为一个交往的伙伴，知道交往时应考虑她的需要和愿望，调整自己的目标。如母亲需要离开一段距离，婴幼儿能理解并不会大声哭闹。

2. 母亲的教养态度影响婴幼儿性格的发展（表 15-1）

表 15-1 母亲的养育态度与婴幼儿的个性（美国：鲍德温原制）

母亲的养育态度	婴幼儿的个性
支配性	消极、缺乏主动性、依赖性、顺从
干涉性	幼稚、癔症、神经质、被动
娇宠性	任性、幼稚、神经、温和
否定性	反抗、暴乱、自高自大、冷漠
不关心性	攻击、情绪不安定、冷酷、自立
专制性	反抗、情绪不安定、依赖性、服从
民主性	合作、独立、直爽、善社交

3. 亲子游戏是建立良好亲子关系与社会性行为的桥梁

（1）亲子游戏可以提供亲子互动的平台，让婴幼儿有机会感受到与父母共同游戏的乐趣。

（2）亲子游戏可以让婴幼儿学习与人合作，学习听从指令，服从规则。

（3）亲子游戏可以提高婴幼儿的社会性认知，学习观察人的表情，理解大人动作、姿势和面部表情的意义。

二、选择和改编亲子游戏的要求与注意事项

1. 选择和改编亲子游戏的内容要符合婴幼儿心理发展的水平。
2. 选择和改编亲子游戏要符合趣味性、可操作性、重复性的原则。
3. 亲子游戏的玩法要简单易行，确保安全。
4. 亲子游戏所需的材料道具要生活化。

三、观察、记录和分析婴幼儿情绪、情感和社会性行为发展的方法

1. 观察、记录和分析婴幼儿情绪、情感和社会性行为是通过与婴幼儿的互动观察了解的。

2. 婴幼儿情绪、情感和社会性行为在特定的情景中才可能出现，有时需要向婴幼儿的父母和照料人了解。

3. 依据婴幼儿社会性行为及人格发展月份指标，对观察到的婴幼儿情绪、情感和社会性行为发展情况进行分析评价，计算出社会性领域的发育年龄。

4. 根据婴幼儿社会性领域的发育年龄，制订和设计社会性领域的游戏方案。

四、创设情景，培养婴幼儿亲社会性行为的方法

育婴员或父母要针对婴幼儿发展水平，创设情景，培养婴幼儿亲社会性行为。

1. 换婴儿

适用年龄：7 个月婴儿。

游戏目的：体验让生人抱 1 秒钟，克服认生期恐惧心理。

游戏准备："找朋友"音乐。

游戏方法如下。

（1）育婴员讲解示范游戏方法。

（2）第一遍音乐开始时，妈妈抱婴儿去找朋友，妈妈抱着婴儿的手帮助宝宝与另一个婴儿做"敬个礼，握握手"的动作。

（3）第二遍音乐开始时，两个妈妈将婴儿互换，妈妈握着婴儿的手帮助婴儿与另一个婴儿做"敬个礼，握握手"的动作。最后一句"你是我的好朋友"时，妈妈再将婴儿换回来。

2. 娃娃你好

适用年龄：2 岁幼儿。

游戏目的：学习接纳新伙伴，初步学习与人交往，学习使用"你好"的问候语。

游戏准备：大号布娃娃一个，配助教。

游戏方法如下。

（1）育婴员向家长介绍活动目标。

（2）育婴员出示一个布娃娃，说："布娃娃要和宝宝交朋友，布娃娃说宝宝你好！宝宝要说娃娃你好！"育婴员和幼儿练习说"娃娃你好！"育婴员让幼儿和娃娃握手。

（3）育婴员抱娃娃，扮演娃娃的角色说"小朋友你好！"助教在幼儿背后鼓励幼儿说"娃娃你好！"并和娃娃握手。反复多次。

（张兴平）

第十六章
指导与培训

第一节 指 导

技能要求

1. 能根据婴幼儿发展阶段给予家庭教育指导，并指出家长教养中存在的行为问题。
2. 能对初级育婴员、中级育婴员的教养行为问题进行指导。

高级育婴员除了要熟悉初级育婴员、中级育婴员工作内容与要求外，还要能够对婴幼儿家长的教育观念和方法进行培训与指导，对初级育婴员、中级育婴员进行培训、指导。

一、家庭结构及家长教养方式的类型

父母是婴幼儿的第一任老师，家庭是婴幼儿身心健康成长的最主要的场所。家庭结构、家长的教养方式等因素都会对婴幼儿个性产生不同的影响，这些影响相互交错，相互制约。

（一）家庭结构类型

1. 核心家庭　由父母和未婚子女组成的家庭。仅有夫妻组成的家庭也叫核心家庭。核心家庭已成为我国主要的家庭类型。核心家庭的特点是人数少、结构简单，家庭内只有一个权力和活动中心，家庭成员间容易沟通、相处。

2. 主干家庭　父母和一对已婚子女组成的家庭，又称直系家庭。在我国，主干家庭曾为主要家庭类型，但随着社会的发展，此家庭类型已不再占主导地位。主干家庭特点是家庭内不仅有一个主要的权力和活动中心，还有一个权力和活动的次中心存在。

3. 联合家庭　父母和多对已婚子女组成的家庭。包括父母、已婚子女、未婚子女、孙子女、曾孙子女等几代居住在一起的家庭。联合家庭的特点是人数多、结构复杂，家庭内存在一个主要的权力和活动中心，几个权力和活动的次中心。

4. 单亲家庭　是指由离异、丧偶或未婚的单身父亲或母亲及其子女或领养子女组成的家庭。单亲家庭的特点是人数少、结构简单，家庭内只有一个权力和活动中心，但可能会受其他关系的影响。此外，经济来源相对不足。

5. 重组家庭　指夫妇双方至少有一人已经历过一次婚姻，并可有一个或多个前次婚姻的子女及夫妇重组的共同子女。重组家庭的特点是人数相对较多、结构复杂。

（二）家长教养方式类型

家长的教养方式与家长的包容性和控制性相关。父母的包容性是指父母以一种接纳和支持的方式对婴幼儿的需求做出反应的态度；父母的控制性是指父母期望并要求婴幼儿表现出成熟和负责任的行为的态度。基于父母在包容性和控制性所表现出的不同程度可以将现代家庭的父母分为四种不同的教养类型：权威型、独裁型、放纵型和冷漠型。

1. 权威型父母　温柔且坚定。这类父母用理性的态度与婴幼儿相处，他们会为婴幼儿设定标准。权威型的父母会聆听婴幼儿的话，允许婴幼儿发表意见，在制订规则和做决定时会考虑婴幼儿的需求和想法。但在和婴幼儿的意见不一致的情况下，或婴幼儿的意见不是自己想要的答案时，父母会选择自己做出决定。

2. 独裁型父母　注重婴幼儿听话和服从。这类父母偏好以惩戒、体罚、专制等方式管教婴幼儿。在这样的家庭里，言语交流较少，这类父母一般不会就某个问题与婴幼儿进行讨论，而是根据自己的喜恶来做决定，他们要求婴幼儿无条件地服从父母制订的规则和标准，是严格的训练者。如果婴幼儿无法达到他们的预期，满足他们的要求，这类父母会以惩戒的方式管教婴幼儿。

3. 放纵型父母　表现为接纳和宽容，本质上对婴幼儿疏于关心。这类父母对婴幼儿的行为提出的要求较少，给婴幼儿高度自由，认为控制是对婴幼儿自由的侵犯，会影响婴幼儿的健康成长。

4. 冷漠型父母　这类父母希望与婴幼儿交往的时间尽量缩短，对婴幼儿的情况毫不在乎，对婴幼儿的活动、婴幼儿在学校的表现都不感兴趣，很少和婴幼儿交流，他们只想过好自己的生活，不希望被婴幼儿打扰，任何决定不会考虑婴幼儿的意见。

二、不同教养方式对婴幼儿早期发展的影响

家长不同教养方式对婴幼儿早期发展会产生影响，高级育婴员要进行分析，及时与家长讨论，及时纠正不当的教养方式。

一般认为，权威型家庭中长大的婴幼儿更有责任感，更加自信，更有适应能力，更有创造性，更有好奇心，社交技巧丰富，在学校里表现更好。独裁型家庭长大的婴幼儿更依赖、更被动，社交能力差，不自信，好奇心不足。放纵型家庭长大的婴幼儿则表现为不成熟，缺乏责任感，对同龄人更加顺从，难以承担引领责任。冷漠型家庭成长的婴幼儿易出现越轨行为，可能会过早地尝试性行为、嗜酒，缺乏对生活的热情和追求。

家长对婴幼儿教养中存在的行为问题如下。

1. 教养方式成人化　以自己成人的角度来对婴幼儿高要求，把自己以前没有学会的知识和技能，全部让婴幼儿学。

2. 教养内容功利化　父母爱拿婴幼儿比较。很多父母会说“你看看谁家孩子学习多好”

"你看谁家孩子多听话"之类的话语，喜欢占别人家孩子做比较，严重打击婴幼儿的上进心、积极性。

3. 教养方式极端化　婴幼儿是父母的爱情结晶，爱婴幼儿是天性，但是在世界教育中，中国父母对婴幼儿的溺爱程度名列前茅。除了过分溺爱，中国父母会让婴幼儿很小就上学前班、辅导班等，严重扼杀婴幼儿的好奇心、兴趣等非智力因素。

4. 教养方式不统一　很多父母在教育婴幼儿方面各持己见，常常在婴幼儿面前吵架，这样会使婴幼儿产生不安全感。

三、不同年龄阶段的家庭教育教养行为

0～3 岁是家庭教育的重点时期，家长需要多花时间与婴幼儿互动，正确地教育婴幼儿，家长需要形成正确的养育观念，掌握合适的教育方法，合理利用教育资源。高级育婴员要对婴幼儿不同发展阶段给予家庭教育指导。

1. 新生儿期　新生儿的视听、触觉已初步发展，父母可通过反复的视觉和听觉训练，逐渐建立各种条件反射，培养新生儿对周围环境的定向和反应能力，促进手眼协调动作。当新生儿处于醒着的状态时，可以和婴幼儿亲密互动，多说话，一起听音乐等。

2. 婴儿期

（1）1～3 个月婴儿，建立有效沟通和交流，科学喂养、睡眠，适宜的户外活动，提供合适的玩具，做好卫生保健。

（2）4～6 个月婴儿，建立良好的游戏习惯，合理添加辅食，训练各种动作能力如翻身、坐，做好卫生保健。

（3）7～12 个月婴儿，激发和维持做游戏的兴趣，训练模仿能力、语言能力，建立定时睡眠的习惯，建立良好的进食行为，训练规律排便的习惯，做好卫生保健。

善于辨别婴儿发出的各种"信号"，及时满足需要；多和婴儿交流，培养婴幼儿良好的行为习惯。例如，婴幼儿哭闹，如果排除了婴幼儿肚子饿、尿湿等问题，就不用着急，可以让婴幼儿小哭一会，如果继续哭闹可以摸摸婴幼儿的手、脚，让婴幼儿知道父母只是不抱他，却总是陪在他的身边。

3. 幼儿期　1～3 岁父母要不断教养幼儿养成好的习惯，遵循事先指导、中间提醒、做错后改进的原则，不断强化。

（1）对幼儿要用正面教育，而不是负面提示。例如，不要说"凳子不是用来敲的"，只需要告诉他"凳子都是用来坐的，你看大人们都是坐在凳子上"。

（2）教会日常行为准则。如图书要放在固定的地方，拿出来了就一定要看，看完要放回原位。放玩具的地方要固定、分类，不要简单地堆砌在一个大箱子里。

（3）养成良好的生活习惯。3 岁前要养成良好的生活习惯，饭前洗手、收拾玩具再吃饭等，父母要多陪着幼儿，引导幼儿读书，画画，要让幼儿自己选书，并把读好的书放回原处，父母不可以过分迁就幼儿。

第二节 培　训

技能要求

1. 能根据家长的特点和情况编制培训计划。
2. 能根据初级、中级育婴员的特点和情况编制培训计划。
3. 能组织亲子活动。
4. 能进行育儿讲座。

家长是孩子的第一任老师，儿童早期养教的主要担任者是家长，因此家长的教育理念、知识和技巧水平的高低决定了婴幼儿身心发展水平的高低，决定了婴幼儿一生潜能开发的质和量。高级育婴员要能根据家长的特点和情况编制培训计划；根据初级、中级育婴员的特点和情况编制培训计划；能组织亲子活动；能进行育儿讲座。

一、培训的目的、类型、内容及流程

1. 培训目的　根据 0～3 岁婴幼儿身心发展的特点和规律，对家长、初中级育婴员进行培训、指导。

（1）提高家长的教育素质　包括转变家长的教育观念，形成对婴幼儿正确的教育态度，培养家长教育婴幼儿的能力。

（2）提高家庭教育的质量　包括创造良好的家庭环境，正确对待婴幼儿的行为、表现，对婴幼儿实施适当的主动教育。

（3）促进婴幼儿健康成长　包括身体的发育和心理的发展。

2. 培训类型

（1）对家长进行培训。

（2）对初级、中级育婴员进行培训。

3. 培训内容

（1）指导家长优化家庭环境：通过指导，促使家长为婴幼儿提供基本的生活、游戏和学习条件，形成良好的亲子关系、夫妇关系、婆媳关系等家庭关系和邻里关系，建立民主、平等、和谐的家庭氛围，为婴幼儿的健康成长创造良好的家庭环境。

（2）指导家长提高养育水平：通过指导，提高婴幼儿家长的科学喂养知识普及率，向家长提倡科学喂养，培养婴幼儿良好的饮食习惯；倡导母乳喂养，提高儿童的营养水平；从整体上增强婴幼儿体质，提高健康水平。

（3）指导家长提高教育水平：通过指导，提高家长家庭教育知识的知晓率，转变教育观念，改进教育态度，增强教育能力，改进家庭教育，提高家庭教育质量，促进婴幼儿身心发展。

（4）对家长进行法制教育：通过向家长宣传《中华人民共和国未成年人保护法》《中华

人民共和国预防未成年人犯罪法》和《中华人民共和国民法典》等法律法规和《儿童权利公约》，提高家长的法律意识，依法保障儿童生存权、发展权、受保护权和参与权。

4. 培训流程　培训流程如下表 16-1 所示。

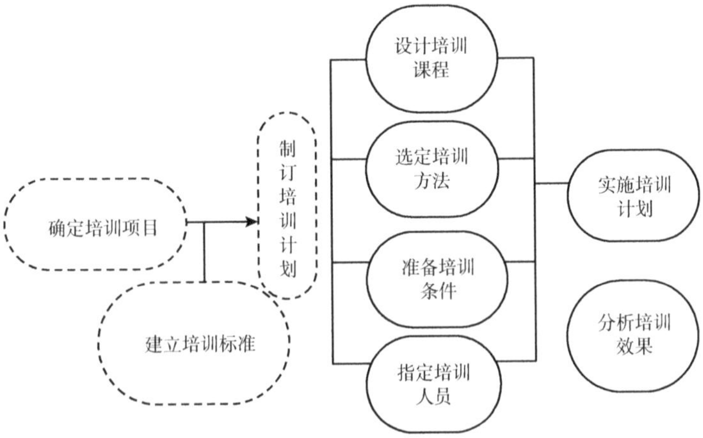

图 16-1　培训流程

二、培训计划的编制与培训方法的选择

（一）培训计划的编制

1. 根据家长的特点和情况编制培训计划

案例 16-1

意外伤害是 0～14 岁儿童的首位死亡原因。儿童意外伤害最常发生的地点是家中，发生率为 43.2%，其次是学校和幼儿园、街道和公路上。按伤害次数发生率，常见的伤害种类依次是跌伤、车辆伤、碰伤、扭伤、刀割伤和烧烫伤等，儿童安全不能忽视。

因家庭中婴幼儿的意外伤害频频发生，家长的应急处理知识不足，特举办一期“家庭意外伤害急救措施培训班”，拟定培训计划如下。

“家庭意外伤害急救措施培训班”培训计划

培训时间：××年××月××日

培训地点：×××室

培训内容：①意外跌倒、撞伤的急救措施；②被刀、玻璃等割伤的急救措施；③气管异物的急救措施；④意外烧伤、烫伤的急救措施；⑤被宠物咬伤、抓伤的急救措施。

培训目标：让受训者了解家庭常见意外伤害的急救措施的常识，掌握急救的实际操作。

培训方法：操作示范法。

培训评估：采取实操进行评估。

案例 16-2

在对婴幼儿进行教育的过程中，常出现夫妻的意见不一致、婆媳意见不统一，导致家庭教育缺陷，我们拟举办一期“家庭共育健康婴幼儿”培训班，拟定培训计划如下。

“家庭共育健康婴幼儿”培训计划

培训时间：××年××月××日

培训地点：×××室

培训内容：①婴幼儿自理能力的培养与良好个性培养的关系；②指导婴幼儿自己吃饭、洗手、如厕的方法；③爸爸与妈妈之间沟通的方法；④妈妈与奶奶之间沟通的方法；⑤如何开展亲子游戏。

培训目标：让受训者了解婴幼儿自理能力的培养与良好个性培养的关系，掌握指导婴幼儿自己吃饭、洗手、如厕的方法；学习夫妻之间关于育儿的沟通方法、婆媳之间沟通的方法；学习开展亲子游戏。

培训方法：理论讲解法、操作示范法、角色扮演法。

培训评估：采取抢答竞赛和实操法进行评估。

2. 根据初级、中级育婴员的特点和情况编制培训计划

案例 16-3

新上岗的育婴员，虽然经过岗前理论学习，但缺乏实际经验，尤其在与婴幼儿的沟通方面经验比较欠缺，根据这种情况，我们拟举办一期“育婴员上岗培训班”，请拟定一份培训计划。

“育婴员上岗培训班”培训计划

培训时间：××年××月××日

培训地点：×××室

培训内容：①育婴员与婴幼儿沟通的技巧；②育婴员陪婴幼儿玩玩具的方法；③育婴员组织婴幼儿运动的方法；④育婴员指导婴幼儿阅读的方法。

培训目标：让受训者掌握组织婴幼儿活动的具体方法，将理论和实践相结合，提高育婴员的实际工作能力。

培训方法：理论讲解法、操作示范法、角色扮演法。

培训评估：采取笔试和实操法进行评估。

案例 16-4

有的幼儿爱哭闹、任性，不愿意参加幼儿园的集体活动，有的家长心疼婴幼儿，放弃训练。针对这种情况，育婴员有哪些招数？我们拟举办一期“育婴员如何应对爱哭闹任性幼儿”，请拟定一份培训计划。

“育婴员如何应对爱哭闹任性幼儿”培训计划

培训时间：××年××月××日

培训地点：×××室

培训内容：①分析产生问题的原因；②讨论对策；③实施策略，验证效果；④归纳小结。

培训目标：让受训者集思广益，共享集体的经验与意见，有助于他们将受训者的经验应用于未来实际工作中。

培训方法：案例研讨法、实操验证法。

培训评估：书写学习体会，进行评估。

（二）组织亲子活动

家长和看护者的教育行为直接影响着婴幼儿的成长和发展，所以亲子活动的主要指导对象应是成人。教师应通过指导家长或其他看护人与婴幼儿共同游戏和交流，传播教育婴幼儿的新观念，使他们进一步理解早期教育的原则，掌握早期教育的方法，提高他们科学育儿的水平和能力。组织亲子活动要坚持以下几方面原则。

1. 目标设定要适宜　适宜的目标是既高于婴幼儿的现实发展水平，又是婴幼儿经过努力能够达到的水平；既考虑婴幼儿某一方面发展的需要，又着眼于婴幼儿整体发展的需要；既考虑婴幼儿个体在群体中的水平，又兼顾个体水平与群体水平之间的差异。

2. 内容要科学适度

（1）活动的组织形式要符合婴幼儿的年龄特点，时间不宜过长、人数不宜过多。婴幼儿的年龄越小，注意力集中的时间也越短。如果一味地进行小组教学，会让爱动的婴幼儿失去活动兴趣，注意力不集中。所以，在组织活动时，教师要合理分配小组活动与分散活动的时间，做到动静交替，集体活动与分散活动相结合。

（2）一个活动可以多次重复，但活动量要适当，根据家长和婴幼儿的具体情况适当调整活动内容和活动节奏。内容安排要考虑连续性与阶段性的结合，创设情景的策略活动内容和时间也要根据婴幼儿在教学活动中的具体表现进行适当的调整。

（3）婴幼儿是在与周围事物的互动中成长和发展的。越是年幼的婴幼儿，亲子活动越要考虑教育与其身边生活的联系。一方面要注意活动内容要具有教育意义，注重促进婴幼儿身体、心理、道德、智力、语言等方面全面和谐的发展。另一方面要注意活动器具和材料的选用，要符合家庭的实际，既能够让家长随手可得、安全卫生，又可以一物多用、价廉物美。

3. 过程要强调对家长指导　在早期教育亲子活动的过程中，教师既要引导婴幼儿积极主动地参加活动，又要有目的、有计划、有组织地面对家长或看护者开展科学育儿的具体指导，更要指导家长了解其在活动中应该如何正确引导婴幼儿进行活动。有的可以在活动中进行当场指导，而有的则需要在活动过后对家长进行个别指导，让每个家长对自己的婴幼儿进行针对性的、有效的教育和引导。

（三）育儿讲座

作为育婴员的最高级别从业者，高级育婴员要为广大家庭和育儿从业者提供优质的育儿知识指导，通过各种不同的案例，开展各种育儿讲座，如“如何添加辅食”“如何哄婴幼儿入睡”“如何对婴儿进行抚触”等，帮助年轻无育儿经验的父母解决问题，为婴幼儿创造一个幸福的、完美的教养环境，让更多的家庭变成婴幼儿幸福的港湾。

三、课程设计与组织的基本要素

在各种课程设计及组织中，注意有以下基本要素。

1. 目标　课程目标即要确定学习的方向和学习过程中各阶段要达到的标准。

2. 内容　内容组织上要能提出问题，解决问题。

3. 教材　要以精心选择的教材将学习的内容呈现给培训者。

4. 模式　课程的执行模式，主要指的是学习活动的安排和教学方法的选择，旨在促进培训者的认知发展和行为变化。

5. 策略　在课程中不断执行“评估—采取措施—评价”的策略。

6. 评价　育婴员培训课程的评价重点放在对培训者的测评上，衡量经培训指导后培训者的行为。

7. 组织　除了集体授课制以外，分小组教学也经常被课程设计者运用，分组教学为“因材施教”的个性化教学提供了某种可能。

8. 时间　课程设计者要巧妙地配置有限的课程时间，教师要使学生在整个课程执行期间积极地参与学习活动，合理利用课堂时间。

9. 空间　主要是指教室，以及针对育婴员特殊操作的一些培训地点。

（杨　静）

附录　世界卫生组织（WHO）推荐 0～3 岁男、女儿童身高、体重参考值及评价标准

说明：

1. SD 表示统计学的标准差，表中用 *s* 表示。

2. 年龄身高低于–2SD 为生长迟缓；年龄体重低于–2SD 为低体重，年龄体重低于–2SD 为消瘦，年龄体重大于+2SD 为超重、肥胖。

3. 均值离差法划分为 6 个等级，评价为“中高”的标准为均值加 1 个标准差到均值加 2 个标准差。

附表 1　WHO 0～36 个月男孩的年龄身高（cm）表（卧位）（均值±标准差，$\bar{x}\pm s$）

年龄（月）	$-3s$	$-2s$	$-1s$	$\bar{x}$	$+1s$	$+2s$	$+3s$
0	43.6	45.9	48.2	50.5	52.8	55.1	57.4
1	47.2	49.7	52.1	54.6	57.0	59.5	61.9
2	50.4	52.9	55.5	58.1	60.7	63.2	65.8
3	53.2	55.8	58.5	61.1	63.7	66.4	69.0
4	55.6	58.3	61.0	63.7	66.4	69.1	71.7
5	57.8	60.5	63.2	65.9	68.6	71.3	74.0
6	59.8	62.4	65.1	67.8	70.5	73.2	75.9
7	61.5	64.1	66.8	69.5	72.2	74.8	77.5
8	63.0	65.7	68.3	71.0	73.6	76.3	78.9
9	64.4	67.0	69.7	72.3	75.0	77.6	80.3
10	65.7	68.3	71.0	73.6	78.3	78.9	91.6
11	66.9	69.6	72.2	74.9	77.5	80.2	82.9
12	68.0	70.7	73.4	76.1	78.8	81.5	84.2
13	69.0	71.8	74.5	77.2	80.0	82.7	85.5
14	70.0	72.8	75.6	78.3	81.1	83.9	86.7
15	70.9	73.7	76.6	79.4	82.3	85.1	88.0
16	71.7	74.6	77.5	80.4	83.4	86.3	89.2
17	72.5	75.5	78.5	81.4	84.4	87.4	90.4
18	73.3	76.3	79.4	82.4	85.4	88.5	91.5
19	74.0	77.1	80.2	83.3	86.4	89.5	92.7
20	74.7	77.9	81.1	84.2	87.4	90.6	93.8
21	75.4	78.7	81.9	85.1	88.4	91.6	94.8
22	76.1	79.4	82.7	86.0	89.3	92.5	95.8

续表

年龄（月）	−3s	−2s	−1s	$\bar{x}$	+1s	+2s	+3s
23	76.8	80.2	83.5	86.8	90.2	93.5	96.8
24	77.5	80.9	84.3	87.6	91.0	94.4	97.7
25	78.3	81.7	85.1	88.5	91.8	95.2	98.6
26	79.0	82.4	85.8	89.2	92.7	96.1	99.5
27	79.8	83.2	86.6	90.0	93.4	96.9	100.3
28	80.5	83.9	87.4	90.8	94.2	97.6	101.1
29	81.3	84.7	88.1	91.6	95.0	98.4	101.8
30	82.0	85.4	88.9	92.3	95.7	99.2	102.6
31	82.7	86.2	89.6	93.0	96.5	99.9	103.3
32	83.4	86.9	90.3	93.7	97.2	100.6	104.1
33	84.1	87.6	91.0	94.5	97.9	101.4	104.8
34	84.7	88.2	91.7	95.2	98.6	102.1	105.6
35	85.4	88.8	92.3	95.8	99.3	102.8	106.3
36	85.9	89.4	93.0	96.5	100.1	103.6	107.1

附表 2 WHO 0～36 个月女孩的年龄身高（cm）**表**（卧位）（均值±标准差，$\bar{x} \pm s$）

年龄（月）	−3s	−2s	−1s	$\bar{x}$	+1s	+2s	+3s
0	43.4	45.5	47.4	49.9	52.0	54.2	56.4
1	46.7	49.0	51.2	53.5	55.8	58.1	60.4
2	49.6	52.0	54.4	56.8	59.2	61.6	64.0
3	52.1	54.6	57.1	59.5	62.0	64.5	67.0
4	54.3	56.9	59.4	62.0	64.5	67.1	69.6
5	56.3	58.9	51.5	64.1	66.7	69.3	71.9
6	58.0	60.6	63.3	65.9	68.6	71.2	73.9
7	59.5	62.2	64.9	67.6	70.2	72.9	75.6
8	60.9	63.7	66.4	69.1	71.8	74.5	77.2
9	62.2	65.0	67.7	70.4	73.2	75.9	78.7
10	63.5	66.2	69.0	71.8	74.5	77.3	80.1
11	64.7	87.5	70.3	73.1	75.9	78.7	81.5
12	65.8	68.6	71.5	74.3	77.1	80.0	82.8
13	66.9	69.8	72.6	75.5	78.4	81.2	84.1
14	67.9	70.8	73.7	76.7	79.6	82.5	85.4
15	68.9	71.9	74.8	77.8	80.7	83.7	86.6
16	69.9	72.9	75.9	78.9	81.8	84.8	87.8
17	70.8	73.8	76.9	79.9	82.9	86.0	89.0
18	71.7	74.8	77.9	80.9	84.0	87.1	90.1
19	72.6	75.7	78.8	81.9	85.0	88.1	91.2
20	73.4	76.6	79.7	82.9	86.0	89.2	92.3

续表

年龄（月）	−3*s*	−2*s*	−1*s*	$\bar{x}$	+1*s*	+2*s*	+3*s*
21	74.3	77.4	80.6	83.8	87.0	90.2	93.4
22	75.1	78.3	81.5	84.7	87.9	91.1	94.4
23	75.9	79.1	82.4	85.6	88.9	92.1	95.3
24	76.6	79.9	83.2	86.5	89.8	93.0	96.3
25	77.4	80.7	84.0	87.3	90.6	93.9	97.3
26	78.2	81.5	84.8	88.2	91.5	94.8	98.1
27	78.9	82.3	85.6	89.0	92.3	95.7	99.0
28	79.7	83.0	86.4	89.8	93.1	96.5	99.9
29	80.4	83.8	87.2	90.6	93.9	97.3	100.7
30	81.1	84.5	87.9	91.3	94.7	98.1	101.5
31	81.8	85.2	88.6	92.1	95.5	98.9	102.4
32	82.4	85.9	89.3	92.8	96.3	99.7	103.2
33	83.1	86.8	90.0	93.5	97.0	100.5	104.0
34	83.7	87.2	90.7	94.2	97.7	101.2	104.7
35	84.3	87.8	91.4	94.9	98.4	102.0	105.5
36	84.8	88.4	92.0	95.6	99.1	102.7	106.3

附表3 WHO 0～36个月男孩的年龄体重（kg）表（均值±标准差，$\bar{x}\pm s$）

年龄（月）	−3*s*	−2*s*	−1*s*	$\bar{x}$	+1*s*	+2*s*	+3*s*
0	2.0	2.4	2.9	3.3	3.8	4.3	4.8
1	2.2	2.9	3.6	4.3	5.0	5.6	6.3
2	2.6	3.5	4.3	5.2	6.0	6.8	7.6
3	3.1	4.1	5.0	6.0	6.9	7.7	8.6
4	3.7	4.7	5.7	6.7	7.6	8.5	9.4
5	4.3	5.3	6.3	7.3	8.2	9.2	10.1
6	4.9	5.9	6.9	7.8	8.8	9.8	10.8
7	5.4	6.4	7.4	8.3	9.3	10.3	11.3
8	5.9	6.9	7.8	8.8	9.8	10.8	11.8
9	6.3	7.2	8.2	9.2	10.2	11.3	12.3
10	6.6	7.6	8.6	9.5	10.6	11.7	12.7
11	6.9	7.9	8.9	9.9	10.9	12.0	13.1
12	7.1	8.1	9.1	10.2	11.3	12.4	13.5
13	7.3	8.3	9.4	10.4	11.5	12.7	13.8
14	7.5	8.5	9.6	10.7	11.8	13.0	14.1
15	7.6	8.7	9.8	10.9	12.0	13.2	14.4
16	7.7	8.8	10.0	11.1	12.3	13.5	14.7
17	7.8	9.0	10.1	11.3	12.5	13.7	14.9
18	7.9	9.1	10.3	11.5	12.7	13.9	15.2

续表

年龄（月）	−3s	−2s	−1s	$\bar{x}$	+1s	+2s	+3s
19	8.0	9.2	10.5	11.7	12.9	14.1	15.4
20	8.1	9.4	10.6	11.8	13.1	14.4	15.6
21	8.3	9.5	10.8	12.0	13.3	14.6	15.8
22	8.4	9.7	10.9	12.2	13.5	14.8	16.0
23	8.5	9.8	11.1	12.4	13.7	15.0	16.3
24	8.6	9.9	11.3	12.6	13.9	15.2	16.5
25	8.7	10.1	11.4	12.8	14.1	15.4	16.7
26	8.8	10.2	11.6	13.0	14.3	15.6	16.9
27	8.9	10.3	11.7	13.1	14.5	15.8	17.1
28	9.1	10.5	11.9	13.3	14.6	16.0	17.3
29	9.2	10.6	12.1	13.5	14.8	16.2	17.5
30	9.3	10.8	12.2	13.7	15.0	16.4	17.7
31	9.4	10.9	12.4	13.8	15.2	16.6	17.9
32	9.5	11.0	12.5	14.0	15.4	16.8	18.2
33	9.7	11.2	12.7	14.2	15.6	17.0	18.4
34	9.8	11.3	12.8	14.4	15.8	17.2	18.6
35	9.9	11.4	13.0	14.5	16.0	17.4	18.9
36	10.0	11.6	13.1	14.7	16.2	17.7	19.1

附表 4 WHO 0～36 个月女孩的年龄体重（kg）表（均值±标准差，$\bar{x}\pm s$）

年龄（月）	−3s	−2s	−1s	$\bar{x}$	+1s	+2s	+3s
0	1.8	2.2	2.7	3.2	3.6	4.0	4.3
1	2.2	2.8	3.4	4.0	4.5	5.1	5.6
2	2.7	3.3	4.0	4.7	5.4	6.1	6.7
3	3.2	3.9	4.7	5.4	6.2	7.0	7.7
4	3.7	4.5	5.3	6.0	6.9	7.7	8.6
5	4.1	5.0	5.8	6.7	7.5	8.4	9.3
6	4.6	5.5	6.3	7.2	8.1	9.0	10.0
7	5.0	5.9	6.8	7.7	8.7	9.6	10.5
8	5.3	6.3	7.2	7.2	9.1	10.1	11.1
9	5.7	6.6	7.6	8.6	9.6	10.5	11.5
10	5.9	6.9	7.9	8.9	9.9	10.9	11.9
11	6.2	7.2	8.2	9.2	10.3	11.3	12.3
12	6.4	7.4	8.5	9.5	10.6	11.6	12.7
13	6.6	7.6	8.7	9.8	10.8	11.9	13.0
14	6.7	7.8	8.9	10.0	11.1	12.2	13.2
15	6.9	8.0	9.1	10.2	11.3	12.4	13.5
16	7.0	8.2	9.3	10.4	11.5	12.6	13.7

续表

年龄（月）	−3s	−2s	−1s	$\bar{x}$	+1s	+2s	+3s
17	7.2	8.3	9.5	10.6	11.8	12.9	14.0
18	7.3	8.5	9.7	10.8	12.0	13.1	14.2
19	7.5	8.6	9.8	11.0	12.2	13.3	14.5
20	7.6	8.8	10.0	11.2	12.4	13.5	14.7
21	7.7	9.0	10.2	11.4	12.6	13.8	15.0
22	7.9	9.1	10.3	11.5	12.8	14.0	15.2
23	8.0	9.3	10.5	11.7	13.0	14.2	15.5
24	8.2	9.4	10.7	11.9	13.2	14.5	15.8
25	8.3	9.6	10.8	12.1	13.4	14.7	16.0
26	8.5	9.7	11.0	12.3	13.6	14.9	16.3
27	8.6	9.9	11.2	12.4	13.8	15.2	16.6
28	8.8	10.1	11.3	12.6	14.0	15.4	16.8
29	8.9	10.2	11.5	12.8	14.2	15.6	17.1
30	9.1	10.3	11.6	12.9	14.4	15.9	17.3
31	9.2	10.5	11.8	13.1	14.6	16.1	17.6
32	9.3	10.6	11.9	13.3	14.8	16.3	17.8
33	9.4	10.7	12.1	13.4	15.0	16.5	18.1
34	9.5	10.9	12.2	13.6	15.2	16.7	18.3
35	9.6	11.0	12.4	13.8	15.4	16.9	18.5
36	9.7	11.1	12.5	13.9	15.5	17.1	18.8

参 考 文 献

丁昀，2013. 育婴员（初级）. 北京：中国劳动社会保障出版社

兰贯虹，2014. 育婴员实训教程（五级、四级、三级）. 北京：海洋出版社

黎海芪，2016. 实用儿童保健学. 北京：人民卫生出版社

谢鹏，2008. 育婴师职业资格培训教程（国家职业资格五级、四级、三级）. 长沙：湖南科学技术出版社

杨静，2014. 育婴师（中、初级）. 北京：科学出版社